ZHONGGUO QUYU
KONGJIAN FAZHAN MOSHI YANJIU

中国区域空间发展模式研究

主编 孙久文

副主编 张 翱

重庆大学出版社

图书在版编目（CIP）数据

中国区域空间发展模式研究／孙久文主编. -- 重庆：
重庆大学出版社，2022.10
ISBN 978-7-5689-3497-8

Ⅰ．①中… Ⅱ．①孙… Ⅲ．①区域经济发展—发展模
式—研究—中国 Ⅳ．①F127

中国版本图书馆 CIP 数据核字（2022）第 160104 号

中国区域空间发展模式研究

主 编 孙久文
副主编 张 翱
策划编辑:尚东亮

责任编辑:姜 凤　　　版式设计:尚东亮
责任校对:谢 芳　　　责任印制:张 策

*

重庆大学出版社出版发行
出版人:饶帮华
社址:重庆市沙坪坝区大学城西路21号
邮编:401331
电话:(023)88617190　88617185(中小学)
传真:(023)88617186　88617166
网址:http://www.cqup.com.cn
邮箱:fxk@cqup.com.cn（营销中心）
全国新华书店经销
重庆市国丰印务有限责任公司印刷

*

开本:720mm×1020mm　1/16　印张:18.75　字数:280 千
2022 年 10 月第 1 版　　2022 年 10 月第 1 次印刷
印数:1—1 000
ISBN 978-7-5689-3497-8　定价:78.00 元

前　言

　　区域经济的空间结构是高质量发展的支撑和空间保障体系。当前,我国正在加快构建以国内大循环为主体、国内国际双循环相互促进的新发展格局,须深入认识和调整区域经济的空间结构以适应国际国内 ～ 化,加快形成分工明确、优势互补的区域发展新格局。

　　党的十九大提出,我国社会主要矛盾已经转化 ～ 的美好生活需要和不平衡不充分的发展之间的矛盾,区域发展 ～ 区域协调发展为引领的新战略。以区域协调发展战略引领四 ～ 带之间、类型区之间的发展关系,整个国家的区域发展格局由条块分 ～ 东中西联动。构建区域协调发展的新机制、探索区域一体化发展的合作模式日益成为区域政策的着力点。

　　本书对我国目前实施的重大区域战略进行了系统的梳理,较为全面地反映了我国区域经济空间结构的各类模式。例如,当前,我国区域经济发展的一大特点是行政区经济向经济区经济的转变,区域经济一体化急需突破行政区划的藩篱。本书系统地梳理和阐述了新时代高质量发展的区域经济空间发展模式,京津冀一体化、长江经济带、粤港澳大湾区和成渝地区双城经济圈建设等国家重大区域经济发展战略深入实施,国家的经济地理格局正在被全面重塑,其核心目的在于推进区域经济高质量发展,加快区域经济一体化进程。区域空间发展格局是随着时代变化而不断调整的国家战略问题,具有极强的时代色彩,希望本书的出版能为人们丰富和加深对我国区域空间发展格局的认识,做出微薄贡献。

编　者

2022 年 2 月

目　录

第一章 中国区域经济空间
格局的演变

中国区域经济是国民经济的基础,也是实现国家战略与奋斗目标的重要支撑。构建新发展格局,须在加强区域协调发展的基础上着力解决区域发展的难点,从而助力形成双循环格局。

一、中国区域经济的现状与特点

几十年来,中国国土空间的基本构成并没发生根本性的变化,绝大部分人口和经济重心仍然在胡焕庸线的东南部。

1. 中国国土空间的基本构成

1935 年,从黑龙江的爱辉(今黑河)到云南的腾冲,一条 45°倾斜的直线把中国版图一分为二。胡焕庸线东南边的国土面积占当时版图的 36%,人口占96%;胡焕庸线西北边的国土面积占 64%,人口只占 4%,两边人口密度相差 40多倍。80 多年来,中国经历了无数变化,人口从 4 亿多变成 14 亿多,经济规模增长了几十倍,国家的区域发展规划和人口移民政策不断改变。到 2010 年第六次普查时,胡焕庸线东侧的人口占 93.7%,相比 70 多年前仅仅减少了 2.3 个百分点。造成这种分布结果最主要的原因是中国的自然地理因素,例如,地形、地貌、气候等。中国的主要平原,如东北平原、华北平原、长江中下游平原、珠江三角洲平原都集中在东部和南部地区,这导致中国的人口、交通和城市都密集地分布在东南部。

2. 中国区域发展战略及其演化

党的十九大以来,中国区域发展战略的指向性和精准化越来越明确和全面,正在推动新发展格局的形成。"十四五"规划突出强调了"四大板块"和"五大战略"。"四大板块"为西部地区、东北地区、东部地区和中部地区。当前,中国的区域协调发展战略包括推进西部大开发形成新格局、加快振兴东北老工业基地、推动中部地区崛起、实现东部地区优化发展的"四大板块"总体战略。影响深远的脱贫攻坚战略正是区域协调发展战略的重要组成部分。"五大战略"为京津冀协同发展、长江经济带发展、粤港澳大湾区建设、长三角一体化、黄河流域生态保护与高质量发展。"四大板块"和"五大战略"在空间上存在互动关系。

3. 当前中国区域经济的主要特点

当前,中国区域经济主要表现出三个特点。

第一个特点是东西发展差距仍然明显,主要表现在以下三点。

(1)东西部区域发展差距明显并出现复杂化倾向

东、中、西、东北之间的区域发展差距长期存在,虽然相对差距变化不大,但绝对差距却一直在扩大。从 2000 年到 2016 年,东部与西部地区人均地区生产总值的绝对差距从 6 791.3 元扩大到了 34 409.8 元。此外,科技创新水平、基础设施水平和医疗卫生水平的差距使得东西发展差距复杂化,因此,"十四五"时期是减小区域发展差距的关键窗口期。

(2)区域发展分化严重

东部地区的人口占全国的 38.6%,地区生产总值达到全国的 51.9%,而其他地区的人口比重均大于地区生产总值比重。在全国经济增速整体回落的过程中,部分省市增长态势依然较好,如江苏、贵州和西藏2015—2019年度地区生产总值增速仍达到两位数或接近两位数,而东北和部分省市则出现了塌方式变化,呈现出转型停滞的低迷。区域发展正在分化,中国区域空间格局正面临重大变化。

(3)地区发展机会不均等

第一个特点是东中西部地区的发展不平衡。由于受地理位置和交通运输条件影响,在发展机会上,东部地区与中西部地区之间形成了事实上的不均等。东部地区借助区位优势和体制优势,迅速摆脱了旧体制束缚,形成了市场体系相对完善、产业外向度高、区域经济良性循环的发展态势;而中西部地区由于经济发展相对落后,为了加快本地区的经济发展,当地政府和人民往往以资源耗竭、生态破坏和环境污染为代价来发展经济,一定程度形成了恶性循环。日益恶化的生态环境极大制约着中西部地区的经济和社会发展,也影响了全国经济、社会的可持续发展。

第二个特点是南方与北方发展不平衡。以秦岭—淮河划分南方和北方,南北方的面积之比大约为2∶3,人口之比大约为11∶9,而产值之比大约为3∶2。虽然人均地区生产总值差距并不悬殊,但南北方发展不平衡问题仍值得警惕。从2020年的数据来看,南方有9个产值增速前10的省区市,北方却只有1个;南方有8个产值总量前10的省区市,北方有2个;2020年全国产值超过万亿的城市一共21个,其中南方15个,北方6个。

第三个特点是城乡发展不平衡。中国城乡发展不平衡主要表现在城乡居民收入差距、城乡教育差距和城乡医疗差距三方面。近年来,由于脱贫攻坚等战略实施,对一些贫困地区的投入在不断增加,城乡之间的差距从相对数量上来看是缩小的。以城乡收入为例,自2014年到2019年,东部地区的城乡收入比值从2.6下降到2.5,中部地区从2.5下降到2.4,西部地区从2.9下降到2.8,东北地区从2.4下降到2.3,虽然差距仍然巨大,但四大板块都呈下降趋势。预计随着脱贫攻坚战略和乡村振兴战略实施,中国的城乡差距将进一步缩小。

二、中国区域经济发展的历史演变

中国的区域经济发展可以追溯到近代工业在中国的产生。我国的近代工业发轫于 19 世纪 60 年代。经过一个半世纪的发展,中国区域经济的变化是巨大的。

1. 旧中国的近代工业分布及其特点

鸦片战争之后,门户开放,西方列强的商品进入我国沿海地区。第二次鸦片战争之后,西方列强在我国沿海地区设厂,近代工业在我国沿海地区发轫。19 世纪末至 20 世纪初,民族工业在江浙地区兴起;1911 年辛亥革命之后,东北、天津等地的军火工业和为军火工业配套的重化学工业逐渐发展起来。

新中国成立前,工业地区分布极不平衡。近代工业偏集于东北和关内沿海六省。这两个地区土地面积占全国的 18%,人口占全国的 42%,工业产值占全国的 80% 左右。大体上,东北是重工业最集中的地区,关内沿海六省则是轻纺工业最集中的地带。至于这两个地区以外的广大地区,特别是中西部内陆、边远地区,近代工业很少,大部分是工业空白区①。

在东北和关内沿海地区,工业又偏集于少数中心城市。东北工业主要在辽宁,辽宁省的工业产值 80% 左右集中在沈阳、抚顺、本溪、鞍山、大连五市。关内沿海地区的工业主要分布在沪、津、青、穗、无锡等城市,其中又以上海最突出。1949 年,上海一市的工业产值即占全国工业总产值的 25% 以上。

内地有限的工业大多数是抗战初期东部沿海转移过去的企业,这些企业同样集中在少数点上,如湖北武汉、沙市,山西太原,四川重庆。占全国土地面积三分之一的大西北,1949 年工业产值只占全国的 2%,没有形成真正的工业

---

① 刘再兴. 中国工业布局学 [M]. 北京:中国人民大学出版社,1982.

基点。

工业地区分布不平衡,在地区间也发生过空间比重的变化。东南地区的浙江、福建以及内陆的湖南、湖北四省,在中国近代工业的发展初期曾在全国工业中占有相当重要的地位,但随着工业向北发展,逐渐开始衰落。一部分城市后来居上,如青岛、大连、鞍山、本溪等,近代工业出现都比较晚,但发展较快。比如,青岛第一家近代化工厂出现于1902年,大连是1906年出现的,到抗日战争前夕,青岛工业仅次于上海,大连也成为全国重要的工业中心。旧中国产业布局的一个重要特点,就是工业生产与原料严重脱节,工业分布与资源分布不相适应。例如,上海是全国制造工业最集中的城市,但附近既无煤,又无铁,更无石油,甚至所在的江苏省及毗邻江苏的浙江,也缺乏这些资源。

总之,工业内部重轻工业比例严重失调,各部门、各生产环节严重脱节,这是旧中国工业分布上的基本特征。在经济的空间分布上,主要经济区域严重偏集于沿海地区,这是旧中国留给新中国的主要产业基础。

2. 新中国成立之后的区域经济发展

新中国成立之后,区域发展战略的核心是改变旧中国留下来的极端不平衡的工业分布态势,改变内地现代工业一片空白的面貌。当时,在高度集中的计划经济体制下,我国区域经济发展战略的基本特征是资源配置向内地倾斜,重点建设内地。由于受到诸多经济和非经济因素影响,这种均衡式国土开发战略,在经济总量均衡上起到了一定作用,表现为内地省份的经济总量上升较快。

新中国成立后的前三年,是我国恢复国民经济、为全面进行经济建设做准备的时期。在这个时期,中央政府的空间政策是集中力量建设沿海和东北地区。三年期间,我国工业建设的重点首先是东北工业基地,其次是华东和华北。

在这种非均衡战略的影响下,到 1952 年,这三个区域①集中了全国 GDP 的 60.72%;GDP 占全国比重排名前五位的省区市全部属于沿海②地区,分别是江苏、山东、辽宁、河北和上海,沿海地区占国土面积不到 1/8,三年基本建设投资累计占比却达到 53% 以上,由此,至 1952 年,其 GDP 占到了全国经济总量的 50% 以上,沿海地区人均 GDP 约为内地人均 GDP 的 1.5 倍。国民经济恢复时期实施的集中力量建设沿海和东北地区的战略,使得我国地区之间经济发展水平和居民生活水平存在极大差异。到“一五”计划时期,中央强调把经济建设的重点放在内地。“一五”期间,我国经济建设主要以苏联帮助我国设计的 156 个大型建设项目③为中心,由 694 个大中型建设项目组成工业建设。其中,156 项苏联援助项目中,内地安排了 118 项,约占全部项目的 4/5,沿海地区约占 1/5;694 个大中型建设项目中,内地约占 68%,沿海为 32%④。

1958—1965 年,我国经济建设经历了“二五”计划时期和调整时期,由于意识到“一五”时期向内地倾斜的经济建设战略带来的负面影响在一定程度上限制了沿海地区工业优势,毛泽东在《论十大关系》一文中论证了发展沿海对内地的促进作用,他指出“真想建设内地,就必须充分利用沿海”⑤。由此,“二五”时期的前三年,沿海地区基本建设投资占比由“一五”时期的 47% 上升到 55.5%,GDP 占比也由 1957 年的 52% 左右上升到 1960 年的 55%,经济活动呈现向沿海地区集聚的趋势,省际区域经济差距也呈扩大趋势。

20 世纪 60 年代中期,鉴于我国周边国际形势变化,出于备战需要,国家决定在“三五”计划时期将集中在大城市和沿海地区的工厂向中西部战略转移,启

---

① 华东地区(包括山东、江苏、安徽、浙江、福建、上海)、华北地区(包括北京、天津、河北、山西、内蒙古)、东北地区(包括辽宁、吉林、黑龙江)。

② 沿海地区包括辽宁、北京、天津、河北、山东、江苏、上海、浙江、福建、广东、广西和海南。由于数据的可得性,本部分计算暂时不考虑海南省。内地地区是除去沿海地区的其他地区。

③ “156 个项目”在“一五”期间投入施工的只有 146 项,另有 4 项推迟施工,总计 150 项。6 项没实现。

④ 孙久文,年猛.中国国土开发空间格局的演变研究[J].东岳论丛,2011,32(11):30-36.

⑤ 毛泽东.毛泽东文集[M].北京:人民出版社,1999.

动了"三线"①建设。"三线"建设的主要目标是在中西部地区建立一个工农结合的、为国防服务的、完整的战略后方基地。根据"三五"计划安排,全国新建的大、中型项目中,西南、西北、中南地区的项目数占比高达 60.2%。实际上,"三五"计划期间累计向三线地区投资 482.43 亿元,占基本建设投资总额的52.7%,整个内地建设投资为 611.15 亿元,占全部基本建设投资总额的66.8%,沿海投资为 282.91 亿元,占 30.9%②。随着 20 世纪 70 年代中期国际形势变化和我国对外关系改善,我国区域经济布局由内地向沿海逐步转移,"三线"建设基本结束。

从新中国成立到改革开放前,中国的区域经济发展有以下特点。

首先,初步建立了国家的工业体系,改变了旧中国工业布局严重偏集沿海几个大城市的不合理的空间格局;其次,国家实施向内地倾斜、均衡式发展的战略并未从根本上改变沿海和内地产业分布的基本态势,但在一定程度上缩小了区域经济差距;最后,均衡发展战略的实施,虽然对于改善我国产业空间格局和促进内地经济发展起到了重要作用,但却忽视了经济发展的基本规律、世界的发展趋势和我国的基本国情,导致既没实现沿海与内地经济发展水平均衡和我国整体经济效益提高,又由于人为地抑制沿海地区的经济发展,东部沿海地区丧失了与世界经济同步发展的机遇,拉大了我国与世界发达国家和地区的经济差距③。

3.改革开放与区域经济发展的"两个大局"

1978 年,党的十一届三中全会开启我国改革开放的进程。总的来看,中国

---

① 一线地区主要指位于东部沿海省份和地处西部边疆的前线地区;三线地区主要指我国西部山区省份
(包括四川、贵州、云南、陕西、甘肃、宁夏、青海)和中部省份的后方地区(包括山西、河南、湖南、湖
北、广东、广西),共 13 个省区;二线地区指介于一、三线之间的中间地区,一般指京广铁路沿线的平
原地区。其中,川、贵、云和陕、甘、宁、青俗称为大三线,一、二线的腹地俗称为小三线。
② 投资的其他部分不分地区。
③ 孙久文,年猛.中国国土开发空间格局的演变研究[J].东岳论丛,2011,32(11):30-36.

的经济体制改革是从农村到城市,从经济领域到其他各领域全面展开。改革开放以来,我国经历了从不平衡发展到协调发展的区域经济发展战略的转变。

(1)改革开放的历程

我国的改革开放是从农村开始的,到 20 世纪 80 年代中期逐步推进到城市;改革开放的过程秉承我党一贯的作风,从试点积累经验,然后逐步推广。具体来讲,对外开放是从兴办经济特区开始的,1980 年,中央决定兴办深圳、珠海、汕头、厦门四个经济特区。随着改革取得巨大成功和人们对推进改革的共识逐步形成,1984 年 10 月,政治、科技、教育、文化等领域的改革开始启动,开放沿海 14 个港口城市,开辟了一批经济开放区。这种首先开放沿海,逐步向沿江和内地推进的办法,是改革开放成功的重要经验。在工业企业的改革方面,开展了多种形式的国有企业扩大自主权的试点,鼓励多种所有制共同发展。在财税体制方面,推行两步"利改税",逐步推进"划分收支、分级包干"的财政体制改革。在流通体制方面,废除了农副产品的统购统销制度,逐步培育农产品市场。

(2)邓小平同志的"两个大局"战略思想

邓小平"两个大局"战略思想是邓小平理论的重要组成部分,是指导我国社会主义现代化建设的根本思想,是体现社会主义本质实现共同富裕的具体途径,对于指导我国区域经济协调发展具有十分重大的理论意义和实践意义。

针对改革开放之后的空间布局,1988 年 9 月,邓小平同志指出:"沿海地区要加快对外开放,使这个拥有两亿人口的广大地带较快地先发展起来,从而带动内地更好地发展,这是一个事关大局的问题。内地要顾全这个大局。反过来,发展到一定的时候,又要求沿海拿出更多力量来帮助内地发展,这也是个大局。那时沿海也要服从这个大局。"理论界将小平同志的这次讲话,归结为"两个大局"的战略构想,后来被人们称为"两个大局观"。

第一个大局,就是加快沿海地区经济发展的步伐,使这个当时拥有两亿人口的广大地带较快地先发展起来。这个大局体现的是效率原则。对于地区之间的不平衡发展，小平同志强调沿海地区要利用有利条件，较快地先发展起来，放心大胆地干，千万不要贻误时机。沿海一些地区要走在全国的前面，率先实现现代化，以更好地带动全国的现代化。其根本目标是在尽可能短的时间内使有条件的地区先发展起来，尽快缩短同发达国家的差距，提高我国的综合国力，为我国在未来的国际竞争中赢得一席之地。小平同志指出："我们坚持走社会主义道路，根本目标是实现共同富裕，然而平均发展是不可能的。过去搞平均主义，吃'大锅饭'，实际上是共同落后，共同贫穷，我们就是吃了这个亏。"显然，激励"先富"，东部率先发展，是尽快实现共同富裕的重要步骤。

第二个大局，就是在国家经济实力达到一定程度后，沿海地区帮助和支持中西部地区发展。这个大局体现的是公平原则。小平同志特别指出："什么时候突出地提出和解决这个问题，在什么基础上提出和解决这个问题，要研究。可以设想，在本世纪末达到小康水平的时候，就要突出地提出和解决这个问题。到那个时候，发达地区要继续发展，并通过多交利税和技术转让等方式大力支持不发达地区。"我国中西部地区国土辽阔、资源丰富，但群众生活水平相对较低。

按照"两个大局观"的设想，第一步要走 20 年左右，也就是从改革开放开始的 20 世纪 80 年代到 20 世纪末。这段时间的目标是把沿海地区发展起来。21 世纪之后，就进入第二步的发展时期，重点是加快中西部地区发展，沿海支援内地。这不仅是中西部地区自身发展的要求，也是东部地区实现进一步发展的需要，更是我国经济实现持续稳定协调发展的必然选择。

（3）改革开放之后的东部优先发展战略

1979—1990 年改革开放初期，我国区域经济发展的重点是改变"三线建设"以来的投资方向，投资重点变成向东部沿海地区倾斜，以实现我国经济快速发展。1979 年，中央将广东、福建两省确定为"特殊政策、灵活措施"区域经济发展试点，主要利用广东临近港澳、福建相望台湾的地理和区位优势，推进改革开放与经济发展。其中,深圳、珠海、汕头、厦门4个经济特区从设立到1990年10年期间,工农业总产值达到了282.5亿元,约为建区前1979年的26倍。实践证明,特区快速发展为我国的改革开放探索了一条成功之路。

具体来看,"六五"计划期间(1981—1985年),我国的区域经济发展重心向东部沿海地区倾斜的趋势开始形成。五年期间,东部地区固定资产累计投资占全国比重为54.7%。1984年,天津、上海、大连、秦皇岛、烟台、青岛、连云港、南通、宁波、温州、福州、广州、湛江和北海14个沿海开放港口城市设立,这些城市在外资项目审批权、财税、信贷等方面扩大权限。改革开放的措施在更多城市落到实处。

"七五"计划期间(1986—1990年),在进一步突出东部沿海地区优先发展的倾斜战略的背景下,提出了将全国经济区域划分为"三大地带"的战略设想。按照"三大地带"的设想,加快沿海地区发展,重点是强调沿海地区要按照"两头在外"(原材料在外和市场在外)发展外向型经济原则,统筹考虑和调整沿海地区进出口商品结构以及引进技术和利用外资的方向与重点,使沿海地区更多地利用国外资源、资金和技术,开展多元化的经济技术合作与交流;同时,加强沿海与中西部地区的横向经济联系,带动整个国民经济发展。

"八五"计划时期(1991—1995年)是"三大地带"空间格局的巩固时期。中央开始重视区域间协调发展。1991年在《关于国民经济和社会发展十年规划和第八个五年计划纲要的报告》中提出"促进地区经济的合理分工和协调发展",并且认为"生产力的合理布局和地区经济的协调发展,是我国经济建设和社会发展中一个极为重要的问题"。按照这一原则,1992年8月,国务院决定开放沿江、沿边、内陆省会城市,先后开放了重庆、岳阳、武汉、九江、芜湖五个长江沿岸城市,哈尔滨、长春、呼和浩特、石家庄四个边境沿海地区省会城市,太原、合肥、南昌、郑州、长沙、成都、贵阳、西安、兰州、西宁、银川11个内陆地区省会城市。至此,我国全面对外开放的战略基本成型。

在改革开放前期,我国每年两位数的经济增速,与当年实施向沿海倾斜战略是分不开的。正是这个战略,使我国沿海地区快速地变成了世界的制造业中心。但同时,东部地区与中西部地区之间的经济发展差距逐渐拉大也是不争的事实。东部地区占全国 GDP 的比重由 1991 年的 54% 上升到 1995 年的 59%,全国整体经济活动水平在国土空间上也呈现出加速集聚趋势。

由于区域发展差距扩大带来的一系列问题,1991—1998 年,中央开始关注中西部地区发展。尽管这个时期意识到了区域差距不断扩大会对我国整体经济健康发展产生不利影响,但由于宏观上对中西部地区经济支援的力度不够,各种经济要素进一步向东部地区聚集的趋势加速。根据 1991—1998 年各省区市 GDP 年均增速排名,排名前五位的省份全部集中在东部地区,即福建、浙江、广东、江苏和山东,且年均增速均超过 10%;而 GDP 增速后五位的全部是中西部地区,分别是陕西、宁夏、贵州、黑龙江和青海,且增速全部低于 10% 。这直接导致了省际人均实际 GDP 绝对差距不断扩大。

4. 区域发展"四大板块"空间结构形成

到"九五"计划期末,促进国家区域协调发展、缩小区域经济差距和构建高效、协调、可持续的国土空间开发格局的呼声已经很高。"九五"计划期间,中央先后出台了一系列财政、投资等政策支持中西部地区发展,但仍然没有缩小地区的发展差距。为了加快中西部地区发展与开放的步伐,1999 年开始,中央先后实施了西部大开发、振兴东北老工业基地和中部崛起战略。

西部大开发战略。1999 年 3 月,国务院颁布《国务院关于进一步推进西部大开发的若干意见》,提出了推进西部大开发的十条意见,1999 年底召开中央经济工作会议,正式提出西部大开发战略。2000 年,在当年的政府工作报告中,宣布成立西部开发领导办公室。

东北振兴战略。2002 年 11 月,党的十六大报告正式提出了"支持东北地区等老工业基地加快调整和改造"。2003 年 10 月,在国务院出台的《中共中央、国务院关于实施东北地区等老工业基地振兴战略的若干意见》中,提出了振兴东北地区的指导思想、原则、任务和政策措施;同年11月,振兴东北地区等老工业基地领导小组成立。

中部崛起战略。为统筹区域协调发展,同时参照西部大开发战略和东北振兴战略的具体办法,2004年3月,在政府工作报告中首次提出促进中部地区崛起;2005年,在中央经济工作会议上再次提出"促进区域经济协调发展是结构调整的重大任务",至此,涉及西部、东北和中部地区的区域发展战略初步形成。

区域发展总体战略。2006年3月,十届全国人大四次会议通过的《国民经济和社会发展第十一个五年规划纲要》第十九章"实施区域发展总体战略"中强调,"坚持实施推进西部大开发,振兴东北地区等老工业基地,促进中部地区崛起,鼓励东部地区率先发展的区域发展总体战略,健全区域协调互动机制,形成合理的区域发展格局",加上之前实施的东部率先发展战略,我国区域发展总体战略正式形成。

经过"九五"期末和"十五"时期的酝酿,"十一五"时期,中西部及东北地区后劲勃发,呈现出沿海与内陆各具优势、协调发展势头。1999—2010年,我国经济活动在国土空间上形成了东部、东北、中部和西部四大板块①。

从GDP增速来看,"十一五"时期,东部地区生产总值平均增长速度比"十五"时期加快0.1个百分点,中部地区加快2.1个百分点,西部地区加快2.4个百分点,东北地区加快2.6个百分点。从投资增速来看,随着各项区域性政策逐步落实,中部、西部和东北三省投资增长加快,比重提高。西部地区5年累计完成固定资产投资197 758亿元,年均增长28.2%,比同期全国固定资产投资增速高2.7个百分点;中部地区5年累计完成投资198 084亿元,年均增长31.6%,比同期全国投资增速高6.1个百分点;东北地区5年累计完成投资97 613亿元,年均增长32.9%,增速比"十五"时期平均增速高13.1个百分点,比同期全国投资增速高7.4个百分点;东部地区5年累计完成投资408 767亿

---

① 孙久文.论新时代区域协调发展战略的发展与创新[J].国家行政学院学报,2018(4):109-114.

元,年均增长20.1%,增速比"十五"时期高0.3个百分点,比同期全国固定资产投资增速低5.4个百分点。可见,"十一五"时期,我国中部、西部、东北地区快速发展,区域间的协调性明显改善,并且区域投资结构呈现了东、中、西、东北地区投资协同发展的局面,总体上形成了四大板块协调发展的空间格局①。

2005年制定的"十一五"规划,是中国区域经济发展的重要标志性事件。在此之前,我们统称经济发展的5年总体谋划为"五年计划",从"十一五"开始,称为"五年规划"。除了名称变化,更重要的是内容变化。内容变化主要是规划从以产业为主变为以区域为主。同时,2005年制定的"十一五"规划,提出把全国划分为四类主体功能区:优化开发区、重点开发区、限制开发区和禁止开发区。这样划分的好处是从区域的性质上定性我国的各地区,为未来开发建设打基础。

为深入推进区域总体发展战略和主体功能区战略,从优化国土开发空间结构出发,2005—2016年,国务院先后批准设立了12个综合配套改革试验区,并批复了20个区域规划(表1-1)。

表1-1　2005—2016年国务院批准或批复的综合配套改革试验区和区域规划

地区	综合配套改革试验区	区域规划
东部	《上海浦东新区综合配套改革试点》《天津滨海新区综合配套改革试验区》《深圳成为综合配套改革试点》《义乌市国际贸易综合改革试点》《厦门市深化两岸交流合作综合配套改革试验区》	《珠江三角洲地区改革发展规划纲要(2008—2020)》《关于支持福建省加快建设海峡西岸经济区的若干意见》《江苏沿海地区发展规划》《横琴总体发展规划》《黄河三角洲高效生态经济区发展规划》《海南国际旅游岛建设意见》《京津冀协同发展规划纲要》
东北	《沈阳经济区国家新型工业化综合配套改革试验区》《黑龙江省现代农业综合配套改革试验区》	《辽宁沿海经济带发展规划》《中国图们江区域合作开发规划纲要》《东北地区振兴规划》

---

① 孙久文,年猛.中国国土开发空间格局的演变研究[J].东岳论丛,2011,32(11):30-36.

续表

地区	综合配套改革试验区	区域规划
中部	《武汉城市圈、全国资源节约型和环境友好型社会建设综合配套改革试验区》《长株潭城市群全国资源节约型和环境友好型社会建设综合配套改革试验区》《山西省国家资源型经济综合配套改革试验区》	《促进中部地区崛起规划》《皖江城市带承接产业转移示范区规划》《长株潭城市群区域规划》《鄱阳湖生态经济区规划》《洞庭湖生态经济区规划》《赣闽粤原中央苏区振兴发展规划》
西部	《重庆市全国统筹城乡综合配套改革试验区》《成都市全国统筹城乡综合配套改革试验区》	《关中—天水经济区发展规划》《甘肃省循环经济总体规划》《广西北部湾经济区发展规划》《晋陕豫黄河金三角区域合作规划》

资料来源:作者根据相关文献整理。

经过这一系列战略的实施,我国地区间的发展差距发生了很大变化。从省际差距来看,1999—2005 年,我国人均实际 GDP 省际相对差距呈现小幅上升趋势;2006—2010 年,我国省际人均实际 GDP 相对差距呈现下降趋势,例如,2010年我国人均实际 GDP 省际相对差距大幅下降,是因为当年省际人均实际 GDP的绝对差距呈现大幅下降趋势。

2006 年以后,我国区域发展差距缩小主要有以下原因:一是我国区域协调发展总体战略深入实施,在获得国家政策支持的情况下,中西部和东北地区经济增长速度不断加快;二是沿海地区受到国际金融危机影响较大和自身生产成本不断提高,不得不调整和升级产业结构,加速了沿海部分产业向中西部和东北地区转移;三是人口迁移,东部沿海发达地区依靠经济发达、适宜生活等优势,吸引了其他地区的人口向东部地区迁移,这也会缩小区域间的差距。

从 2012 年开始,中国经济发展进入新的阶段,区域经济发展呈现新的发展特点。2012 年召开的党的十八大以及 2015 年通过的"十三五"规划,对新常态下我国的区域经济发展战略提出了新思路。

5.十八大以来的中国区域经济发展

2012年召开的党的十八大,是进入新时代的序曲;2015年通过的"十三五"规划,对新时代我国的区域经济发展战略提出了新思路。2017年召开的党的十九大,是进入新时代的重要标志。

从"四大板块"的发展水平与速度来看,中国区域经济差距仍然较大。从GDP总量看,东西部地区相差悬殊。截至2015年年底,东部、东北、中部、西部地区生产总值分别为372 778.21亿元、58 101.21亿元、147 139.62亿元、145 521.36亿元,其中,东部地区生产总值占全国比重高达51.52%。1999—2015年,中国东部地区与西部地区的国内生产总值(GDP)绝对差距与相对差距(相对差距=东部地区GDP/西部地区GDP),如图1-1所示。

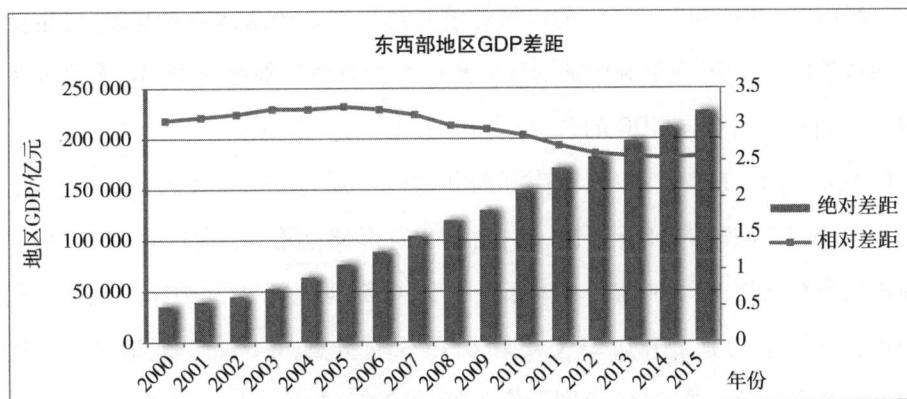

图 1-1 东西部地区生产总值差距

1980—1995年,国内生产总值所占份额东部地区提高了6.83%,而中、西部地区分别下降了3.80%与3.03%,东部地区的相对实力进一步增强。截至2015年年底,中西部人均地区生产总值为4.05万元,仅为全国平均水平的82.13%,仅达到东部地区的1/2,并且东西部间的区域绝对差距逐年扩大。就目前而言,东西部地区经济指标的绝对差距是不可能缩小的,我们需要做的是努力缩小相对差距(图1-2)。

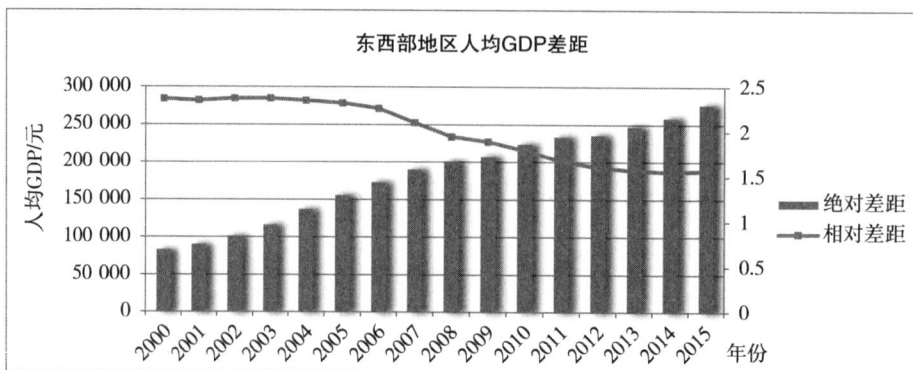

图 1-2　东西部地区人均 GDP 的绝对和相对差距

2015 年,"四大板块"GDP 增长率均值分别为东部 6.17%、东北 1.37%、中部 5.73%、西部 5.80%,可以看出中西部地区积极促进本地区产业结构升级和经济发展,取得了较为明显的进步。

2018 年,我国四大经济区的区域经济延续近年来的总体趋势是,地区生产总值增长较为平稳,东部和中部地区的地区生产总值分别达到 48.10 万亿元和 19.27 万亿元,占全国 GDP 的 52.58% 和 21.06%;西部地区达到 18.43 万亿,占全国 GDP 的 20.15%。其中,西南和西北地区分别为 11.56 万亿和 6.87 万亿元,占全国 12.6% 和 7.5% 份额。东北地区为 5.68 万亿元,占比 6.2%。从规模占比来看,四大板块的格局基本保持不变,中部、西南和西北地区占全国比重同比略有上升,分别上升 0.23、0.1 和 0.15 个百分点,东部和东北地区占全国 GDP 的份额同比有所下降,分别下降 0.28 和 0.20 个百分点(表 1-2)。

表 1-2　2018 年四大经济区地区生产总值及占比

地区	2018 年 GDP/万亿元	2018 年 GDP 占 GDP 的份额/%
东部	48.10	52.58
中部	19.27	21.06
西部	18.43	20.15
东北	5.68	6.20

资料来源:根据统计资料计算。

随着我国经济发展进入新时代,近年来经济增长从高速向中高速过渡,从低质量规模扩张向高质量经济增长转型。由于进入转型阵痛期,部分地区经济下行压力较大。从数据来看,2015—2018年,区域经济增速分化,东北地区经济增速明显放缓,增速不到5%,中部与西南部的差距不大。西北地区2017年增速下降严重。

当前,我们需关注的问题是,我国改革开放后经济持续增长过程中出现的一个较为突出的问题就是收入差距不断扩大,并且影响了国民经济可持续发展进程。西部地区拥有众多贫困地区、革命老区、民族地区和边疆地区,经济社会发展水平长期滞后,基本公共服务供给不足问题尤为突出,西部地区是公共服务均等化的重点和难点地区。进入新时代之后,虽然人均GDP的相对差距已经缩小,并有进一步缩小的趋势,但中西部地区尚属我国经济欠发达地区,仍然是须加快发展的地区。

三、面向社会主义现代化的中国区域经济发展

党的十九大之后,中国进入新时代,中央提出"人民日益增长的美好生活需要和不平衡不充分的发展之间的矛盾",区域发展战略调整为以区域协调发展为引领的新战略。以区域协调发展战略来引领四大板块之间、经济带之间、城乡之间、类型区之间的发展关系,结合发展战略上的路径选择把区域协调发展落到实处,是区域协调发展战略的核心内容。

1.新时代区域协调发展的空间特征

国家相继提出京津冀协同发展、长江经济带和粤港澳大湾区战略,区域协调发展战略的统领地位开始显现,整个国家的区域发展格局开始由条块分割转为东中西联动。

新时代区域协调发展的空间特征包括区域经济新格局和新形态、区域政策新内容和区域发展新方向。新时代我国区域经济格局呈现出如下特征。第一，多支点、轴带经济和网络化发展。多支点主要表现在我国 21 个城市群规划相继出台，东部地区的京津冀、长三角、珠三角城市群继续提升，中部的中原城市群和长江中游城市群日渐成熟，东北中部城市群开始复苏，位于西部地区的成渝城市群、黔中城市群、滇中城市群、藏中南城市群、天山北坡城市群、兰州—西宁城市群、宁夏沿黄河城市群和关中城市群八个城市群的发展较大。城镇化作为重塑我国经济地理的主要动力，不断平衡我国的区域经济发展格局，拓展我国经济发展空间腹地，为我国宏观经济增长找寻新的空间动力。第二，轴带经济表现在"一带一路"、京津冀协同发展和长江经济带战略实施，以交通轴线来辐射我国区域，是产业转移最有效的形式，体现了我国经济增长的包容性和共赢性，也体现了我国对区域生态环境共治的重视，经济发展不再以资源环境作为代价，可持续发展理念将贯穿我国的协调发展历程。第三，网络化发展则体现在我国城市之间的空间、产业、经济多重联系增多，尤其是在高速铁路开通之后，时空距离的收缩加快了中西部地区的发展脚步，推动东部经济转型升级。

促进区域协调发展须以区域政策作为实施保障，新时代的区域政策的主要取向如下。

（1）提升与完善区域经济发展战略

区域发展总体战略以"四大板块"的协调为基础，中心是以地理位置并考虑行政区所形成的"政策覆盖区"协调发展，强调的是对区域板块的政策指导和发展定位，所以没过多考虑区域板块之间的经济联系。区域协调发展战略是在继承区域发展总体战略基础上的完善与具化，是新时代中国地区经济和社会发展的统领性战略。2018 年，习近平总书记亲自谋划了粤港澳大湾区战略，把珠三角和港澳地区共同打造成为世界级的湾区和城市群，这必将大大拉动我国南方的经济发展。

同时,我们也须关注近年来学术界普遍关注的南北差距扩大问题。虽然统计数据显示南方人与北方人均产值的差距还没到惊人的地步,但发展差距扩大的速度却十分惊人。从 2017 年的数据来看,全国经济增速最快的省份中,9 个是南方的,1 个是北方的;全国经济总量最大的 10 个省份中,7 个是南方省份,3 个是北方省份;全国 14 个超万亿产值的城市,11 个在南方,3 个在北方。

(2)促进区域协调发展体制机制逐步完善

中国区域经济经过多年发展,每个区域都获得了长足进步,但区域之间的关系始终不协调。如何实现区域经济一体化发展,是新时期区域发展的重要任务。

首先,形成发展机制。推动区域协同发展的关键是形成协同发展机制,包括城市、交通、生态、产业等各方面,都需要区域协同的发展机制。其次,形成区域经济一体化机制。当前区域经济一体化最成熟的是粤港澳大湾区。区域经济的一体化包括商品贸易、基础设施、要素流动和政策设计等多方面,要有统一领导,编制一体化的发展规划,制定相关的发展政策,用来推动资本、技术、人才、劳动力等生产要素自由流动和优化配置。最后,完善区域合作机制。"长三角地区"的区域合作是全国的典范。在建立地区党政主要领导定期会晤机制的基础上,进一步探索建立有组织、可操作的专项议事制度,积极推动开展各类经贸活动。加强政策的统一性和协调性,消除市场壁垒,规范市场秩序,形成良好的政策环境和发展条件。

(3)构建精准性的区域政策体系和可操作的政策平台

构建精准性的区域政策体系。随着区域经济发展态势的变化,政策范围过宽、各类政策不连贯、政策功能不明确等问题显现出来。建立统一规范、层次明晰、功能精准的区域政策体系,是从全局性和区域性出发推进区域协调发展的重要途径。发挥区域政策在宏观调控政策体系中的积极作用,可以加强区域政策与财政、货币、产业、投资等政策的协调配合,突出宏观调控政策的空间属性,提高区域政策的精准性和有效性。优化区域创新与发展平台。我国当前经济增长动力正在转换,实施区域协调发展战略需要培育区域经济新动能,需要改革区域创新的体制机制,而转化落实这些动能在空间上要进一步完善各类发展平台。

(4)全力保障国家和区域生态安全

推进生态文明建设是新时期区域发展的重要组成部分,是区域可持续发展的重要保障。习近平总书记十分重视生态文明建设,多次指出建设生态文明关系人民福祉、关乎民族未来。把生态文明提高到民族生存的高度来认识,是从来没有过的,体现了习近平总书记在区域发展上高瞻远瞩。由于我国国土面积广大,生态环境多种多样,同时历史遗留的环境问题较为严重,建设生态文明的任务十分繁重。习近平总书记强调,牢固树立保护生态环境就是保护生产力、改善生态环境就是发展生产力理念,更加自觉地推动绿色发展、循环发展、低碳发展,绝不以牺牲环境为代价换取一时的经济增长。这种理念突出地反映了我国区域发展的新思路,这种思路是可持续发展的最高理念。

2. "十四五"规划的区域发展战略

2021年通过的"十四五"规划对区域发展的战略规划是,深入实施区域重大战略、区域协调发展战略、主体功能区战略,健全区域协调发展体制机制,构建高质量发展的区域经济布局和国土空间支撑体系。主要内容有优化区域经济布局、深入实施区域重大战略、深入实施区域协调发展战略、积极拓展海洋经济发展空间。

(1)优化区域经济布局

对于"十四五"期间的区域经济布局,中央的基本战略部署是三大区域发展战略和三大类型区。三大区域发展战略是区域重大战略、区域协调发展战略和主体功能区战略,中央提出的政策方向是健全区域协调发展的体制机制、完善新型城镇化战略和构建高质量发展的国土空间布局和支撑体系。在"十四五"规划中,中央提出把全国按照主体功能区划分成新的三大类型区:一是城市化地区,基本功能是高效集聚经济和人口,目前,把全国划成19个城市群,这19个城市群作为城市化地区的最主要承载地;二是农产品主产区,基本功能是为全国人民提供高质量的农产品,任务是保护基本农田和生态空间,主要范围在东部平原地区、西部绿洲地区;三是生态功能区,基本功能是生态环境保护,任务是提供生态产品,范围是城市和农产品主产区之外,覆盖全国。优化区域经济布局还须实现新时代区域高质量发展,这也是"十四五"规划提出的重要任务,关键在以下三个方面:一是协同推进经济带与经济区发展。"十四五"规划已经明确了长江经济带和黄河生态保护与高质量发展带两个经济带,长三角一体化经济区、京津冀协同发展经济区、粤港澳大湾区、成渝经济区和辽中南经济区五个经济区。围绕这些经济带和经济区,全国至少可以建设40个都市圈;二是解决资源环境约束问题。生态环境脆弱、资源环境承载力不足、经济社会发展与资源环境矛盾较大是在"十四五"期间实现区域高质量发展必须解决的问题;三是实现区域经济一体化。区域经济一体化应该包括交通与信息一体化、制度一体化、区域与产业之间的协作以及强化经济联系与区域贸易。其中,制度一体化是比较高级的区域经济一体化,这里所说的制度指日常生活中的制度安排,如交通一卡通、地区检疫标准、银行异地存取等。

(2)深入实施区域重大战略

深入实施区域重大战略是"十四五"规划提出的重大战略安排,主要指以下五大战略。

①加快推动京津冀协同发展。在过去5年间,京津冀城市群建设已经取得了丰硕成果,GDP已由2014年的6.65万亿元提升至2019年的8.51万亿元,河北省域范围内39个国家级贫困县全部摘帽。进入"十四五"时期,京津冀城市群高质量发展的机遇与挑战同在,主要有几个重点任务:一是疏解非首都功能,建设通州城市副中心;二是加快建设雄安新区;三是巩固发展滨海新区;四是建

设"轨道上的京津冀","十四五"规划对"轨道上的京津冀"有很详尽的项目规划。

②全面推动长江经济带发展。"十四五"规划提出的全面推动战略是生态优先、绿色发展、共抓大保护、不搞大开发。在重点强调生态建设的基础上,具体提出了长江的"十年禁渔"、建设沿江铁路、建设绿色产业体系和保护文物等目标。长江经济带凭借黄金水道的独特优势,加之充裕的资本赋存、广阔的市场规模,连通东、中、西三大地带,正日益成为优质要素的集聚洼地,对国民经济增长的贡献率已由 2000 年的 29.31% 攀升至 2019 年的 43.34%。"十四五"时期,深入贯彻"一轴、两翼、三极、多点"网络化空间布局方略,统筹长三角、长江中游、成渝等国家级城市群,黔中、滇中等区域性城市群,对周边节点城市扩散。

③积极稳妥推进粤港澳大湾区建设。改革开放以来,珠三角充分发挥毗邻港澳的地理优势,与香港、澳门加深了区域合作,湾区经济初具规模。《粤港澳大湾区发展规划纲要》于 2019 年 2 月发布,明确了大湾区应以香港—深圳、广州—佛山、澳门—珠海为核心,构建极点带动、轴带支撑的高质量网络化城市群。"十四五"规划重点强调的是深港、粤澳合作推进科技创新、实现交通一体化、创新要素跨境流动等。2019 年,粤港澳大湾区在仅 5.6 万平方千米的城市群范围内创造了占全国 10.96% 的 GDP,域内 11 座城市的人均 GDP 均接近或超越 10 000 美元门槛,具备建成世界级城市群的巨大潜力。为此,"十四五"时期,在巩固香港、澳门、广州、深圳中心城市地位的同时,还应加强域内其他 7 座节点城市整合各类资源的力度,确保城市群网络内部各城市人口规模与经济规模同步扩容,为新时代"一国两制"理论突破与实践创新提供新蓝本。

④提升长三角一体化的发展水平。长三角城市群是中国经济密度最大的区域,首位城市上海周边分布有苏锡常、杭绍甬等大城市,市域间交通路网密度极高,为同城化发展提供了现实可能。为加快长三角城市群网络化步伐,"十四五"时期,国家可将上海作为一级中心,增进上海同南京、苏州、无锡、杭州、宁波、合肥 6 大次级中心的经济活动往来,联动南京都市圈、苏锡常都市圈、杭州

都市圈、宁波都市圈、合肥都市圈,形成"一市五圈"网络化空间格局。"十四五"规划重点强调一体化问题,提出打造"绿色一体化示范区"。长三角城市群是实现现代化的先导地区,建设自贸区、发展高端服务业、普及医疗教育、形成便捷交通网都是未来的重要任务。

⑤扎实推进黄河流域生态保护和高质量发展。2019年9月,在河南召开座谈会时,习近平总书记将黄河流域生态保护和高质量发展定位为国家战略。由于航运之利不济,加之缺乏门户城市与枢纽城市,目前,黄河流域尚不具备建成网络化国家级经济带的能力。"十四五"规划提出,上游要注重生态保护,保护好中华水塔;中游要注重水土流失治理,清理整顿岸线内工业企业,实现能源资源一体化发展;全流域要优化中心城市和城市群发展格局,打造区域具有国际影响力的黄河文化旅游带。根据这个战略安排,"十四五"时期要坚持以黄河干流为依托,以西安、郑州、青岛等中心城市为节点,以中原城市群为核心增长极,携手关中平原城市群、呼包鄂榆城市群、兰西城市群和山东半岛城市群,通过开展流域水土综合治理、壮大生态农业与循环工业等一系列举措构筑黄河生态带,辐射带动中上游陕甘宁革命老区和少数民族聚居区振兴。

（3）深入实施区域协调发展战略

关于区域协调发展战略,"十四五"规划提出了以下五个方面的内容。

①西部大开发。西部大开发的核心是推动西部大开发,形成新格局,主要包括八个方面:一是形成区域空间新格局,从空间上创新,把西北地区和西南地区分开规划;二是加快西部地区数字经济发展;三是推动特色产业发展;四是解决欠发达地区和低收入人口问题,核心是实现共同富裕;五是建设中心城市与城市群,西部国家中心城市有西安、重庆和成都,另有若干省会城市。城市群有关中、成渝、兰西、呼包鄂榆;六是加快生态文明与绿色发展;七是发展对外贸易,在"一带一路"的框架下,面向中亚、中东、东欧等地发展陆上边境贸易;八是解决西北干旱区水资源短缺问题。

②推动东北振兴取得新突破。推动东北振兴须关注四个问题:一是机制体

制问题,重点是优化营商环境;二是维护国家安全问题,包括粮食、生态、能源、产业安全;三是新产业布局问题,包括改造东北老工业基地的传统制造业以及发展数字经济等新技术产业;四是城市群建设问题,辽中南城市群有潜力成为未来带动东北地区发展的主要增长极。

③促进中部地区崛起。中部崛起的关键在以下四点:一是加快建设中部制造业基地,打造中高端产业集群;二是积极承接新兴产业转移;三是高标准建设内陆开放平台;四是公共服务保障和卫生安全。

④鼓励东部地区加快推进现代化。"十四五"规划明确提出,东部地区未来的主要任务是加快推进社会主义现代化,具体包括以下四点:一是创新引领、率先实现高质量发展;二是打造世界先进的制造业集群;三是全方位参与国际合作;四是建立全方位开放型经济体系。

⑤支持特殊类型地区发展。特殊类型地区包括革命老区、少数民族地区、边疆地区、贫困地区、老工业基地、资源枯竭型地区和生态退化型地区。"十四五"规划对这些地区作出了具体规划:一是支持革命老区、民族地区加快发展;二是加强边疆地区建设;三是推进兴边富民、稳边固边;四是促进资源枯竭地区、环境退化地区转型发展;五是推动欠发达地区加快发展。

(4)积极拓展海洋经济发展空间

海洋经济是"十四五"规划突出强调的内容,从战略高度对海洋事业发展作出了重要部署,明确指出要"坚持陆海统筹,加快建设海洋强国"。拓展海洋经济发展空间主要包括以下三个方面的内容。

①建设现代海洋产业体系,关键是突破核心技术。海洋产业包括海洋旅游业、海洋渔业、海洋油气、海洋矿业、海洋交通运输等,在海洋产业发展方面,中国与发达国家差距还很大,因此,要给予更多投入。

②打造可持续的海洋生态环境,提出自然岸线不低于35%的指标,约束填海行为。

③深度参与全球海洋治理,要比历史上任何时期都重视远洋治理和开发。

在当前的国际局势下,推动陆海统筹战略,必须统筹海洋维权与周边稳定、统筹近海资源开发与远洋空间拓展、统筹海洋产业结构优化与产业布局调整、统筹海洋经济总量与质量提升、统筹海洋资源与生态环境保护、统筹海洋开发强度与利用时序,并以此作为制定国家海洋战略和海洋经济政策的基本依据。

3. 中国区域经济发展的战略导向

从区域经济学的角度分析中国的区域空间格局,关键要从不同空间尺度出发,明确区域发展战略的重心。

(1)国家尺度

在国家尺度上,国内国际双循环相结合。首先,须明确区域发展总体战略。分板块来看,东部地区对国民经济增长的贡献率占据了绝对优势,GDP 占比先由 2000 年的 66.76% 逐年下降至 2014 年的 54.78%,后缓慢抬升至 2019 年的55.12%,这说明在东部率先发展战略驱动下东部地区依然是区域经济的关键增长极,在国内大循环中扮演了关键角色。中部地区、西南地区、西北地区生产总值占比始终呈现上升态势,分别由 2000 年的 14.24%,7.71%,4.27% 增加至2019 年的 20.71%,12.60%,6.82%,中部崛起与西部大开发成效卓著,但东西失调问题并未根本解决,依然是国内良性大循环的突破口。东北地区则出现了明显的衰退迹象,GDP 占比由 2000 年的 7.01% 跌落至 2019 年的 4.76%,东北振兴任重道远,事关国内大循环顺利运行。东、中、西和东北的发展差距仍然是国家区域政策制定最主要的依据。为此,"十四五"时期要在因地制宜、分类指导的基本原则下,独资、合资、收购、兼并、非股权安排等方式并重,科学引导纺织、服装等劳动密集型制造业以及钢铁、石化、有色金属等资本密集型制造业向要素成本更低的中西部地区转移。其次,持续优化产业空间布局。产业再布局是形成国内大循环为主的新发展格局的切入点。当前,产业再布局呈现四个特征:一是在世界范围内生产活动更分散,随着服务相关成本下降,技能型工人和非技能型工人的收入差距显著,交流成本和贸易成本逐步变低;二是在区域内生产活动更加集聚,随着贸易成本下降,产业集聚是经济活动最基本的空间形态;三是在同一区域内最终产品部门及中间产品部门共生集聚,相较于最终产品,中间产品的运输成本升高,商务服务具有不完全可贸易性;四是在面临巨大经济波动时世界范围内生产活动布局模式不稳定。区域经济学的研究任务是,按照国内大循环的要求以区域经济学理论为基础形成制造业再布局的规划方案。最后,扭转南北差距扩大态势。21 世纪以来,东西差距扩大态势出现转机,南北分野却不断加剧。从总量指标看,北方地区 GDP 由 2000 年 4.02 万亿元爬升至 2018 年 35.20 万亿元,2019 年则小幅下降至 34.92 万亿元。南方地区 GDP 则从 2000 年 9.87 万亿元迅速跃升至 2019 年 70.72 万元,相较于北方,比较优势日趋凸显。从均量指标看,南方总人口虽然多于北方,但自 2000 年起,南方人均 GDP 始终超过北方,已接近或突破中高收入阶段上线,发展普惠性更强。南北差距扩大正成为"十四五"时期国内大循环亟待缓解的突出问题。

（2）区域尺度

在区域尺度上,以城市群为载体形成网络化空间格局。城市群是网络化空间格局的战略骨架,城市群并非若干城市在一定空间范围内自然布局与简单组合,城市群成"群"的关键在于城市间要素自由流动、资源高效配置、基础设施对接、产业关联配套、公共服务均等,城市群是在空间上邻近且经济联系密切的若干城市构成的网络化统一体,正日趋成为现代经济活动的集水区。在"十四五"时期,为构建更加有效的区域协调发展新机制,要充分发挥国家级城市群的引领作用。"十四五"规划将城市群划分为三类:第一类是需要优化提升的,包括京津冀、长三角、粤港澳、成渝和长江中游;第二类是正在发展壮大的,包括山东半岛、粤闽浙沿海、中原、关中平原、北部湾;第三类是须培育的,包括哈长、辽中南、山西中部、黔中、滇中、呼包鄂榆、兰州西宁、宁夏沿黄、天山北坡。要把世界级、国家级和区域性城市群同国家尺度下的发展方略相结合,最终形成网络化空间格局。

（3）城市—县域尺度

在城市和县域尺度上，要释放集聚经济外部性。

①扶持国家中心城市发展。2010年起，北京、天津、上海、广州、重庆、成都、武汉、郑州、西安形成了九座国家级中心城市，这些中心城市是综合的交通枢纽、科技的创新中心、历史文化名城，也是国际化大都市。经过近10年的发展，9座国家中心城市迸发出旺盛的经济活力，多点支撑、协同发力的空间格局已初具雏形，成为"优势集中"的关键集聚区，产生显著正外部性。

②培育区域中心城市。为避免国家中心城市过速扩张可能引发的集聚不经济现象，设立一批集引领、辐射、集散功能于一体的区域中心城市成为"优势集中"的有效途径，能够化被动挤出为主动转移，这是"十四五"时期城市尺度下助推协调发展的又一工作重点。

③激发县域经济的发展活力。当前，中国县域GDP占全国经济总量的比重已突破50%，县域人均GDP越过全国平均数70%。"十四五"时期，激发县域经济活力依然面临多重挑战，具体表现为各县域单元社会经济发展水平的巨大鸿沟。根据2020年赛迪智库发布的《中国县域经济百强白皮书》，东部地区全国百强县占比高达67%，仅江苏、浙江两省就占据43席，前十强占7席，与中西部地区相比处于绝对优势地位，在县域尺度下，成为东西失衡、南北分野的微观映射。引导中西部地区县域经济特色资源优势转化，以产县融合为驱动最大化集聚经济外部性，对"十四五"时期区域经济高质量运行尤为关键。

4.构建促进区域发展的新机制与新政策

促进区域发展的新机制包括协同发展机制、区域一体化机制和区域合作机制。

（1）协同发展机制

当前，协同发展的主要区域是京津冀地区。京津冀地区是国家最重要的畿辅地区,但京津冀地区一体化发展远未形成,实现京津冀协同发展,是面向未来打造新的首都经济圈、推进区域发展体制机制创新的需要。推动区域协同发展的关键是形成协同发展的机制,如城市、交通、生态、产业等各方面都需要区域协同的发展机制。

（2）区域一体化机制

当前,区域经济一体化最成熟的是粤港澳大湾区。区域经济的一体化是包括商品贸易、基础设施、要素流动和政策设计等多方面的一体化,要统一领导、编制一体化的发展规划,制定相关的发展政策,用来推动资本、技术、人才、劳动力等生产要素自由流动和优化配置。

（3）区域合作机制

在建立地区党政主要领导定期会晤机制的基础上,进一步探索建立有组织、可操作的专项议事制度,积极推动各类经贸活动开展。加强政策的统一性和协调性,消除市场壁垒,规范市场秩序,形成良好的政策环境和发展条件。

5. 促进区域经济发展的新政策

促进区域经济发展的新政策包括构建精准性区域政策体系、优化区域创新与发展平台、加强区域规划的权威性和操作性以及保障国家和区域的生态、防疫、防灾安全。

（1）区域政策体系

建立统一规范、层次明晰、功能精准的区域政策体系,在宏观调控政策体系中,发挥区域政策的积极作用。加强与财政、货币、产业、投资等政策协调配合,突出宏观调控政策的空间属性,提高区域政策的精准性和有效性。

（2）优化区域创新与发展平台

实施区域协调发展战略须培育区域经济新动能,要进一步完善各类发展平台,包括国家级新区、综合配套改革试验区、承接产业转移示范区等具有先行先试政策优势的区域性平台。

（3）加强区域规划的权威性和操作性

跨行政区的区域协调发展是现阶段最需要加强的部分,要协调行政区的利益,衔接区域规划与相关规划,真正实现"多规合一",做到"一张蓝图绘到底",不因地方政府换届而政策多变,保持政策连贯性。

（4）保障国家和区域的生态、防疫、防灾安全

对于生态安全的认识已经比较统一,区域经济发展中,生态安全已经贯穿始终,今后在区域规划、国土开发中,应当充分重视防疫、防灾安全。

第二章　东部地区加快形成
高质量发展新格局

　　高质量发展离不开各地区共同繁荣,与新时代区域协调发展战略相互补充,共同服务于社会主义现代化建设。作为一个海陆兼备的国家,我国海岸线长达 1.8 万千米,沿海地区面积多达 135.04 万平方千米,为我国的建设与改革事业做出了不可磨灭的贡献。早在 1956 年,毛泽东在《论十大关系》中已详细论述了沿海与内地的关系,提出要通过建设沿海工业基地带动内地工业发展。改革开放之初,我国政府为尽快改变经济落后的局面,实施沿海发展战略,先后设立经济特区、沿海对外开放城市、沿海经济开放区,沿海经济开放地带逐步形成。在政策的大力支持下,沿海地区实现了历史性飞跃,2018 年生产总值是 1978 年的289.47 倍,成为重要增长极。中共十九大以来,在中国区域"高质量发展"格局构建中,东部地区将发挥更重要的作用。本章将从东部地区的资源禀赋、产业发展、典型空间发展模式等几方面探讨东部地区在中国区域空间发展中的状况。

一、东部地区自然资源和生态现状

　　东部地区主要包括十省市,分别为北京市、天津市、河北省、上海市、江苏省、浙江省、山东省、福建省、广东省和海南省,约占国土总面积的 9.67%[①],人

---

① 数据来源:根据中华人民共和国中央人民政府网站公布数据计算得出。

口占全国总人口比重约为 38.24%①。这里主要概括了东部地区经济发展现状以及在发展过程中遇到的问题。

1. 自然资源概况

（1）地形地貌

就地形而言，相对而言，东部地区处于我国国土的最东面，地形以山地、平原、丘陵为主，其中，平原面积较多，普遍海拔较低。京津冀地区以山区和平原为主，其中，平原面积较大，平原面积约为 9.88 万平方千米。上海、江苏和浙江位于我国长江流域下游，以平原、山地、丘陵和水域为主，其中，平原和水域面积较大。海南和广东地形结构较为复杂，以山地、丘陵、台地和平原为主，其中，广东省的平原面积占比为 21.7%，海南省的平原面积则较小。山东省地形以山地、平原、丘陵为主，占比分别为 15.5%、55% 和 13.2%。

（2）水资源

总体而言，东部地区水资源分布严重不均衡，总体而言，整个京津冀地区较为缺水，长三角地区水资源较为丰富，广东、福建和海南三省雨水充沛（表2-1）。

表2-1　东部地区各省份人均水资源量

单位：m^3/人

年份	北京市	天津市	河北省	上海市	江苏省	浙江省	福建省	山东省	广东省	海南省
2011	135	116	218	89	625	1 366	2 091	362	1 405	5 546
2012	193	238	324	143	472	2 645	4 048	284	1 921	4 131
2013	119	101	241	117	358	1 697	3 063	300	2 131	5 637
2014	95	76	144	195	502	2 057	3 218	152	1 608	4 266
2015	124	84	183	265	731	2 548	3 469	172	1 792	2 185

---

① 数据来源：东部十省市 2015 年国民经济和社会发展统计公报和中华人民共和国 2015 年国民经济和社会发展统计公报。

续表

年份	北京市	天津市	河北省	上海市	江苏省	浙江省	福建省	山东省	广东省	海南省
2016	162	122	280	252	929	2 378	5 469	223	2 251	5 360
2017	137	83	185	141	490	1 592	2 712	226	1 612	4 166
2018	164	113	218	160	471	1 520	1 983	342	1 683	4 496

数据来源:各省份相关年份水资源公报和中国经济与社会发展统计数据库。

就人均水资源量而言,北京市、天津市、上海市和河北省均无法达到国际上为维持可持续发展的最低标准 300 m³;江苏省和山东省人均水资源量低于 1 000 m³,这是国际上公认的重度缺水标准;浙江省、福建省和广东省低于国际中度缺水标准 2 000 m³;只有海南省是不缺水的。就水资源供给而言,北京市、天津市和上海市水资源总量不足以满足三地区用水需求量,所以,部分地区地下水超采。

（3）矿产资源

相较于西部而言,东部地区矿产资源储量及种类虽然略显不足,但个别地区的矿产资源量比较丰裕。河北省矿产资源较为丰富,其中,34 种矿产资源储量排名全国前五,煤炭资源特别丰富,冀中煤炭基地是国家确定的 13 个煤炭基地之一,并且煤炭工业体系围绕煤炭资源形成。此外,河北省石油资源储备量较大,河北省现有华北、冀东和大港三大油田。山东省矿产资源也较为丰富,44 种矿产资源的储量列全国前五位,11 类矿产资源列全国第一位,主要矿产资源种类包括金、铁矿、石油和煤矿。广东省稀有金属和有色金属资源较为丰富,主要种类有银、铅等,广东省被称为稀有金属和有色金属之乡。

（4）生物资源

东部地区距离海岸线较近,气候环境较为宜人,这也为丰富的生态资源孕育了自然条件。江苏省植物资源极为丰富,2013 年统计植物资源共 850 种,其中,650 种植物资源有开发前途和经济价值。此外,江苏省还有丰富的农业资源,农作物和禽类养殖条件较好,素有"鱼米之乡"美誉。上海市处于长江三角洲平原,位于长江入海口附近,渔业资源丰富,鱼类共 266 种,其中,171 种为淡水鱼。河北省植物资源较为丰富,全省现已探明植物资源 3 000 多种,其中,棉花、玉米和水果产品在全国中占有比例较高,此外,二十多种药材资源可以用于出口。福建省野生动植物资源极为丰富,全省查明的野生脊椎动物有 1 686 种,约占全国的30%,已定名的昆虫大概有 10 000 多种,22 种为国家一级野生保护动物,137 种为国家二级野生保护动物。此外,福建省还有 470 种植物资源,其中,52 种被列入国家重点保护植物,可供开发的野生植物资源达到 3 000 多种。广东省属于东南亚季风区,从北向南依次为中亚热带、南亚热带和热带气候,孕育了丰富的动植物资源。广东省共有 7 717 种植物,其中,6 135 种为野生植物,国家一级和二级保护野生植物资源共 55 种,陆生野生动物种类共 774 种,淡水鱼类共 281 种,其中,国际一级和二级保护动物共 117 种。

（5）海洋资源

东部地区十省市中,8 省市是沿海的,海洋资源特别丰富。天津市海洋油气资源很丰富,45 个含油构造已被发现,油量丰富。浙江省海域面积为 26 万平方千米,是全国海岸线最长的、岛屿最多的省份,渔业资源异常丰富。福建省的海域面积比其陆地面积大 12.4%,考虑其陆地面积多山,情况特殊,海洋资源可以拥有用武之地,主要海洋资源有海上生物资源、海港资源、滨海旅游资源和海洋能源资源。广东省海岸线长,海域辽阔,近海、远海捕捞和深水养殖的海产产量达到每年 400 万吨,可供海水养殖的面积达到 77.57 万公顷,同时,广东省还拥有较多可供未来开发的大型深水良港。

（6）旅游资源

表 2-2　东部地区 AAAAA 旅游资源(2020 年)

地区	景区名称
北京市(8 个)	北京市海淀区圆明园景区、北京市奥林匹克公园、恭王府景区、北京市明十三陵景区、北京八达岭-慕田峪长城旅游区、颐和园、天坛公园、故宫博物院

续表

地区	景区名称
天津市（2个）	天津盘山风景名胜区、天津古文化街旅游区
河北省（10个）	保定市清西陵景区、秦皇岛市山海关景区、邯郸市广府古城景区、保定市白石山景区、邯郸市娲皇宫景区、唐山市清东陵景区、石家庄市西柏坡景区、保定市野三坡景区、承德市避暑山庄及周围寺庙景区、保定市安新白洋淀景区
上海市（3个）	上海科技馆、上海野生动物园、上海东方明珠广播电视塔
江苏省（24个）	无锡市惠山古镇景区、常州市中国春秋淹城旅游区、连云港市花果山景区、徐州市云龙湖景区、大丰中华麋鹿园景区、周恩来故里旅游景区、镇江市句容茅山景区、苏州市沙家浜·虞山尚湖旅游区、常州市天目湖景区、苏州市吴中太湖旅游区、无锡市鼋头渚景区、镇江市金山·焦山·北固山旅游景区、南通市濠河景区、苏州市金鸡湖景区、姜堰市溱湖旅游区、常州市环球恐龙城休闲旅游区、扬州市瘦西湖风景区、南京市夫子庙·秦淮风光带景区、无锡市灵山景区、苏州市同里古镇景区、苏州市周庄古镇景区、苏州园林、中央电视台无锡影视基地三国水浒景区、南京市钟山风景名胜区·中山陵园风景区
浙江省（18个）	丽水市缙云仙都景区、宁波市天一阁·月湖景区、嘉兴市西塘古镇旅游景区、衢州市江郎山·廿八都景区、台州市神仙居景区、台州市天台山景区、湖州市南浔古镇景区、衢州市开化根宫佛国文化旅游景区、绍兴市鲁迅故里沈园景区、杭州市西溪湿地旅游景区、嘉兴市南湖旅游区、金华市东阳横店影视城景区、嘉兴市桐乡乌镇古镇旅游区、宁波市奉化溪口·滕头旅游景区、杭州市千岛湖风景名胜区、舟山市普陀山风景名胜区、温州市雁荡山风景名胜区、杭州市西湖风景名胜区
山东省（12个）	东营市黄河口生态旅游区、青州市青州古城景区、威海市海华夏城景区、山东省沂蒙山旅游区、济南市天下第一泉景区、枣庄市台儿庄古城景区、威海市刘公岛景区、烟台市龙口南山景区、青岛市崂山景区、泰安市泰山景区、济宁市曲阜明故城三孔旅游区、烟台市蓬莱阁旅游区（三仙山·八仙过海）
福建省（9个）	龙岩市古田旅游区、福州市三坊七巷景区、宁德市福鼎太姥山旅游区、泉州市清源山景区、宁德市白水洋·鸳鸯溪旅游区、福建省土楼永定·南靖旅游景区、三明市泰宁风景名胜区、南平市武夷山风景名胜区、厦门市鼓浪屿风景名胜区

续表

地区	景区名称
广东省(14个)	肇庆市星湖旅游景区、惠州市惠州西湖旅游景区、中山市孙中山故里旅游区、阳江市海陵岛大角湾海上丝路旅游区、惠州市罗浮山景区、佛山市长鹿旅游休博园、佛山市西樵山景区、韶关市丹霞山景区、清远市连州地下河旅游景区、广州市白云山风景区、梅州市雁南飞茶田景区、深圳市观澜湖休闲旅游区、深圳市华侨城旅游度假区、广州市长隆旅游度假区
海南省(6个)	三亚市蜈支洲岛旅游景区、海南槟榔谷黎苗文化旅游区、分界洲岛旅游区、海南呀诺达雨林文化旅游区、三亚市南山大小洞天旅游区、三亚市南山文化旅游区

数据来源:中华人民共和国国家旅游局官网。

从表2-2中可以看出,东部地区聚集了我国数量众多的历史和自然旅游资源,旅游资源不但数量多而且种类丰富,可以满足不同消费群体的偏好。随着经济文化持续发展,我国民众对旅游的兴趣日益盎然,因此,东部地区可以充分发挥资源丰富优势,吸引旅游群体,发展旅游产业,打造属于本地的旅游文化,创造各地GDP新的增长点。此外,考虑到我国"经济新常态""化解产能过剩"大背景,丰富的旅游资源对东部地区优化产业结构和产业布局就显得意义重大。

2.生态环境状况

从表2-3来看,东部省市总体森林面积较大,广东省、福建省和浙江省分别占据东部森林面积前三位,当然这也与这三个地区山区面积较大有关系。就森林覆盖率而言,福建省、浙江省、海南省和广东省的森林面积覆盖率均超过了50%。北京市森林面积覆盖率也较高,这与北京市为防沙尘而大力建设森林有关系。河北省较大部分森林建设很大原因是为北京服务的,河北省北部和南部分别被确定为生态功能涵养区和生态环境支撑区,因此,河北省森林面积比例较高。

表 2-3　2010—2018 年东部地区省市森林面积

单位:万公顷

年份	北京市	天津市	河北省	上海市	江苏省	浙江省	福建省	山东省	广东省	海南省
2010	52	9	418	6	108	584	767	254	874	176
2011	52	9	418	6	108	584	767	254	874	176
2012	52	9	418	6	108	584	767	254	874	176
2013	59	11	439	7	162	601	801	255	906	188
2014	59	11	439	7	162	601	801	255	906	188
2015	59	11	439	7	162	601	801	255	906	188
2016	59	11	439	7	162	601	801	255	906	188
2017	59	11	439	7	162	601	801	255	906	188
2018	72	14	503	9	156	605	812	267	946	194

数据来源:中国经济与社会发展数据库。

　　从表 2-4 来看,2010 年东部十省市总体排放废水量为 201.5 亿立方米,2018 年废水排放总量为 271.8 亿立方米,累计增长了 34.89%。从总体来看,我国东部地区十省市的污水排放量总体呈现上升趋势,废水排放结构由工业废水和城镇生活污水并重演化为城镇生活废水占主导。从单个城市来看,广东省增加最多。山东省、江苏省、浙江省和河北省的废水排放量也较多,这与四省人口数量和产业结构有关系。从废水排放量时间趋势来看,浙江省、上海市和福建省排放量先增加后减少,江苏省则在 2011 年后废水排放量保持微弱增长,其他省市大体上保持增长态势。

表 2-4　东部地区省市污水排放量

单位:百万立方米

年份	北京市	天津市	河北省	上海市	江苏省	浙江省	福建省	山东省	广东省	海南省
2010	1 417	652	1 328	2 314	3 631	2 064	959	2 444	5 065	278
2011	1 455	672	1 472	2 314	3 779	2 144	1 034	2 655	6 063	247
2012	1 520	745	1 483	2 368	3 890	2 214	1 119	2 774	6 152	256
2013	1 553	787	1 494	2 336	3 935	2 358	1 136	2 811	6 365	272

续表

年份	北京市	天津市	河北省	上海市	江苏省	浙江省	福建省	山东省	广东省	海南省
2014	1 615	823	1 573	2 317	3 963	2 501	1 190	2 952	6 523	285
2015	1 642	940	1 671	2 304	4 123	2 694	1 194	3 021	6 714	321
2016	1 695	997	1 712	2 362	4 276	2 771	1 230	3 201	6 892	326
2017	1 777	997	1 659	2 295	4 277	3 038	1 230	3 278	7 127	313
2018	1 932	1 041	1 758	2 298	4 370	3 219	1 284	3 409	7 552	314

数据来源：中国经济与社会发展数据库。

从表 2-5 来看，在 2010 年后，东部地区（除海南外）二氧化硫排放量均不同幅度减少，减少幅度最大的是上海市、北京市、广东省和浙江省，这与我国越来越重视环境保护并加大环境问题治理和这几个地区的产业结构调整有很大关系。就二氧化硫年均浓度而言，各省市有差别。根据东部地区各省市环境质量公报显示，2015 年东部省市均达到二氧化硫年平均浓度国家标准。其中，6 个省市达到国家一级标准，分别为北京市、上海市、浙江省、福建省、广东省和海南省，二氧化硫年均浓度分别为 13，5，17，14，1.9，13 和 5（单位均为微克/立方米）；达到国家二级标准的省有 4 个，分别为天津市、河北省、江苏省和山东省，二氧化硫年平均浓度（单位为微克/立方米）分别为 29，41，25 和 45。从时间角度来看，在进入 21 世纪以后，东部地区二氧化硫年均浓度值一直在减少，尤其是国家划分了二氧化硫控制区后，二氧化硫污染已经得到了控制。

表 2-5　2010—2018 年东部地区省市二氧化硫排放量

单位：万吨

年份	北京	天津	河北省	上海市	江苏省	浙江省	福建省	山东省	广东省	海南省
2010	11.50	23.50	123.40	35.80	105.00	67.80	40.90	153.80	105.10	2.90
2011	9.79	23.09	141.21	24.01	105.38	66.20	38.92	182.74	84.77	3.26
2012	9.38	22.45	134.12	22.82	99.20	62.58	37.13	174.88	79.92	3.41
2013	8.70	21.68	128.47	21.58	94.17	59.34	36.10	164.50	76.19	3.24
2014	7.89	20.92	118.99	18.81	90.47	57.40	35.60	159.02	73.01	3.26

续表

年份	北京	天津	河北省	上海市	江苏省	浙江省	福建省	山东省	广东省	海南省
2015	7.12	18.59	110.84	17.08	83.51	53.78	33.79	152.57	67.83	3.23
2016	1.50	2.67	55.18	6.50	57.80	13.33	24.16	72.98	25.56	1.34
2017	0.65	2.51	43.31	1.38	38.32	11.18	11.95	41.63	18.73	0.97
2018	0.27	1.90	34.32	1.11	31.68	8.69	10.85	34.13	15.10	0.81

数据来源:《中国环境统计年鉴》。

表2-6中是东部省市2013—2018年$PM_{2.5}$年平均浓度变化值。根据统计情况可以看出,东部各省市$PM_{2.5}$值总体呈现下降趋势,大体环境质量逐步改善。虽然东部地区各省市在大气保护方面做了很大努力,但东部省市只有福建省和海南省$PM_{2.5}$值达到了国家标准,广东省在2015年达到了国家标准,其他省市距离国家标准还较远。此外,我们还应该注意到,国家标准只是世界卫生组织过渡目标,是最为宽松的指标,如果根据世卫组织$PM_{2.5}$指标年均浓度10微克/立方米判断,东部省市均不达标。$PM_{2.5}$主要来源还是人类能源消耗过程,例如,发电、冶金石化等工业过程和各种交通工具因使用燃料而向大气排放废气。考虑到大气的流动性问题,$PM_{2.5}$改善不是一个地区可以单独实现的,而应该是通过整个地区联手治理才能完成的。

表2-6 2013—2018年东部地区各省市$PM_{2.5}$年平均浓度

单位:微克/立方米

年份	北京市	天津市	河北省	上海市	江苏省	浙江省	福建省	山东省	广东省	海南省
2013	89.50	96.00	108.00	62.00	73.00	61.00	—	98.00	47.00	—
2014	85.90	83.00	95.00	52.00	66.00	53.00	17.00	82.00	41.00	—
2015	80.60	70.00	77.00	53.00	58.00	47.00	13.30	76.00	34.00	20.00
2016	72.00	70.50	70.40	45.50	50.00	41.00	27.10	59.90	31.70	18.60
2017	57.10	63.80	65.60	39.30	48.40	39.50	26.80	52.80	33.40	18.70
2018	51.00	52.00	56.00	36.00	49.00	33.00	26.00	49.00	31.00	17.00

数据来源:东部地区各省市相关年份环境状况公报。

二、东部地区产业发展状况

1.东部地区三次产业结构

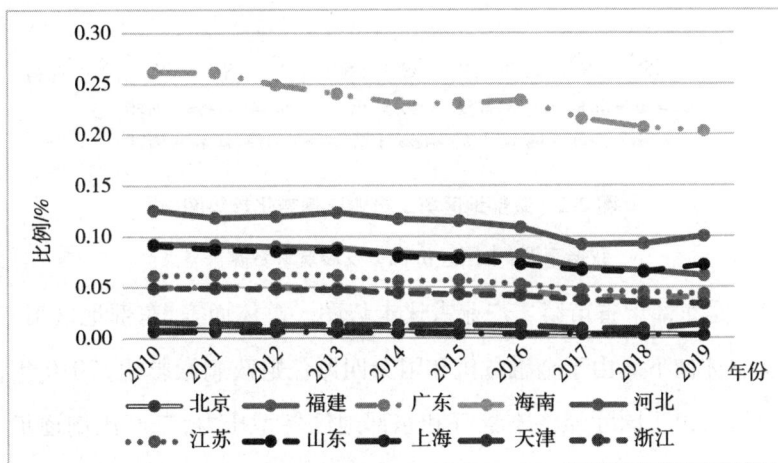

图 2-1　东部地区十省市第一产业占比

数据来源:中国经济社会发展统计数据库。

图 2-1 是东部地区十省市第一产业增加值占 GDP 比例的年度走势图。总体而言,东部十省市第一产业(简称"一产")占比呈现一路走低趋势。就个体而言,在 2010 年,海南省一产占比最高,占比为 26%,北京市和上海市一产占比则非常小,分别为 2% 和 1%,其他省份基本都在 5%~10%。2019 年,东部地区除海南省和河北省外一产占比均在 10% 以下,其中,北京和上海则均低于 1%,海南省则为 20.1%。分区域而言,长三角地区则是一产占比整体而言最低的区域,这主要得益于长三角三省市二三产业不断发展;而京津冀分化比较严重,2018 年,北京和天津一产占比很低,而河北省还在 10% 以上;海南省由于自身地形和气候条件,农业一直是重要产业,所以一产占比相对而言较高。

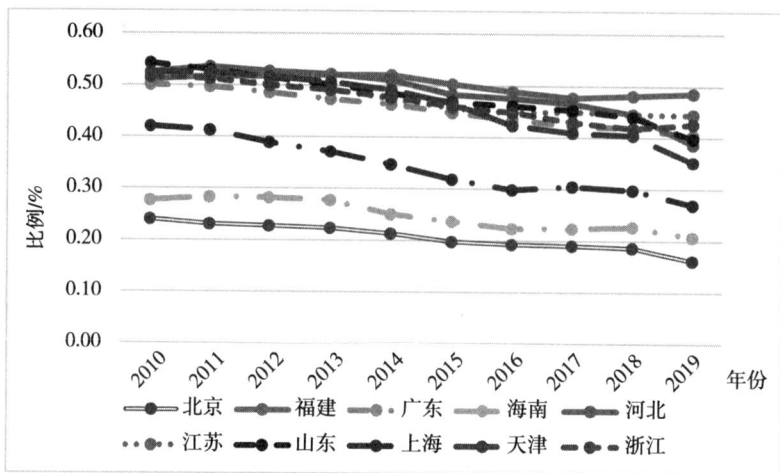

图2-2 东部地区第二产业比例变化趋势图

数据来源：中国经济社会发展统计数据库。

图2-2是东部十省市第二产业占比走势图。总体而言，东部地区第二产业占比走势整体向下。由于金融危机和国家四万亿财政刺激影响，2010年，二产占比高，但是，由于国际经济不景气和东部地区转型压力，二产比例逐步走低，当然这符合区域经济发展的一般规律。个体而言，2018年，北京市二产占比为16%，为东部省市中最低；海南省二产占比则一直升高，2013年开始下降，2018年，海南省二产占比为21%。东部地区二产占比总体走低的趋势既与世界经济不景气有关，也与经济发展所伴随的制造业转移有关。东部地区二产，尤其是制造业，面临的转型升级压力较大。

图2-3为东部地区各省市第三产业占比走势图。总体而言，东部地区第三产业均表现为上升走势。截至2018年，除福建省外，其余省市的三产占比均超过50%。分区域而言，京津冀地区三产占比总体很高，但是内部分化较为严重，2019年，北京市三产占比为84%，而河北省只有51%，京津冀内部经济发展很不协调；长三角地区整体而言三产占比较高，上海市突破70%，而江苏和浙江也已突破50%，区域发展较为协调。就三产占比增加速度而言，浙江、江苏和广东增长势头迅猛，河北省、福建省、山东省和海南省则增加较慢，其中，在2010年

后,福建三产占比出现停滞现象。东部地区内部发展差距较为明显,各区域发展阶段不尽相同,面临的问题也是不尽相同的。

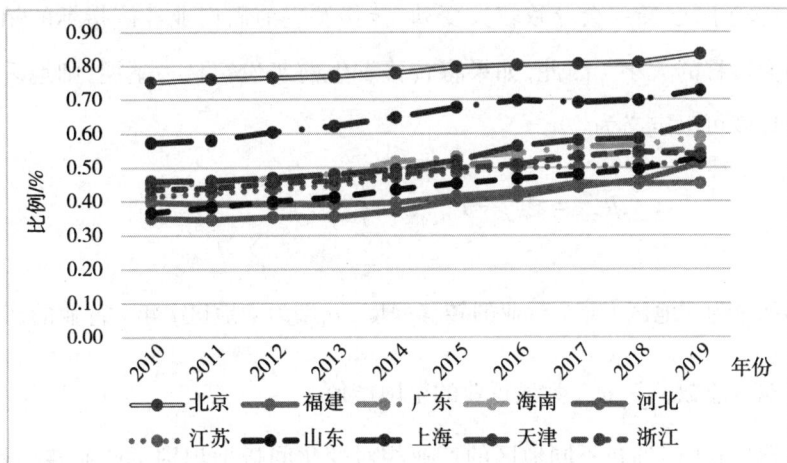

图2-3 东部地区第三产业比例变化趋势图

数据来源:中国经济社会发展统计数据库。

2. 我国产业转移的现状分析

加快区域产业转移,是我国推进区域均衡发展的内在需要,也是新时期坚持创新、协调、绿色、开放、共享发展理念和推进供给侧结构性改革的重要战略体现。在新的发展环境与新形势下,我国区域产业转移应把握其内在机理。

(1)产业转移指数测算方法

产业转移表现为不同时期地区产业活动的空间分布变化,一般情况下,通过比较地区产业经济指标的此消彼长来说明产业转移的方向和程度。国内外关于产业转移的识别方法存在较大差异,发达国家具备完善的企业区位信息,可以依据企业的区位变迁来直接判断产业转移的规模和方向。国内由于缺乏企业地理区位变动的详细数据,一般采用间接指标测度转移程度,如以产业份额为基础的区位熵、绝对份额指标、赫芬达尔指数、外商直接投资及省外投资额、产业梯度系数和基于区域间投入产出的转移指标。

为了精确反映转移前后的差异,Zhao 和 Yin(2011)依据份额变动思想使用一种衡量产业转移的新方法,该方法将产业转移看作一个事件,转移发生前,产业发展比较平缓,转移会导致较大变动,转移发生前后产业经济指标的相对变化量即为转移的大小。因此,如果将转移发生前年份定义为基期,则地区产业转移的程度可以定义为

$$IR_{ci,t} = P_{ci,t} - P_{ci,t_0} = \frac{q_{ci,t}}{\displaystyle\sum_{c=1}^{n} q_{ci,t}} - \frac{q_{ci,t_0}}{\displaystyle\sum_{c=1}^{n} q_{ci,t_0}} \tag{1}$$

其中, $IR_{ci,t}$ 为 c 地区 t 年 i 行业的转移程度, $q_{ci,t}$ 为 c 地区 t 年 i 行业的产值, n 为全国地区总数, $\displaystyle\sum_{c=1}^{n} q_{ci,t}$ 为该行业的全国产值。

尽管公式(1)通过不同地区的产业相对变化间接地识别了产业转移程度,但没有充分考虑由于地区经济规模扩大带来的行业自然增长,包括产出扩张或企业数量上升。也就是说,某地区某一行业产值占全国份额增减可能主要来自本地区总体生产规模变动,而不是其他地区产业迁移。基于这种考虑,孙晓华等(2018)改进公式(1),加入地区经济规模占全国总体经济规模的比重,以消除地区生产状况变化给行业份额造成的干扰,改进后,产业转移程度可以表示为

$$IR'_{ci,t} = P'_{ci,t} - P'_{ci,t_0} = \frac{\dfrac{q_{ci,t}}{\displaystyle\sum_{c=1}^{n} q_{ci,t}}}{\dfrac{\displaystyle\sum_{i=1}^{m} q_{ci,t}}{\displaystyle\sum_{i=1}^{m}\sum_{c=1}^{n} q_{ci,t}}} - \frac{\dfrac{q_{ci,t_0}}{\displaystyle\sum_{c=1}^{n} q_{ci,t_0}}}{\dfrac{\displaystyle\sum_{i=1}^{m} q_{ci,t_0}}{\displaystyle\sum_{i=1}^{m}\sum_{c=1}^{n} q_{ci,t_0}}} \tag{2}$$

将改进后的 $IR'_{ci,t}$ 界定为产业转移指数, m 为所考察的行业数量, $q_{ci,t}$ 代表 c 地区 t 年 i 行业的生产规模, $\displaystyle\sum_{i=1}^{m} q_{ci,t}$ 表示地区全部行业的总体规模。为了更加全面地刻画地区间产业转移的现实情况,同时采用产值和企业数量代表行业生

产规模测算,既体现某地区行业生产要素的收缩与扩张,又反映了企业数量的空间流动。若 $IR'_{ci,t} > 0$,表明所考察年份 c 地区 i 行业规模相对于初期发生了转入;若 $IR'_{ci,t} < 0$,这意味着 c 地区该产业相对于初期发生了转出。这样,改进后的产业转移指数既体现了产业转移的方向性,又可以反映地区间产业转移量的大小。

(2)我国产业转移现状的经验分析

在外部经济环境和内部经营条件变化的情况下,产业转移与生产要素密切相关。不同要素密集型行业在土地、劳动、资本和技术等资源方面存在一定差别,加之每一类生产要素对价格变动的敏感程度和空间流动性不尽相同,从而劳动、资本和技术密集型行业随着生产所在地经济环境变化在利益最大化驱使下出现迥异的空间变迁路径。相反,同一类要素密集型行业由于生产要素的投入比例比较相近,往往表现出一致的空间转换特征,下面将分别测算劳动、资本和技术密集型行业的转移指数,以发现中国制造业转移的大致规律。基期选择是产业转移程度测算的前提,这里将 2006 年作为基期,其依据是,2006 年,中国沿海省份"用工荒"越发严重,劳动力使用成本不断上升。同时,大量研究表明,2006 年沿海省份的劳动密集型制造业陆续向中西部转移,步伐不断加快,资本技术密集型行业一直向沿海地区集中,直到 2006 年才向其他地区转移。因此,以 2006 年作为中国制造业转移的基期是合理的。产业转移指数测算所用到的行业产值和企业数量数据均来自 2007—2017 年《中国工业经济统计年鉴》,按照国际通行标准,制造业中二维码行业被合并为劳动密集、资本密集和技术密集三大行业类型,见表 2-7。

表 2-7　要素密集型行业分类标准

行业分类	制造行业
劳动密集型	纺织业、纺织服装、服饰业、皮革、毛皮、羽毛及其制品和制鞋业、木材加工和木、竹、藤、棕、草制品业、家具制造业、其他制造业、废弃资源综合利用业

续表

行业分类	制造行业
资本密集型	农副食品加工业、食品制造业、酒、饮料和精制茶制造业、烟草制品业、造纸和纸制品业、印刷和记录媒介复制业、文教、工美、体育和娱乐用品制造业、石油加工、炼焦和核燃料加工业、非金属矿物制品业、黑色金属冶炼和压延加工业、有色金属冶炼和压延加工业、金属制品业、金属制品、机械和设备修理业
技术密集型	化学原料和化学制品制造业、化学纤维制造业、医药制造业、橡胶和塑料制品业、通用设备制造业、专用设备制造业、汽车制造业、铁路设备制造业、船舶设备制造业、航空航天和其他运输设备制造业、电气机械和器材制造业、计算机、通信和其他电子设备制造业、仪器仪表制造业

按照改进后的产业转移衡量方法［见公式（2）］，测算了中国 31 个省份 2006—2016 年制造业产业转移指数。将 2006—2016 年划分为三阶段，阶段Ⅰ为 2006—2009 年，阶段Ⅱ为 2009—2013 年，阶段Ⅲ为 2013—2016 年。其间各省产业转移情况见表 2-8 至表 2-10。

表 2-8　各省劳动密集型产业转移情况（2006—2016 年）

劳动密集型产业	阶段Ⅰ	阶段Ⅱ	阶段Ⅲ
北京	-0.000 91	0.014 447	-0.008 56
天津	-0.006 94	0.071 479	0.164 877
河北	-0.063 65	0.062 022	0.265 685
山西	-0.045 19	-0.027 22	0.000 407
内蒙古	-0.094 64	-0.133 13	-0.201 98
辽宁	0.069 826	0.125 428	0.129 352
吉林	-0.002 59	0.154 629	0.491 203
黑龙江	-0.030 75	0.129 451	0.659 219
上海	-0.050 1	-0.096 91	-0.152 44
江苏	-0.116 1	-0.356 18	-0.584 54
浙江	0.063 749	-0.124 65	-0.465 58

续表

劳动密集型产业	阶段 I	阶段 II	阶段 III
安徽	0. 042 535	0. 275 029	0. 483 168
福建	0. 154 175	0. 318 296	0. 480 07
江西	0. 071 392	0. 217 956	0. 428 653
山东	0. 046 588	0. 026 937	−0. 190 03
河南	0. 067 746	0. 232 951	0. 313 59
湖北	0. 008 723	0. 101 274	0. 064 052
湖南	0. 005 642	0. 105 202	0. 268 613
广东	0. 077 028	0. 233 809	0. 292 765
广西	−0. 017 31	0. 221 494	0. 647 807
海南	−0. 094 92	−0. 134 79	−0. 146 02
重庆	0. 041 43	0. 109 583	0. 104 252
四川	0. 055 419	0. 172 145	0. 248 967
贵州	−0. 008 11	0. 079 111	0. 417 858
云南	−0. 005 43	0. 021 412	0. 134 716
西藏	0. 205 32	0. 353 309	0. 178 61
陕西	−0. 069 52	−0. 066 46	−0. 049 44
甘肃	−0. 014 67	0. 037 455	0. 148 1
青海	0. 046 389	0. 035 464	0. 072 981
宁夏	−0. 029 13	−0. 062 91	0. 020 89
新疆	−0. 026 36	−0. 232 99	−0. 309 55

表 2-9 各省资本密集型产业转移情况(2006—2016 年)

资本密集型产业	阶段 I	阶段 II	阶段 III
北京	−0. 013 09	−0. 067 75	−0. 151 36
天津	0. 138 917	0. 251 482	0. 297 199
河北	−0. 027 08	−0. 120 31	−0. 232 14

续表

资本密集型产业	阶段 I	阶段 II	阶段 III
山西	-0.032 09	-0.111 89	-0.158 59
内蒙古	-0.047 31	-0.090 34	-0.068 02
辽宁	-0.116 21	-0.149 89	-0.145 82
吉林	0.087 08	0.126 156	0.159 007
黑龙江	0.005 637	0.144 005	0.184 831
上海	-0.073 53	-0.089 41	-0.082 98
江苏	-0.024 06	-0.070 19	-0.039 69
浙江	-0.009 08	-0.005 99	0.002 106
安徽	-0.051 9	-0.166 8	-0.222 66
福建	0.057 218	0.092 769	0.133 222
江西	-0.074 04	-0.192 67	-0.258 86
山东	-0.053 73	-0.087 07	-0.084 87
河南	-0.055 27	-0.162 61	-0.249 97
湖北	0.009 445	0.046 3	0.027 225
湖南	-0.113 88	-0.258 82	-0.299 07
广东	0.029 102	0.061 449	0.084 457
广西	-0.024 8	-0.059 72	-0.109 27
海南	0.356 247	0.326 565	0.335 618
重庆	-0.024 49	-0.035 29	-0.069 24
四川	-0.032 14	-0.065 89	-0.125 37
贵州	-0.054 28	-0.024 7	-0.018 4
云南	-0.075 62	-0.086 97	-0.048 62
西藏	0.005 665	0.074 754	0.276 435
陕西	-0.016 02	0.080 088	0.103 736
甘肃	-0.054 07	-0.109 53	-0.057 66
青海	-0.063 02	0.004 716	0.046 482
宁夏	-0.072 4	-0.001 92	0.031 642
新疆	-0.163 72	-0.189 3	-0.214 99

表 2-10 各省技术密集型产业转移情况（2006—2016 年）

技术密集型产业	阶段 I	阶段 II	阶段 III
北京	0.008 462	0.060 48	0.154 484
天津	−0.124 81	−0.230 46	−0.248 01
河北	0.011 38	0.069 191	0.151 406
山西	0.000 844	0.072 058	0.172 662
内蒙古	0.034 354	0.078 421	0.110 272
辽宁	0.069 501	0.089 71	0.122 878
吉林	−0.079 92	−0.139 22	−0.201 67
黑龙江	−0.023 03	−0.171 68	−0.252 96
上海	0.072 325	0.099 402	0.117 179
江苏	0.055 083	0.136 705	0.129 187
浙江	0.024 905	0.049 593	0.039 329
安徽	0.026 17	0.086 314	0.099 294
福建	−0.059 04	−0.129 89	−0.244 25
江西	0.037 358	0.113 574	0.132 164
山东	0.040 042	0.072 351	0.098 254
河南	0.019 332	0.083 274	0.155 146
湖北	−0.011 65	−0.057 46	−0.032 73
湖南	0.077 482	0.185 543	0.213 765
广东	−0.029 96	−0.083 11	−0.126 04
广西	0.002 186	−0.010 47	−0.014 21
海南	−0.309 54	−0.272 26	−0.209 84
重庆	0.011 553	0.014 737	0.062 255
四川	0.005 922	0.017 111	0.074 427
贵州	0.020 957	−0.016 89	−0.030 97
云南	0.029 645	0.038 183	0.057 86
西藏	−0.068 7	−0.149 42	−0.214 95
陕西	0.009 414	−0.069 29	−0.046 5

续表

技术密集型产业	阶段 I	阶段 II	阶段 III
甘肃	0.009 016	0.049 401	0.063 247
青海	0.019 185	−0.032 85	−0.017 75
宁夏	0.050 369	−0.001 56	−0.024 54
新疆	0.165 036	0.251 009	0.285 393

由于资本规模测算的产业转移指数无法准确反映制造业转移的真实情况，此处选择以销售产值衡量的转移指数加以分析。由分大类行业的测算结果可知，劳动、资本和技术三类要素密集型行业地区间转移均存在扩大趋势。

从时间上看，2006—2009 年，资本密集型制造业转移幅度最大，其次是劳动密集型制造业，最后是技术密集型制造业，尽管三者转移幅度存在差异，但基本持平；2009—2013 年，三类制造业转移速度都增幅明显，劳动密集型制造业增幅最为明显，资本密集型制造业和技术密集型制造业地区间转移也毫不逊色；到了 2013 年，劳动密集型制造业转移速度急剧增加，明显超越了资本密集型制造业和技术密集型制造业，部分省市转移速率放缓，虽然资本密集型行业和技术密集型行业转移快速增长，可相比于上一阶段增幅略有下滑。上述测算结果，既反映出要素成本升高带来地区间比较优势不断转换，又证实了地区间产业梯度存在。

从空间上看，三类要素密集型制造业均在省际大规模转移。劳动密集型制造业"以东南沿海和西北地区为核心，向东北、中部和西南地区转移"；资本密集型产业则"以河南、安徽、江西和湖南的中部地区为主转出区，伴以大部分西部地区为次转出区，转入广东、福建与江苏以及西藏和部分东北地区"；技术密集型产业持续转入新疆地区，除此之外，"由相对南部的地区向相对北部的地区转移"。

从行业上看，不同类型制造业具有不同的转移特征。可以发现，劳动、资本和技术要素密集型行业空间转移呈现出一定规律：从全国范围来看，三类密集型行业均出现了空间上大范围迁移，随着要素成本差异不断扩大，沿海发达地区的产业倾向于向周边次发达地区转移，形成典型的"洼地效应"，而中西部落后地区的要素则向区域内经济社会环境更优的地区汇聚，形成新的比较优势；其中，劳动密集型制造业总体向中部集聚，资本密集型制造业总体向东南和东北地区扩散，技术密集型则主要表现为转入除广东外经济发达省份。

2006—2009 年，劳动密集型制造业的特征主要表现为从华北、东北和西北部地区转入中部和广东、福建、浙江、山东、辽宁等沿海地区，其中，福建吸纳了最多劳动密集型制造业，中部的河南、江西和东部的浙江次之。河北、内蒙古和山西则是劳动密集型制造业转出最多的地区。作为对于劳动力数量、品质有一定要求的行业，整体上，劳动密集型制造业由劳动力数量相对较少、品质相对较低的区域转入劳动力数量相对较多、品质相对较高的区域；2009—2013 年，劳动密集型制造业转移情况与上一阶段略有不同，西南部的云南、贵州和广西，西北的甘肃，京津冀和东北地区均由上一阶段的劳动密集型制造业转出地变为转入地，而与之相对应，仅浙江由转入地变为转出地。这大致反映出劳动力大省的劳动密集型制造业承载力逐渐饱和，劳动密集型产业向其他区域转移；2013—2016 年，北京不断将劳动密集型制造业转出，以疏解非首都核心功能。此外，部分地区也在此时空前规模地转入劳动密集型制造业，其中，西南部、中部和东北最为突出，此阶段劳动力密集型制造业转移主要缘于创新驱动和高质量发展提出，除广东和福建以外，劳动力密集型制造业密集分布的东部沿海地区积极响应党中央，转出该类产业。整体上来看，转出后的劳动密集型制造业主要向中部和西南集聚，十分契合当前产业转移的战略思路。

2006—2009 年，资本密集型制造业转入地分布呈现"中间两点，南北两块"态势，这两个点状转入区域分别是湖北省和天津市，两个块状转入区域分别是北方的黑龙江和吉林以及南方的广东、福建和海南。此时，东北地区仍然工业基础雄厚，而广东和福建是沿海开放的省份，所以，在这一阶段，资本密集型制造业不断涌入这两块区域；2009—2013 年，资本密集型制造业转移空间分布没有太大变化，值得一提的是，中部的湖南、江西、安徽和河南四省资本密集型制造业转出大大加速，超越了以往水平，而与湖北相邻的甘肃也由上一阶段的转出地变为转入地。这缘于劳动密集型制造业涌入导致中部省份的产业结构战略变化，于是，资本密集型制造业另觅发展之地；2013—2016 年，资本密集型制造业转出速率向北加速蔓延，覆盖了山西和京冀地区，浙江和宁夏与上一阶段的甘肃一样，由转出地变为转入地。山西过去长期依赖资源开发型产业以发展经济，但随着产业结构单一弊端凸显和环境污染日益加深，山西不断将属于资本密集型制造业的资源开发型产业转移出去，河北和山西情况类似，高污染的钢铁厂也在转移以适应新时代要求。整体上看，相对于劳动密集型制造业，资本密集型制造业整体上扩散幅度稍大，与阶段Ⅰ呈现的"中间两点，南北两块"转入的空间分布基本无差别，在这几个区域资本密集型制造业转入背后，不难看到东北振兴、中部崛起和沿海地区产业转型等国家战略的身影。

2006—2009 年，技术密集型制造业转移速率相对偏慢，其转移趋势与资本密集型制造业恰恰相反，呈现"点上转出，多地开花"局面，主要转出地是中部的湖北、北部的天津和东北地区以及东南沿海的广东、福建和海南。技术密集型制造业普遍转入说明了此时互联网和计算机行业不断壮大，各地均出台政策吸引和吸收相关精尖企业；2009—2013 年，技术密集型制造业主要转入西南和北部地区。其中，东部地区主要转入京津冀和长三角覆盖区域，东北地区主要转入辽宁，中部则由湖北转出到其他中部地区，西部的四川和重庆是转入的主要地区，绝大多数省区产业转移绝对值份额增加了。北京和上海作为人才的主要集中地，自然吸引了技术密集型制造业，并且不断辐射周边所覆盖的区域，而西部的四川和重庆作为区域经济发展的领头羊，也使得技术密集型制造业落地生根；2013—2016 年，与上一阶段相比，技术密集型制造业转移的空间分布变化不大，但转入速率却大幅提高，主要体现在京冀、山西和河南三个地区，而转出速率大幅提高的地区仅福建一省。可见，京冀、山西和河南均以实际行动调整产业结构以实现创新驱动发展。整体上看,技术密集型制造业除了向京冀和长三角地区转移外,非但没有转入珠三角地区,反而从那里转出了不少,这在某种程度上表明,珠三角地区的技术密集型产业主要是第三产业,而非制造业。

三、东部地区区域空间发展模式

1. 京津冀协同发展与大运河文化带建设

（1）京津冀协同发展战略实施

京津冀地区是我国继长三角、珠三角之后最重要的经济发展战略区域。自2014年2月26日,习近平总书记提出京津冀协同发展战略已有八年。依托习近平总书记"协同发展,交通先行"指导方针,以北京为中心的京津冀区域交通一体化建设稳步推进,不断深化。

京津冀协同发展战略经历了以下几个阶段:1986年,环渤海地区15个城市共同发起成立的环渤海地区市长联席会,被认为是京津冀地区最正式的区域合作机制;"八五"期间,北京市计划委员会开展了《首都及周边地区生产力合理布局研究》,并提出了具体实施方案;2004年,京津冀三地合作全面启动,相继达成了"廊坊共识"和《环渤海区域合作框架协议》并启动了京津冀都市圈规划编制工作;2008年,京津冀发改委共同签署了《北京市、天津市、河北省发改委建立"促进京津冀都市圈发展协调沟通机制"的意见》;2010年,《京津冀都市圈区域规划》上报国务院,《关于加快河北省环首都经济圈产业发展的实施意见》正式出台;2011年,国家"十二五"规划纲要提出"打造首都经济圈";2014年2月,习近平主持召开京津冀三地协同发展座谈会,将京津冀协同发展上升为国家战略。至此,京津冀协同发展进入快车道,海关区域通关一体化、交通一体化、市场一体化、临空经济合作、科技合作、物流业协同发展等相继推进。

2015 年 7 月,三地签署《关于进一步推动落实京津冀市场一体化行动方案的天津共识》,重点推进北京非首都功能疏解、加强电子商务发展等十方面合作;2016 年 2 月,《"十三五"时期京津冀国民经济和社会发展规划》印发实施,这是全国第一个跨省市的区域"十三五"规划;2016 年 3 月 24 日,习近平主持召开中央政治局常委会会议,审议并原则同意《关于北京市行政副中心和疏解北京非首都功能集中承载地有关情况的汇报》;2017 年 4 月 1 日,中共中央、国务院印发通知,决定设立河北雄安新区。

（2）京津冀协同发展的功能定位

京津冀区域试图打造以首都为核心的世界级城市群、区域整体协同发展改革引领区、全国创新驱动经济增长新引擎、生态修复环境改善示范区。这是一个涉及政治、社会和文化多方面的综合问题。北京功能疏解,不仅是地方利益角逐,更是中央与地方利益博弈整体选择。在空间尺度上,以产业优化配置的全国尺度,放眼全国,谋划北京市功能疏解和产业转移。

区域关系协调的京津冀尺度。京津冀协同发展战略中,京津冀"两市一省"尺度具有关键作用,是区域关系协调的主要层级。京津冀协同发展战略贯彻落实离不开京津冀"两市一省"层面上有效协调。

（3）京津冀协同发展的经验

其一,京津冀协同发展的中心——北京的城市功能定位更加清晰。在京津冀协同发展中,北京作为首都,被定位为"全国政治中心、文化中心、国际交往中心以及科技创新中心"。北京定位改变,使得京津冀城市群各区域主体的功能定位更加清晰,北京从多功能首都向单功能首都城市转变,给予天津和河北带来巨大发展机遇,为城市错位发展、相互协调奠定良好基础。其二,国家层面统筹规划与战略指导解决了京津冀各自分割、恶性竞争的桎梏,为京津冀协同发展提供了良好基础。其三,跨区域交通一体化推进。统筹基础设施建设,建设机场、铁路、高速快速,为京津冀三地间高效要素流动提供了便利。

（4）大运河文化带建设

京杭大运河连接北京、天津、河北、山东、河南、江苏、安徽、浙江8省(市)，全长3 200多千米，有着2 200多年历史，以大运河为纽带，形成贯穿南北的水运动脉。大运河文化带北连"京津冀城市群"，南接"长江经济发展带"，纵贯"一带一路"三大经济带，不仅是不可再生的宝贵资源，更是中华民族文化历史的重要载体。大运河文化带建设起步较晚：2014年6月，中国大运河申遗成功，被列入《世界遗产名录》，有关大运河文化建设的研究兴起。2017年2月24日，习近平总书记视察北京大运河森林公园时强调："要深入挖掘以大运河为核心的历史文化资源，保护大运河是运河沿线所有地区共同的责任，北京要积极发挥示范作用。"2017年6月，在中央调研室《调研要报》第48期《打造展示中华文明的金名片——关于大运河文化带的若干思考》一文中，习近平总书记作了批示："大运河是祖先留给我们的宝贵遗产，是流动的文化，要统筹保护好、传承好、利用好。"2019年2月，中共中央办公厅、国务院办公厅印发了《大运河文化保护传承利用规划纲要》。

大运河文化带的定位为"继古开今的璀璨文化带、山水秀丽的绿色生态带、享誉中外的缤纷旅游带"。大运河文化带建设和京津冀协同发展都有文化和生态"基因"，北京作为首都城市，有着厚重的历史文化，但众多要素超出了资源环境承载力，"大城市病"成为困扰北京发展的一大难题，而京津冀协同发展的"牛鼻子"——疏解北京非首都功能既缓解了北京的"城市病"，又给其他城市带来了机遇。大运河文化带的落脚点在于文化，但由于运河的天然属性，生态保护是大运河文化带建设的重要内容之一，文化和生态结合是运河沿岸城市高质量发展的必由之路。大运河文化带既着眼于文化传承，又超越文化传承，它涉及经济、社会、文化等多方面。《大运河文化保护传承利用规划纲要》明确提出："以大运河文化保护传承利用为引领，统筹大运河沿线区域经济社会发展。"大运河文化带南北两端经济发展水平远高于中段，而京津冀地区的京津两市经济发展水平最高，京津冀协同发展作为国家战略，所在区域在大运河文化带内部，对于大运河文化带建设有示范引领作用,是大运河文化带建设深入衔接国家战略的有利区域。京津冀既是大运河文化带建设的参与者,又是引领者。运河文化带南北长1 700余千米,地区间经济、社会、文化差异巨大,要在"保护、传承、利用"的基础上,借鉴京津冀协同发展的经验与教训,形成跨区域协同发展新探索。

2. 城市群建设

随着经济全球化与区域经济一体化不断深化,全球要素集聚与经济发展的地域单元逐渐由单个城市向多个城市转变。城市群和都市圈已经成为一个国家经济发展中最具活力的增长点之一,是国家参与全球竞争与国际分工的新型地域单元。改革开放以来,中国经济社会发生了巨大变化,在全球经济影响力逐步增强。随着改革开放继续推进,中国的各类经济主体将更充分地参与全球竞争,在国际舞台上,城市群将会在国际竞争中发挥重要作用,同时,在国内经济发展中也会发挥重要的引领作用。

东部作为中国经济发展最为活跃的地区,在区域空间发展上始终走在全国前列。特别是城市群建设,5个巨型国家级城市群中3个位于东部地区,另外,东部地区的3个区域性城市群在我国14个区域性城市群中发展实力总体处于前列。表2-11至表2-13是这6个城市群的定位与界定范围。

表 2-11 东部地区主要城市群

规模	名称	定位
国家级城市群(3个)	长江三角洲城市群、京津冀城市群、粤港澳大湾区城市群	以国家中心城市为核心,形成带动全国经济发展并有全球影响力和竞争力的增长极,优先建成国家级城市群,最终建成世界级城市群
区域性城市群(3个)	山东半岛城市群、北部湾城市群、海峡西岸城市群	国家二级城市群。在国家经济发展中带动区域经济发展的重点城市化地区,一般以一个以上国家中心城市或国家区域中心城市为核心城市

表2-12　东部地区国家级城市群范围界定

名称	包含省(市)	包含城市/地区
长江三角洲城市群	上海	上海
	江苏	南京、无锡、常州、苏州、南通、盐城、扬州、镇江、泰州
	浙江	杭州、宁波、嘉兴、湖州、绍兴、金华、舟山、台州
	安徽	合肥、芜湖、马鞍山、铜陵、安庆、滁州、池州、宣城
粤港澳大湾区城市群	香港	香港
	澳门	澳门
	广东	广州、深圳、珠海、惠州、东莞、肇庆、佛山、中山、江门
京津冀城市群	北京	北京
	天津	天津
	河北	石家庄、张家口、秦皇岛、唐山、保定、廊坊、邢台、邯郸、衡水、沧州、承德

表2-13　东部地区区域性城市群范围界定

名称	包含省(市)	包含城市/地区
山东半岛城市群	山东	济南、青岛、淄博、潍坊、东营、烟台、威海、日照
海峡西岸城市群	福建	福州、厦门、泉州、莆田、漳州、三明、南平、宁德、龙岩
	浙江	温州、丽水、衢州
	江西	上饶、鹰潭、抚州、赣州
	广东	汕头、潮州、揭阳、梅州
北部湾城市群	广西	南宁、北海、钦州、防城港、玉林、崇左
	广东	湛江、茂名、阳江
	海南	海口、儋州、东方、澄迈县、临高县、昌江县

除东部地区 3 大城市群之外,还有长江中游城市群和成渝城市群两个国家级城市群,下面对比分析这五大国家级城市群的发展情况。

五大国家级城市群经济总量比较。这五大国家级城市群覆盖了我国全部直辖市、2 个特别行政区、7 个国家中心城市以及众多经济发达城市,对国民经济发展有举足轻重的影响。图 2-4 则是对其经济水平的对比,可见,近十几年来,这五大国家级城市群的经济总量均占全国地区生产总值的半数以上。其中,长江三角洲城市群的经济总量最大,并且发展势头最为迅猛,长江三角洲城市群的经济增长速度最快。在经济总量上,在纳入香港和澳门之后,粤港澳大湾区城市群要高于京津冀城市群,长江中游城市群处于第四位,位于西部的成渝城市群的经济总量最小。总体上看,东部地区的城市群处于引领地位。

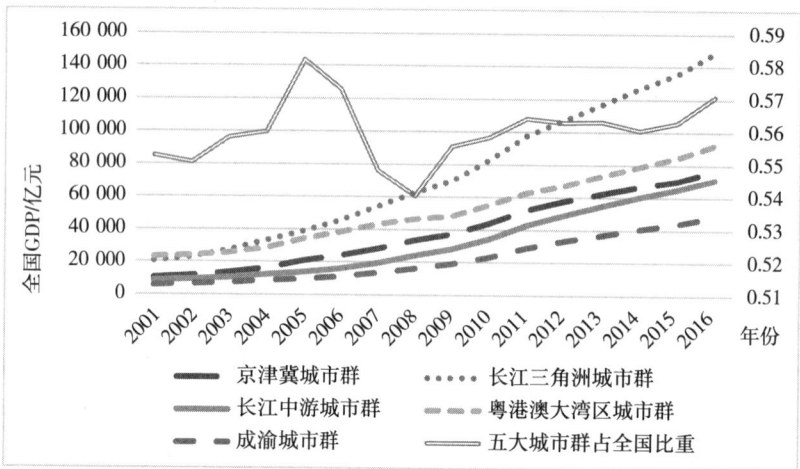

图 2-4　2001—2016 年五大城市群与全国 GDP 对比图

资料来源:中国统计年鉴(2012—2017);香港特别行政区政府统计处;澳门特别行政区政府统计暨普查局。

五大国家级城市群经济密度比较。地均国内生产总值最能够体现一个地区经济密度高低。图 2-5 是这五个国家级城市群的地均国内生产总值对比图。其中,比较突出的是粤港澳大湾区城市群,从所选取的年份看,所有年份其地均国内生产总值都是最高的,并且曲线的斜率最高,地均国内生产总值的增长速度也是最高的,这与其城市建成区的占比最高相一致。长江三角洲城市群和京津冀城市群次之。而长江中游城市群和成渝城市群的地均国内生产总值曲线在图上是重合的,实际数据上也是基本上一致的。和东部地区相比,中西部地区的经济发展水平还有一定差距。

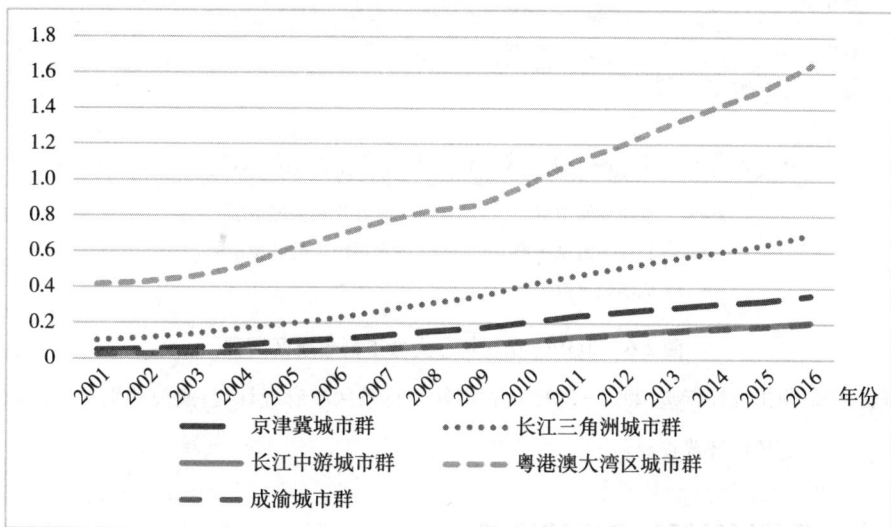

图 2-5　2001—2016 年五大城市群地均国内生产总值对比图

资料来源:中国统计年鉴(2012—2017);香港特别行政区政府统计处;澳门特别行政区政府统计暨普查局。

五大国家级城市群城市建成区变化情况。城市建成区面积是分析一个城市发展水平的重要指标,建成区面积的变化则是衡量城市扩张与收缩程度的有效方式。在城市群建设方面也可以采取这种方法。图 2-6 是近十几年五大国家级城市群建成区面积的对比图。从图中可以看出,长江三角洲城市群的城市建成区面积是最高的,并且,在绝大部分年份,其曲线斜率均大于其他四大城市群,这说明长江三角洲城市群内部城市的建设速度比较快,其他四个城市群则相对较慢,其中,成渝城市群的建成区面积较低,但总体速度要高于长江中游城市群。京津冀城市群和粤港澳大湾区城市群则处于中间位置,但粤港澳大湾区城市群的增速稍快。

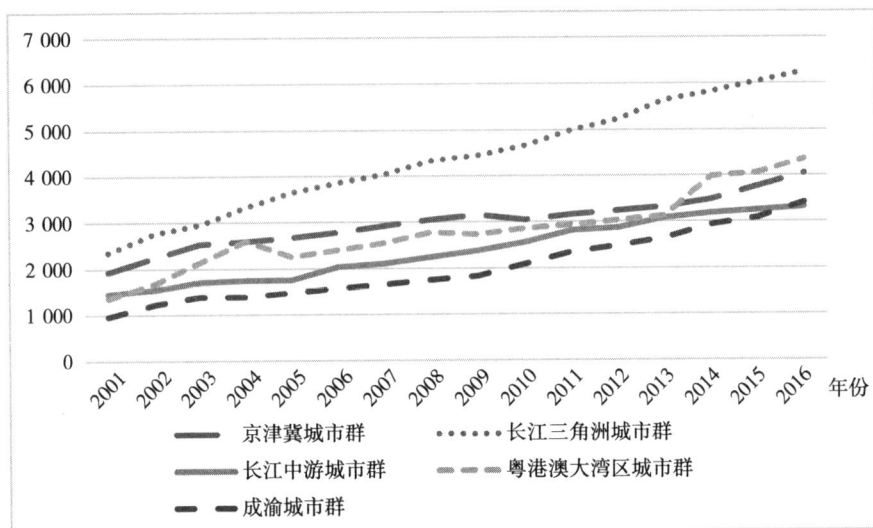

图 2-6　2001—2016 年五大城市群建成区面积

资料来源:中国统计年鉴(2012—2017);香港特别行政区政府统计处;澳门特别行政区政
　　　　府统计暨普查局。

3. 自由贸易试验区与自由贸易港

自由贸易区(Free Trade Zone，FTZ)是一国或地区"境内关外"的单独隔离区域,区内可进行仓储、贸易、加工等业务。在关税和配额等方面有优惠规定,货物储存期限一般不受限制。建设自由贸易区是党中央、国务院在新时代推进改革开放的一项战略举措,在我国改革开放进程中具有里程碑意义。中国的第一个自由贸易区位于东部的上海市。2013 年 9 月 29 日,中国(上海)自由贸易试验区成立。目前,经过六次扩容后,我国自贸区数量已经达到 21 个,全方位、多层次、多元化的开放合作新格局日臻完善,极大激发了高质量发展的内生动力。

当前,21 个自由贸易试验区中 10 个在东部省市,分别是中国(上海)自由贸易试验区、中国(广东)自由贸易试验区、中国(天津)自由贸易试验区、中国(福建)自由贸易试验区、中国(浙江)自由贸易试验区、中国(海南)自由贸易试验区、中国（山东）自由贸易试验区、中国（江苏）自由贸易试验区、中国（河北）自由贸易试验区、中国（北京）自由贸易试验区。从分布来看，东部十省市已全部拥有自由贸易试验区，覆盖了全部沿海省份。

自由贸易港只是一个通俗称谓，指一个被国家置于海关辖区以外的港口城市，外国船只可自由进出此特别区域。全部（完全自由港）或大部分（有限自由港）外国货物可豁免关税而自由进出港口。自由港主要从事转口贸易，还会进行加工、旅游和服务等业务。最早的自由港出现于欧洲，1547 年，西班牙王国正式将热那亚湾的里南那港定为世界上第一个自由港。至今，因应全球贸易活动与经济发展，自由港的数量已上升至 130 多个，其中，比较知名的是中国香港、新加坡港、德国汉堡港、比利时安特卫普港等。

与自由贸易区相比，自由港有两点不同：第一，划定的区域更广泛，自由港通常设在海港（有时也有空港）城市，且包括整个城市，而自由贸易区是在城市周边划定的区域。第二，自由港的"自由"范围更广泛，除了贸易自由外，还包括投资自由、雇工自由、经营自由、经营人员出入境自由等。

2020 年 6 月 1 日，中共中央、国务院印发《海南自由贸易港建设总体方案》（以下简称《方案》），描绘了首个中国特色自由贸易港从现在到 21 世纪中叶的建设蓝图。《方案》明确，到 2025 年，初步建立以贸易自由便利和投资自由便利为重点的自由贸易港政策制度体系。到 2035 年，自由贸易港制度体系和运作模式更加成熟，成为我国开放型经济新高地。到 21 世纪中叶，全面建成具有较强国际影响力的高水平自由贸易港。

东部省市自由贸易区全覆盖和自由港设立给东部地区注入新的发展动力。回顾我国 40 余年的改革开放历程，探索的过程是由点及面、由部分领域向各领域扩大的发展脉络。自贸区和自由港也为区域空间发展模式的探索增添新的元素，在贸易保护主义和逆全球化潮流涌动背景下，建设自贸区特别是海南自由贸易港，不以对等条件为前提，实现高度单向对外开放，体现了中国的大国担当和道路自信，是向更高层次、更广范围对外开放的一次重大跃升。

四、东部地区构建高质量发展格局的政策建议

第一,积极推动新型城镇化发展,统筹城乡发展。东部地区是我国经济发达地区,但东部地区各省市之间和各省内部之间的城镇化差异还较大。京津冀区域内,北京和天津市城镇化水平均比较高,但河北省城镇化水平则较低。在各省内部,城镇化差别也较大,例如江苏省苏南和苏北地区、广东省珠三角和广东东西两翼地区。东部省市之间和各省内部发达和欠发达地区城镇化差别较大,会对东部地区国土优化开发产生不利影响,同时,也使东部地区区域均衡发展不均衡。现阶段,东部地区应该继续积极推进城镇化建设,城镇化不仅促使人口聚集在城市,也要让城镇化市民享受与原居民同等的公共服务待遇,确保新居民能生活得安心。东部地区各省市首先要合理布局规划,根据各地方自然和经济现状规划城镇人口数量。此外,城镇化必须以产业作为载体,在新城镇地方建设产业园区,适当给予优惠措施促使园区能承接产业转移。

第二,加大科技投入。东部地区一直是我国吸引国际产业转移的重镇,但国际转移产业主要是以劳动密集型和资源密集型的传统制造业,产品附加值和技术含量较低。在 21 世纪初,东部地区逐渐面临劳动力成本和其他成本要素价格上涨的压力,产品国际竞争力逐渐减弱,许多产业纷纷外迁。因此,在新环境下东部地区须加大产业科技投入力度,积极推进新产品研发,提高产品科技含量和附加值,以填补原有传统产业的空缺。此外,东部地区还应该加强科技人才队伍建设,提高对高等院校和科研院所的投资力度,大力吸引国内及海外高科技人才,为高新技术产业发展储备人才。

第三,以产业布局中投资环境优化为导向的重要政策工具设计。国家制定产业政策,引导国家产业发展方向,引导、推动产业结构升级,协调国家产业结构,使国民经济健康可持续发展。国家在宏观层面考虑产业的整体布局,产业的具体布局应该在市场的主导下去往能够带来利润最大化的地方。政府不能

决定产业去往什么地方，但是政府可以通过改善地区公共服务水平来吸引产业布局，公共服务成为产业布局中重点考虑因素。

第四，加大生态环境保护力度。在改革开放后，我国经济发展是以牺牲环境为代价的，这种发展方式也是不可持久的。目前，我国大部分地区都存在较为严重的环境问题，东部十省市均存在 PM 2.5 超标问题，各地方水污染问题也比较突出。这些问题促使东部地区必须在发展产业的同时加强对生态环境保护的重视力度，积极淘汰落后产业，关停一些"高耗水、高耗能、高污染"产业。此外，东部地区还要加强发展清洁能源和绿色能源，提高污染物处理能力，确保在发展经济的同时享受绿水蓝天。

第五，加强区域合作，积极推进区域一体化。区域合作是各地区经济发展的必由之路，也是各区域提升国际竞争力的重要手段。加强区域合作、积极推进区域一体化发展，可以促使区域要素资源在更大尺度内优化配置，可以实现各区域合理分工，这也与未来发展所需的各区域精细化分工相契合。京津冀区域是东部地区中发展差距较大的区域，"北京太臃肿、天津吃不饱、河北吃得少"就是京津冀区域的真实写照。通过京津冀协同发展，北京地区可以瘦身，同时，天津和河北也可以进一步发展，这可以实现京津冀区域内国土优化开发。东部其他地区也须加强区域合作，合作范围主要以我国目前的城市群规划为载体，加强城市群内部各城市间和城市群间的合作，这样东部全区域以及东部城市群内的国土可以被优化开发，各城市竞争力水平提升。

第三章　中国中部地区空间发展模式

　　中部地区位于我国地理版图的核心位置,按自北向南排序包括山西、河南、安徽、湖北、江西、湖南六个相邻省份,承东启西。中部地区总面积为102.8万平方千米,占全国陆地总面积的10.7%。根据第七次人口普查的结果,中部地区常住人口数为364 694 362人,占全国总人口数的25.83%,与2010年相比,下降0.79个百分点①。中部地区经济农业基础雄厚、制造业和服务业发展势头向上,经济发展基础良好,是中国经济发展的第二梯队。自2004年政府工作报告首次明确提出"促进中部地区崛起"并指出"加快中部地区发展是区域协调发展的重要方面"之后,国家出台了一系列政策和规划指导中部地区加快发展。"十四五"规划中指出,着力打造重要先进制造业基地、提高关键领域自主创新能力、建设内陆地区开放高地、巩固生态绿色发展格局,推动中部地区加快崛起。认识中部地区的空间发展布局,对于中部地区优化空间布局、实现高质量发展具有重要的意义。

一、中部地区各省份地理概况

　　山西省地处黄河流域中部,东面巍巍太行山作天然屏障,与河北省为邻;西、南部以黄河为堑,与陕西省、河南省相望;北跨绵绵长城,与内蒙古自治区毗

---

① 国家统计局第七次全国人口普查主要数据情况。

连。全省总面积为 15.67 万平方千米。地势东北高西南低,是典型的黄土广泛覆盖的山地高原。高原内部起伏不平,河谷纵横,地貌类型复杂多样,有山地、丘陵、台地、平原,山多川少,山地、丘陵面积占全省总面积的 80.1%,平川、河谷面积占总面积的 19.9%。截至 2020 年 11 月 1 日零时,山西省人口数为 34 915 616 人。山西矿产资源丰富,是资源开发利用大省,在全国矿业经济中占重要的地位。截至 2015 年年底,已发现的矿种达 120 个,其中,有探明资源储量的矿产 63 种。与全国同类矿产相比,资源储量居全国第一位的矿产有煤层气、铝土矿、耐火黏土、镁矿、冶金用白云岩等 5 种。保有资源储量居全国前 10 位的主要矿产为煤、煤层气、铝土矿、铁矿、金红石等 32 种[①]。

河南省东接安徽、山东,北界河北、山西,西连陕西,南临湖北,呈望北向南、承东启西之势。全省总面积为 16.7 万平方千米,占全国总面积的 1.73%。地势西高东低,北、西、南三面太行山、伏牛山、桐柏山、大别山沿省界呈半环形分布,中东部为黄淮海冲积平原,西南部为南阳盆地。平原盆地、山地丘陵分别占总面积的 55.7%、44.3%。截至 2020 年 11 月 1 日零时,全省人口数为 99 365 519 人。河南是全国重要的矿产资源大省和矿业大省,矿业产值连续多年位于全国前 5 位。全省已发现矿种 144 个,110 个已查明资源储量,已开发利用 93 个。优势矿产可归纳为钼、金、铝、银"四大金属矿产"以及天然碱、盐矿、耐火黏土、萤石、珍珠岩、水泥灰岩、石墨"七大非金属矿产"[②]。

安徽省位于中国中东部,是最具活力的长江三角洲组成部分。全省南北长约 570 千米,东西宽约 450 千米。总面积为 14.01 万平方千米,约占中国国土面积的 1.45%。中国两条重要的河流——长江和淮河自西向东横贯全境,把全省分为三个自然区域:淮河以北是一望无际的大平原,土地平坦肥沃;长江、淮河之间丘陵起伏,河湖纵横;长江以南的皖南地区山峦起伏。根据安徽省第七次

---

① 山西省人民政府省情概貌。
② 河南省人民政府省情。

全国人口普查结果,截至 2020 年 11 月 1 日零时,全省常住人口为 61 027 171 人。全省矿产资源蕴藏量丰富,是全国矿种较全、含量较高的省份。目前已发现矿种 128 个,108 个(含亚矿种)探明资源储量①。

　　湖北省位于中国中部,东邻安徽,南界江西、湖南,西连重庆,西北与陕西接壤,北与河南毗邻。东西长约 740 千米,南北宽约 470 千米。全省总面积为 18.59 万平方千米。全省地势大致为东、西、北三面环山,中间低平,略呈向南敞开的不完整盆地。在全省总面积中,山地占 56%,丘陵占 24%,平原湖区占 20%。根据自然资源部已确认数据,全省已发现矿种(不含亚矿种)150 个,其中,已查明资源储量矿种 91 个,分别占全国已发现 173 个矿种和已查明 162 个矿种的 86.7% 和 56.2%。湖北省铁、铜资源较为丰富,磷矿、岩盐、石膏、水泥用石灰岩、饰面用石材为优势矿产。高磷铁矿、钒、钛(金红石)、累托石黏土为潜在优势矿产,硅质原料、饰面石材等前景较好,绿松石、百鹤玉、菊花石等颇具地方特色②。

　　江西省常态地貌类型以山地、丘陵为主,全省总面积为 166 900 平方千米。山地占全省面积的 36%,丘陵占 42%,平原占 12%,水域占 10%。主要山脉多分布于省境边陲,东北部有怀玉山,东部有武夷山,南部有大庾岭和九连山,西部有罗霄山脉,西北部有幕阜山和九岭山。江西省水资源丰富,境内河流、湖泊众多,人均拥有水量高于全国平均水平。江西,是我国矿产资源配套程度较高的省份之一,其地下矿藏丰富。储量居全国前三位的矿藏有铜、钨、银、钽、钪、铀、铷、铯、金、伴生硫、滑石、粉石英、硅灰石等。铜、钨、铀、钽、稀土、金、银被誉为江西的"七朵金花"③。

　　湖南省位于我国中部、长江中游,东以幕阜、武功诸山系与江西交界,南枕南岭与广东、广西为邻,西以云贵高原东缘连贵州、重庆毗邻,北以滨湖平原与

---

① 安徽省人民政府印象安徽。
② 湖北省人民政府省情概况。
③ 江西省人民政府省情概况。

湖北接壤,处于东部沿海地区和中西部地区的过渡带、长江开放经济带和沿海开放经济带的接合部,具有承东启西、连南接北的枢纽地位。湖南省总面积为21.18万平方千米,占全国国土面积的2.2%,居全国各省区市第10位、中部第1位。湖南地貌类型多样,以山地、丘陵为主,大体上是"七山二水一分田",其中,山地面积占全省总面积的51.2%,丘陵及岗地占29.3%,平原占13.1%,水面占6.4%。截至2020年11月1日零时,湖南省人口数为66 444 864人,总量居全国第七位。湖南矿产丰富,矿种齐全,是驰名中外的"有色金属之乡"和"非金属矿产之乡"。2020年,全省已发现矿种146个,111个探明资源储量。其中,能源矿产7种,金属矿产39种,非金属矿产63种,水气矿产2种①。

总体来看,中部地区的地理位置相对优越,无论在农业、交通还是产业发展方面都占据优势地位。中部地区的能源资源和矿产资源较为丰富。能源资源方面,中部地区虽然在石油和天然气占有量方面不占优势,但煤炭、火电和水电的优势明显。山西的煤炭储量和火电储量居全国之首,河南的石油、天然气储量较为丰富,安徽、河南的煤炭储量较大,湖南、湖北水电居多。这就形成了大同、宁武、淮北、淮南、西山、霍西、沁水、河东、永煤集团和郑煤集团等十大煤田,中原、河南两大油田,三峡、葛洲坝和小浪底三大水电站。矿产资源方面,中部地区自然资源丰富且分布广泛。中部地区土地占全国土地面积的10.7%,矿产资源占全国30%左右。其中,能源矿产、有色金属、贵重金属等占全国矿产资源总量的1/3以上,化工原料和黑色金属等份额在1/5以上,均高于中部地区所占的土地份额。其中,有色金属资源表现为铜矿和铝土矿资源储量巨大。其中,铝土矿和铜矿占全国的比重分别为43.1%和53.53%,铝土矿储量尤以河南和山西突出,铜矿储量以山西和江西高居。相应省份的铝土开采、冶炼业比较发达,目前,有中国铝业河南分公司、焦作万方铝业和三门峡天元铝业等一大批大中型企业。此外,中部地区的稀有矿产资源的储量不仅大大高于东部地区,也

---

① 湖南省人民政府湖南概况。

明显高于西部地区,且产业基础较好,资源配套程度较高,具有广阔的开发前景。

二、中部地区的经济社会发展现状

中部地区的经济结构和国土开发空间模式调整,须结合本地区经济发展水平、产业结构、居民收入水平、生产条件、市场环境、交通设施、规模经济等多方条件。本节分析中部地区整体的经济社会发展现状。

1. 经济发展水平

(1)经济总量

整体来看,中部地区的经济总量和西部地区大致相当,逐年呈上升趋势,2018 年之后,和西部地区拉开差距。中部地区生产总值的增长速度和东部地区差距仍较大。横向对比来看,东部地区的地区生产总值占全国的比重达一半以上,中部地区和西部地区各占 20% 多,东北地区一直下降到 5% 左右,如图 3-1、表 3-1 所示。

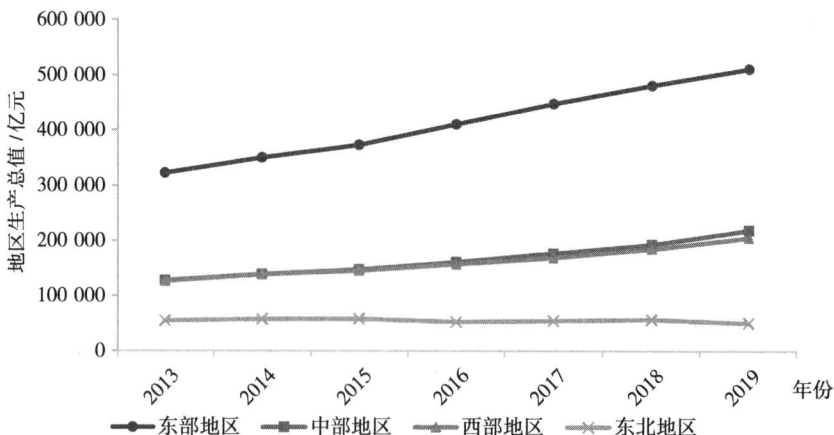

图 3-1 2013—2019 年各地区生产总值

注:数据来源于历年《中国统计年鉴》,下同。

表 3-1　2013—2019 年各地区生产总值占全国比重

各地区生产总值占全国比重/%	东部地区	中部地区	西部地区	东北地区
2013	51.2	20.2	20	8.6
2014	51.2	20.3	20.2	8.4
2015	51.6	20.3	20.1	8
2016	52.6	20.6	20.1	6.7
2017	52.9	20.8	19.9	6.4
2018	52.6	21.1	20.1	6.2
2019	51.9	22.2	20.8	5.1

（2）经济实力

人均地区生产总值方面,中部地区的人均 GDP 整体上呈平稳上升趋势,且增长速度较快。随着中部地区经济实力不断增强,中部地区的人均 GDP 在与西部地区水平相当的情况下,2015 年之后,和西部地区拉开了差距,2018 年也

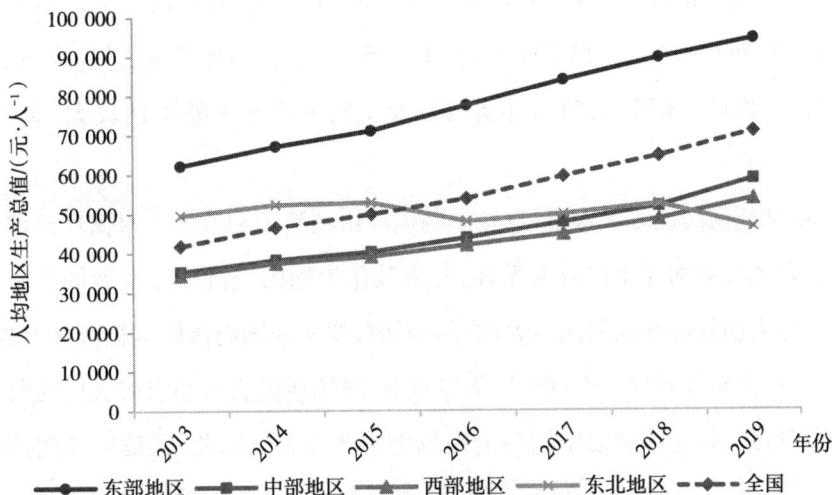

图 3-2　2013—2019 年各地区人均地区生产总值

注:四大板块人均地区生产总值使用各板块地区生产总值除以年末总人口得到,全国人均生产总值使用国内生产总值除以全国总人口得到。

超过了东北地区。但中部地区的人均 GDP 和东部地区差距还很大,东部地区的人均 GDP 约是中部地区的 1.7 倍。同时,西部地区的人均 GDP 低于全国的平均水平,如图 3-2 所示。

（3）居民收入

居民收入水平是衡量本地区产业发展的需求要素条件的主要指标之一。一个地区居民收入水平与该地区产业发展相互影响。一方面,居民收入水平高,购买力就强,地区产品需求旺盛,从而促进产业发展;另一方面,地区产业发展,为本地区提供更多的就业岗位,提高当地居民的收入水平,从而提升当地居民的消费能力。全国四大板块的居民人均可支配收逐年呈上升趋势,但东部地区依然遥遥领先,且高于全国平均水平。东部地区的居民人均可支配收入分别是中部地区和西部地区的 1.3 倍和 1.5 倍左右,且差距保持平稳。2019 年,东部地区、中部地区、西部地区、东北地区的居民人均可支配收入分别为 39 438.9元、26 025.3 元、23 986.1 元、27 370.6 元,城镇居民人均可支配收入分别为 50 145.4 元、36 607.5 元、36 040.6 元、35 130.3 元,农村居民人均可支配收入分别为 19 988.6 元、15 290.5 元、13 035.3 元、15 356.7 元,总体来看,中部地区的人均可支配收入和东部地区以及全国平均水平差距还较大,如图 3-3所示。

中部地区居民收入水平,直接影响地区市场活力和潜力。双循环经济格局表明,我国将更加注重国内大循环,并将其作为国内经济持续发展的主要动力来源;也表明我国在强调国内大循环的同时,要实现国内国际双循环相互促进,进一步扩大对外开放。中部地区人口众多,城镇居民收入和农村居民纯收入高于西部地区,是支撑启动中国内需市场的中坚力量。因此,实现区域间产业有序转移与承接,必须与启动内需市场紧密相连。启动中部地区内需市场关键又在于进一步提升中部地区整体消费能力,提高城乡居民收入水平,同时应努力缩小中部地区城乡居民收入差距。

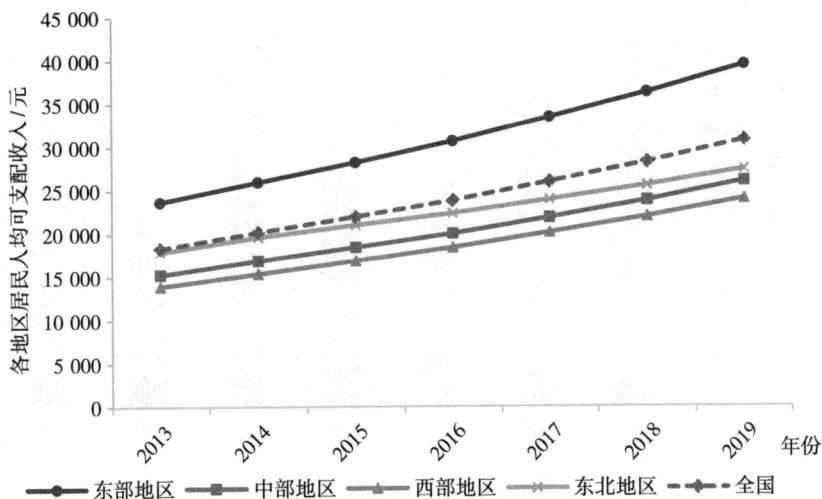

图 3-3　2013—2019 年各地区居民人均可支配收入

2. 产业结构

从中部地区的三次产业结构演变来看,中部地区的产业结构逐年不断优化,第三产业占比逐年上升,第一和第二产业占比逐年下降。2017 年,中部地区第三产业的产值占比首次超过了第二产业。2019 年,中部地区第三产业的产值占比首次超过了 50% ,如图 3-4 所示。

尽管中部地区的产业结构不断向服务型经济转变,但由于中部地区的经济规模相对较小,各产业的全国竞争力有所不同。2019 年,中部地区的地区生产总值占全国的比重为 22.2% ,第一产业占全国的比重为 25.4% ,第二产业占全国的比重为 23.7% ,第三产业占全国的比重为 20.7% 。可以看出,中部地区第三产业占全国的比重低于地区生产总值占全国的比重,这说明中部地区的第三产业竞争力有待提升,见表 3-2。

主要农产品产量方面,中部地区的谷物和油料产量居全国之最。主要工业产品产量方面,中部地区的原煤产量有明显优势,水泥、粗钢、钢材也有相对优势,见表 3-3 和图 3-4。

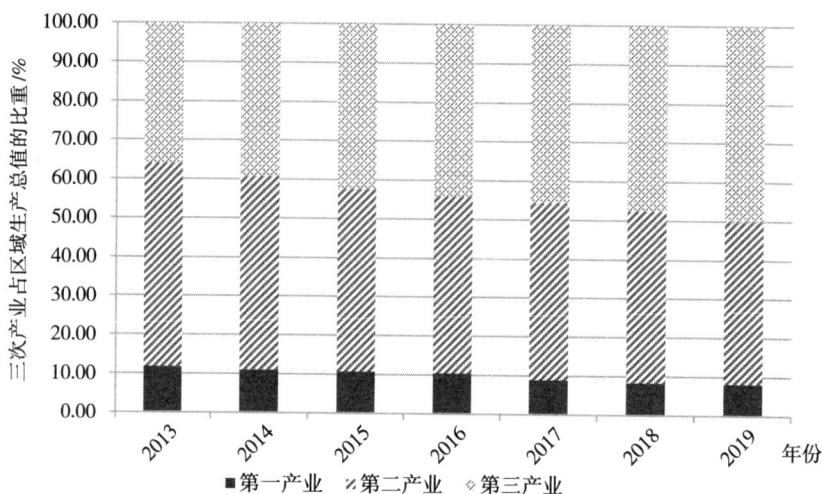

图 3-4 2013—2019 年中部地区三次产业结构

表 3-2 2019 年各地区三次产业占全国的比重

三次产业占全国比重/%	东部地区	中部地区	西部地区	东北地区
年末总人口	38.6	26.5	27.2	7.7
地区生产总值	51.9	22.2	20.8	5.1
第一产业	33.3	25.4	31.9	9.4
第二产业	51.6	23.7	20.2	4.5
第三产业	54.5	20.7	19.8	5

表 3-3 2019 年各地区主要农产品产量占全国的比重

主要农产品产量 占全国比重/%	东部地区	中部地区	西部地区	东北地区
谷物/万吨	24.3	31.3	23.5	20.9
棉花/万吨	7.9	6.4	85.7	0
油料/万吨	19.4	42.8	32.4	5.5

表 3-4　2019 年各地区主要工业产品产量占全国的比重

主要工业产品产量 占全国比重/%	东部地区	中部地区	西部地区	东北地区
原煤/亿吨	4.9	31.9	60.6	2.6
天然气/亿立方米	12.1	4.2	80.1	3.5
水泥/万吨	35.9	26.5	34	3.6
粗钢/万吨	53.6	21.2	15.6	9.7
钢材/万吨	59	17.9	15.1	8
汽车/万辆	48.2	18.8	18	15.1
发电量/亿千瓦小时	37.2	20	37.3	5.5

3. 基础设施

　　交通基础设施是一个地区经济发展的基础,也是提升地区产业竞争力的重要环节。新中国成立以来,中部地区交通基础设施建设取得长足进步。公路、铁路、民航、水路及管道运输快速发展。2019 年,中部地区的铁路、公路和高速公路里程分别达 32 849.9 千米、1 371 135.8 千米、37 361.7 千米,客运量为 437 806.8 万人,货运量为 1 308 286.7 万吨,已经随着中部地区交通基础设施发展日渐完善,这将有力促进中部地区经济发展,为中部地区经济结构调整提供强有力支撑,见表 3-5。

表 3-5　2019 年四大板块的交通基础设施基本情况

指标	东部地区	中部地区	西部地区	东北地区
铁路营业里程/千米	33 138.9	32 849.9	55 601.5	18 336.1
公路里程/千米	1 178 782.5	1 371 135.8	2 062 440.2	400 137.3
高速公路/千米	42 743.8	37 361.7	57 039	12 426.8
客运量/万人	635 215.9	437 806.8	489 803.6	131 616
货运量/万吨	1 809 035.3	1 308 286.7	1 232 242.3	271 921.1

三、中部地区的空间发展模式

中部地区在我国经济发展空间格局中具有重要地位,本节从中部地区在我国的国家重大战略、城市群、都市圈发展中的地位和发展状况方面分析中部地区的空间发展模式。

1.国家重大区域战略

京津冀协同发展、长江经济带发展、粤港澳大湾区建设、长三角一体化发展、黄河流域生态保护和高质量发展共同形成了我国目前国家重大区域战略。在五大国家重大区域战略中,长江经济带发展、长三角一体化发展以及黄河流域生态保护和高质量发展这三个战略涉及中部地区的部分市(区、县)。

(1)长江经济带发展中的中部地区

长江经济带横跨中国东中西三大区域,覆盖 11 个省市,地域面积约为 205 万平方千米,人口和经济总量超过全国 40% ,是具有全球影响力的内河经济带、东中西互动合作的协调发展带、沿海沿江沿边全面推进的对内对外开放带,也是生态文明建设的先行示范带。根据《长江经济带发展规划纲要》,确立了长江经济带"一轴、两翼、三极、多点"发展新格局。"一轴"以长江黄金水道为依托,发挥上海、武汉、重庆的核心作用,以沿江主要城镇为节点,构建沿江绿色发展轴,推动经济由沿海溯江而上梯度发展;"两翼"分别指沪瑞和沪蓉南北两大运输通道,是长江经济带的发展基础;"三极"指长江三角洲城市群、长江中游城市群和成渝城市群,充分发挥中心城市的辐射作用,打造长江经济带的三大增长极;"多点"指发挥三大城市群以外地级城市的支撑作用,加强与中心城市的经济联系与互动,带动地区经济发展。

　　长江经济带发展依托三大城市群,即长江三角洲城市群、长江中游城市群和成渝城市群。长江三角洲城市群中,充分发挥上海国际大都市龙头作用,提升南京、杭州、合肥都市区国际化水平,以合肥为代表的部分中部城市积极融入长三角城市群,安徽其他地级城市不断完善城市功能,发展优势产业,建设特色城市,加强与上海、南京、杭州以及省会合肥之间的经济联系与互动。长江中游城市群中,增强武汉、长沙、南昌中心城市功能,促进三大城市组团之间的资源优势互补、产业分工协作、城市互动合作。

　　(2)长三角一体化发展中的中部地区

　　根据国家现代化建设的需要,"长江三角洲"从一个长江入海口地理概念逐渐发展成为一个区域规划概念。根据 2019 年中共中央、国务院印发的《长江三角洲区域一体化发展规划纲要》,长三角地区的规划范围包括上海市、江苏省、浙江省和安徽省全域,面积为 35.8 万平方千米。以上海市,江苏省南京、无锡、常州、苏州、南通、扬州、镇江、盐城、泰州,浙江省杭州、宁波、温州、湖州、嘉兴、绍兴、金华、舟山、台州,安徽省合肥、芜湖、马鞍山、铜陵、安庆、滁州、池州、宣城 27 个城市为中心区(面积为 22.5 万平方千米),辐射带动长三角地区高质量发展。同时,明确了未来长三角区域的战略定位,即全国发展强劲活跃增长极、全国高质量发展样本区、率先基本实现现代化引领区、区域一体化发展示范区、新时代改革开放新高地。

　　中部地区的安徽省全域纳入长三角一体化发展国家战略,提升了安徽在全国发展格局中的地位,为实现跨越式发展带来了历史性机遇。尤其是对于作为规划中心区的合肥、芜湖、马鞍山、铜陵、安庆、滁州、池州、宣城 8 个城市来说是千载难逢的好机会,因此,要发挥自身的比较优势,加强区域合作联动,实现整体跃升。2019 年 7 月,安徽省也通过了《安徽省实施长江三角洲区域一体化发展规划纲要行动计划》(以下简称《计划》)。《计划》明确了安徽推进长三角一体化发展的总体思路、目标任务和重点举措,标志着长三角一体化发展国家战略在安徽进入全面实施阶段(孔令刚,2019)。

（3）黄河流域生态保护和高质量发展中的中部地区

2019年9月,在河南郑州召开的黄河流域生态保护和高质量发展座谈会上,习近平总书记提出了黄河流域生态保护和高质量发展重大国家战略,并明确了黄河流域作为我国重要生态屏障和重要经济地带的地位,以及黄河流域生态保护和高质量发展的关系和未来的重大战略任务。中部地区的山西省和河南省大部分地区涉及黄河流域生态保护和高质量发展(金凤君,2019)。

黄河进入山西后,依次流经了忻州、吕梁、临汾、运城4个市,包括河曲、保德、兴县、石楼、永和、吉县、万荣等19个县(市),在山西河段全长968.5千米。2021年2月,山西省通过《山西省黄河流域生态保护和高质量发展规划》(以下简称《规划》),《规划》范围为黄河干支流流经的县级行政区,共11市86县(市、区),将推进汾河保护与治理、实施五水综改、五湖治理、开展国土绿化彩化财化行动、推进黄土高原水土流失综合治理等作为重点任务。

河南省是黄河流域的重要省份,黄河在河南境内流经三门峡、洛阳、济源、郑州等8个省辖市和27个县(市),河道总长为711千米,流域面积为3.62万平方千米,占黄河流域总面积的5.1%(李建华,2020)。根据河南省2021年政府工作报告,河南省不断加强黄河流域生态保护。2020年,统筹山水林田湖草沙系统治理,启动370千米沿黄复合型生态廊道建设,高标准建成120千米示范段。加强流域环境治理,18个国控断面水质全部达标。把黄河安澜作为底线任务,加强河道综合整治和重点防洪工程建设,打好黄河流域"清四乱"歼灭战,建成501千米标准化堤防,强化防汛组织调度,实现安全度汛。突出工业、农业、城乡供水及地下水治理等重点领域,加快用水方式转变,实施引黄灌区续建配套工程,节水能力不断提高①。

---

① 2021年河南省政府工作报告。

2. 城市群和都市圈

（1）城市群

城市群是新型城镇化主体形态，是支撑全国经济增长、促进区域协调发展、参与国际竞争合作的重要平台①。《中华人民共和国国民经济和社会发展第十四个五年规划和2035年远景目标纲要》提出，以促进城市群发展为抓手，全面形成"两横三纵"城镇化战略格局。优化提升京津冀、长三角、珠三角、成渝、长江中游等城市群，发展壮大山东半岛、粤闽浙沿海、中原、关中平原、北部湾等城市群，培育发展哈长、辽中南、山西中部、黔中、滇中、呼包鄂榆、兰州—西宁、宁夏沿黄、天山北坡等城市群。建立健全城市群一体化协调发展机制和成本共担、利益共享机制，统筹推进基础设施协调布局、产业分工协作、公共服务共享、生态共建环境共治。优化城市群内部空间结构，构筑生态和安全屏障，形成多中心、多层级、多节点的网络型城市群。其中，涉及中部地区的城市群包括长三角城市群、长江中游城市圈、中原城市群、山西中部城市群。

①长三角城市群。长三角城市群在上海市、江苏省、浙江省、安徽省范围内，由以上海为核心、联系紧密的多个城市组成，主要分布于国家"两横三纵"城市化格局的优化开发和重点开发区域。规划范围包括，上海市，江苏省南京、无锡、常州、苏州、南通、盐城、扬州、镇江、泰州，浙江省杭州、宁波、嘉兴、湖州、绍兴、金华、舟山、台州，安徽省合肥、芜湖、马鞍山、铜陵、安庆、滁州、池州、宣城等26市，面积为21.17万平方千米。长三角城市群区位优势突出、自然禀赋优良、综合经济实力强、城镇体系完备，是国内发展水平最高的几个城市群之一。安徽省合肥、芜湖、马鞍山、铜陵、安庆、滁州、池州、宣城这8个中部地区城市，积极利用自身的优势，融入长三角城市群发展中，优化产业布局和资源配置，推动自身发展。

②长江中游城市群。根据《长江中游城市群发展规划》，长江中游城市群是

---

① 国家发展改革委关于培育发展现代化都市圈的指导意见。

以武汉城市圈、环长株潭城市群、环鄱阳湖城市群为主体形成的特大型城市群,规划范围包括:湖北省武汉市、黄石市、鄂州市、黄冈市、孝感市、咸宁市、仙桃市、潜江市、天门市、襄阳市、宜昌市、荆州市、荆门市,湖南省长沙市、株洲市、湘潭市、岳阳市、益阳市、常德市、衡阳市、娄底市,江西省南昌市、九江市、景德镇市、鹰潭市、新余市、宜春市、萍乡市、上饶市及抚州市、吉安市部分县(区),面积约31.7万平方千米,长江中游城市群承东启西、连南接北,是长江经济带的重要组成部分,也是实施促进中部地区崛起战略、全方位深化改革开放和推进新型城镇化的重点区域,在我国区域发展格局中占有重要地位。

长江中游城市群规划范围内所有城市(县、区)均属于中部地区,长江中游城市群发展,是促进中部崛起、形成长江流域经济新支撑带的重要抓手。长江中游城市群的战略定位是中国经济新增长极、中西部新型城镇化先行区、内陆开放合作示范区、"两型"社会建设引领区,这对于中部地区城市来说是提高在国家空间布局的地位以及实现跨越式发展的重大机遇。

③中原城市群。根据《中原城市圈发展规划》,中原城市群以河南省郑州市、开封市、洛阳市、平顶山市、新乡市、焦作市、许昌市、漯河市、济源市、鹤壁市、商丘市、周口市和山西省晋城市、安徽省亳州市为核心发展区。联动辐射河南省安阳市、濮阳市、三门峡市、南阳市、信阳市、驻马店市,河北省邯郸市、邢台市,山西省长治市、运城市,安徽省宿州市、阜阳市、淮北市、蚌埠市,山东省聊城市、菏泽市等中原经济区其他城市。中原城市群地处全国"两横三纵"城市化战略格局陆桥通道与京广通道交汇区域,区位条件优越,极具发展潜力。同时,中原城市群自然禀赋优良、综合实力较强、城镇体系完善、文化底蕴深厚,具有良好的发展基础。

中原城市群的核心发展区均为中部地区城市,联动辐射区除了河北省和山东省部分城市之外均为中部地区城市,是中部地区除了长江中游城市群之外中部地区规划面积最广、发展水平最好的城市群。中原城市群的战略定位是经济发展新增长极、重要的先进制造业和现代服务业基地、中西部地区创新创业先行区、内陆地区双向开放新高地、绿色生态发展示范区。加快中原城市群发展，对于加快促进中部崛起、扩展我国经济发展新空间、推进新型城镇化建设具有重要的战略意义。

④山西中部城市群。山西中部城市群将发展中心调整为太原盆地和忻州盆地，涉及太原、忻州、晋中、吕梁等城市。山西中部盆地城市群整体实力雄厚，占全省1/8的土地面积，承载了1/4的人口，创造了1/3的GDP，聚集了2/3的高校，是全省整体实力最为雄厚的区域①。加快推进山西中部盆地城市群，是实现山西高质量发展、优化山西空间发展格局的必然要求。促进山西中部盆地城市群加快发展，要发挥核心城市太原的辐射带动作用，科学规划各城市在城市群中的发展定位，充分利用比较优势，加快城市群发展。

（2）都市圈

都市圈是城市群内部以超大特大城市或辐射带动功能强的大城市为中心、以1小时通勤圈为基本范围的城镇化空间形态②。建设现代化都市圈对于优化国土空间布局、促进区域协调发展、推进新型城镇化具有重要意义（孙久文 等，2021）。目前，学术界对都市圈的划分方式多种多样，代表观点有"三大都市圈"、"二十四"都市圈（安树伟 等，2019）、"三十"都市圈（王国霞 等）、"十八"都市圈③、"二十九"都市圈④等。清华大学中国新型城镇化研究院发布的《中国都市圈发展报告（2018）》构建了都市圈高质量发展指标体系，测算和分类了全国都市圈，测算结果见表3-6和表3-7。发展型都市圈中，合肥都市圈、郑州都市圈、武汉都市圈、太原都市圈、长沙都市圈属于中部地区。培育型都市圈中，南昌都市圈属于中部地区。整体来看，中部地区的都市圈大多属于发展型都市圈，发展水平较高。

---

① 山西省人民政府全力推进中部盆地城市群加速崛起。
② 国家发展改革委关于培育发展现代化都市圈的指导意见。
③ 来自中国社会科学院财经院、中国社科城市与竞争力研究中心联合发布的《中国都市圈报（2019）》。
④ 来自清华大学中国新型城镇化研究院发布的《中国都市圈发展报告（2018）》。

表3-6　全国都市圈分类

类型	数量	都市圈
成熟型都市圈	2个都市连绵区	长三角都市连绵区、珠三角都市连绵区
发展型都市圈	16个	首都都市圈、合肥都市圈、青岛都市圈、成都都市圈、西安都市圈、郑州都市圈、厦门都市圈、济南都市圈、武汉都市圈、石家庄都市圈、长春都市圈、太原都市圈、长沙都市圈、贵阳都市圈、南宁都市圈、沈阳都市圈
培育型都市圈	11个	南昌都市圈、昆明都市圈、重庆都市圈、银川都市圈、哈尔滨都市圈、大连都市圈、兰州都市圈、福州都市圈、呼和浩特都市圈、乌鲁木齐都市圈、西宁都市圈

资料来源:清华大学中国新型城镇化研究院发布的《中国都市圈发展报告(2018)》。

表3-7　中部地区都市圈概况

都市圈	中心城市	包含其他城市
合肥都市圈	合肥市	六安市、安庆市、蚌埠市、铜陵市、滁州市、淮南市、马鞍山市、芜湖市、宿州市
郑州都市圈	郑州市	开封市、新乡市、许昌市、焦作市、鹤壁市、洛阳市、晋城市、平顶山市
武汉都市圈	武汉市	鄂州市、黄冈市、黄石市、仙桃市、咸宁市、孝感市、潜江市、天门市
太原都市圈	太原市	晋中市、阳泉市、吕梁市、忻州市
长沙都市圈	长沙市	湘潭市、株洲市、益阳市、岳阳市
南昌都市圈	南昌市	新余市、抚州市、九江市、宜春市

资料来源:清华大学中国新型城镇化研究院发布的《中国都市圈发展报告(2018)》。

根据《中国城市统计年鉴》中市辖区的数据,计算了中部地区各都市圈的主要经济指标。从中部地区各都市圈的年平均人口数来看,合肥都市圈的2019年人口最多,为1 442万人,之后分别是武汉都市圈和郑州都市圈,均超过100万人。太原都市圈的人口最少,仅为515万人,如图3-5所示。

从中部地区都市圈的经济发展水平来看,武汉都市圈2019年地区生产总值最高,之后依次是合肥都市圈、郑州都市圈、长沙都市圈,这四个都市圈的地区生产总值均超过 10 000 亿元。南昌都市圈和太原都市圈的地区生产总值位列倒数两位。从都市圈的人均地区生产总值来看,长沙都市圈位列第一,武汉都市圈、郑州都市圈、合肥都市圈、太原都市圈、南昌都市圈次之,如图 3-6 所示。

从中部地区都市圈的产业结构来看,各都市圈均实现了产业结构向服务业转变。其中,太原都市圈和长沙都市圈的第三产业占比最高,均超过 60%。南昌都市圈的第三产业占比最低,且都市圈内第二、第三产业比重未拉开差距,如图 3-7 所示。

尽管中部地区都市圈发展已经相对比较完善,尤其武汉都市圈、郑州都市圈等跻身全国都市圈发展前列,但必须认识到中部地区的都市圈发展仍然问题较多。例如,整体发展水平不高,和全国领先的都市圈发展差距较大,如上海、杭州、南京都市圈以及广州、深圳都市圈已经基本形成都市连绵区,中部地区都市圈的范围普遍较少,发育程度低,发展动力较弱。同时,中部地区的都市圈之间的发展水平差距较大,南昌都市圈和太原都市圈属于中部地区发展程度较低的两个都市圈,这对促进中部地区整体崛起、中部地区协调发展形成了制约。

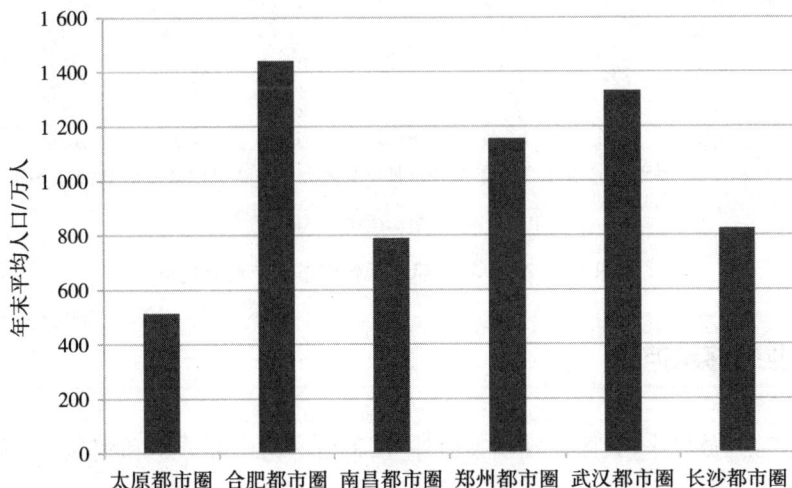

图 3-5 2019 年中部地区各都市圈年平均人口数

数据来源:根据《2020 年中国城市统计年鉴》计算得到,使用各城市的市辖区数据计算,

其中,武汉都市圈不包括仙桃市、潜江市、天门市三个县级市,下同。

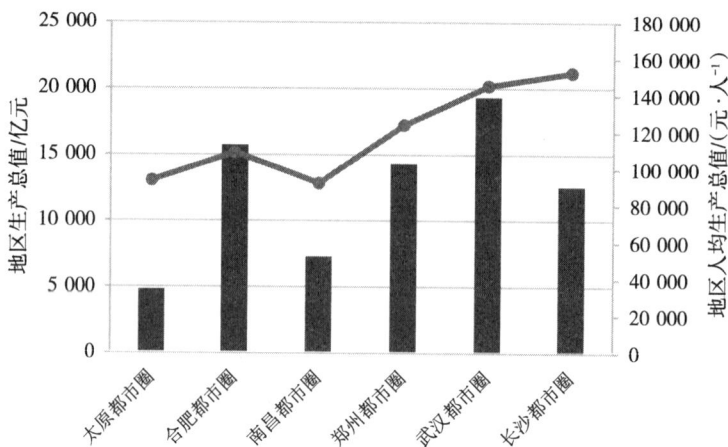

图 3-6 2019 年中部地区各都市圈地区生产总值和人均地区生产总值

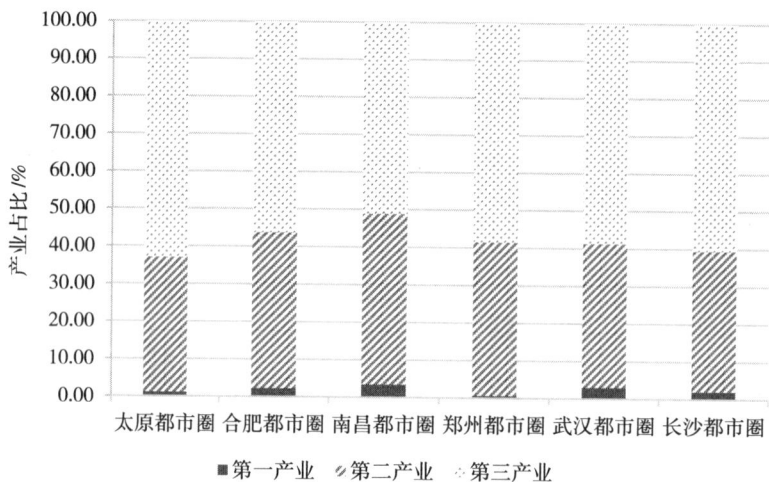

图 3-7 2019 年中部地区各都市圈产业结构

3. 产业转移示范区

改革开放以来,我国大规模吸引外资、积极参与国际分工和贸易,承接了大量来自国际的产业转移。东部沿海地区,广泛承接了来自欧洲、美国和日本等发达经济体以及韩国、新加坡、中国台湾和中国香港等区域的产业转移,工业化进程快速推进。随着我国经济发展水平不断提升,东部沿海地区的土地、资源、劳动力等成本日益抬升,之前承接转移的多属于劳动密集型和资本密集型产业,处于价值链相对低端的位置,附加值较低,已无法满足当地发展需要。同时,东部沿海地区长期受到政策倾斜,凭借得天独厚的区位条件,发展速度迅猛,与中西部地区的差距明显拉大,区域间的发展不平衡问题越来越严峻,已经成为影响中国整体经济社会稳定发展的关键因素。在这样的背景下,政府出台了一系列产业结构调整指导目录,在保证市场发挥决定性作用的前提下,有力推动产业在我国区域间合理、有序转移。与沿海地区相比,我国中西部地区自然资源丰富、要素成本较低、市场潜力巨大,能够为沿海产业提供广阔的发展空间。2010 年,国务院出台《关于中西部地区承接产业转移的指导意见》,随后,国家设立了安徽皖江、广西桂东、重庆沿江、湖南湘南、湖北荆州、晋陕豫黄河金三角、甘肃兰白经济区、江西赣南、四川广安、宁夏银川—石嘴山等多个国家级承接产业转移示范区,引导和支持沿海产业向中西部地区有序转移。

位于中部地区的国家级承接产业转移示范区有皖江城市带承接产业转移示范区、湘南承接产业转移示范区、湖北荆州承接产业转移示范区、江西赣南承接产业转移示范区以及晋陕豫黄河金三角承接产业转移示范区。

(1) 皖江城市带承接产业转移示范区

皖江城市带承接产业转移示范区包括合肥、芜湖、马鞍山、铜陵、安庆、池州、滁州、宣城 8 市全境以及六安市金安区和舒城县,共 59 个县(市、区)。在承接国内外产业转移中,示范区将承担起合作发展的先行区、科学发展试验区、中部地区崛起的重要增长极以及全国重要的先进制造业和现代服务业基地的重任。2010 年 1 月 12 日,国务院正式批复《皖江城市带承接产业转移示范区规划》(以下简称《规划》),安徽皖江城市带将承接产业转移示范区建设纳入国家发展战略。《规划》确立了以长江一线为“发展轴”、以合肥和芜湖为“双核”、以滁州和宣城为“两翼”的“一轴双核两翼”产业布局,大力振兴发展装备制造业、原材料产业、轻纺产业以及现代服务业和现代农业,着力培育高技术产业,构建具有较强竞争力的现代产业体系,真正在承接中调整产业结构,在转移中发挥示范作用。

皖江城市带承接产业转移示范区积极探索科学、有序、高水平承接产业转移发展新路,推动示范区成为带动安徽省经济增长的"主引擎",为中西部地区大规模承接产业转移提供了经验示范。根据相关统计,2010—2020年,皖江城市带承接产业转移示范区累计承接亿元以上投资项目,6.2万亿元资金到位,年均增长16.6%;地区生产总值连续跨越1万亿元、2万亿元台阶,达到25 565亿元,年均增长9.2%,高于全省0.4个百分点;人均地区生产总值为8.5万元,达到长三角地区平均水平的81.9%,比2010年提高17.9个百分点;一般公共预算收入超2 000亿元,综合实力不断增强①。

(2)湖北荆州承接产业转移示范区

湖北荆州承接产业转移示范区包括主体区和辐射带动区,覆盖荆州、荆门、仙桃、潜江、天门5市。湖北省荆州承接产业转移示范区建设,有利于顺应国内外产业转移新趋势,为中部地区特别是农产品主产区科学有序承接产业转移探索新途径、新模式,推动荆州等地经济社会又好又快地发展;高水平规划建设示范区,重点构建"一主四区"的产业布局,即以荆州市为主体区,以荆门、仙桃、潜江、天门市为辐射区,形成以长江黄金水道、汉宜高速公路(318国道)与汉宜铁路复合运输通道、武荆高速公路与长荆铁路复合运输通道等三条交通动脉为横轴,以襄荆高速公路(207国道)、荆岳铁路、随岳高速公路等三条交通动脉为纵轴的"三横三纵"承接产业转移集聚带。支持荆州市大力发展农产品加工、机械制造、化工三个千亿元产业和轻工建材、纺织服装、高新技术三个五百亿产业,大力推进荆门市农产品加工业集群化发展,进一步壮大仙桃市食品加工业、潜江市盐化工业和天门市纺织服装产业链。

自荆州承接产业转移示范区设立以来,荆州市抢抓示范区建设"先行先试"

---

① 国家发改委,全国承接产业转移示范区经验做法系列报道之一:皖江城市带承接产业转移示范区积极承接产业转移,打造高质量发展示范区。

政策机遇,不断优化投资环境、简化项目审批流程、积极促进产业、人口、资源、技术等要素集聚,使荆州成为中部地区具有较强竞争力的承接产业转移示范区。

(3)湘南承接产业转移示范区

湘南承接产业转移示范区指湖南南部衡阳、郴州(今湖南省郴州)、永州三个市,合计34个县(市、区),土地总面积为57 153平方千米,历史上同属于衡永郴桂道、衡阳道和湘南行政区,毗邻广东、广西、江西三省。衡阳、郴州、永州三市是湖南改革开放的先行地区,具有区位条件优越、资源要素丰富、产业基础和配套能力较好等综合优势。湘南地区毗邻粤港澳,武广客运专线、京港澳高速、二广高速、京广铁路等穿境而过,区位交通优势明显,土地、矿产、人力资源丰富,产业基础较好。湘南三市在承接产业转移中大胆创新,先行先试,衡阳、郴州、永州先后成为中国加工贸易梯度转移重点承接地,衡阳成为湖南省域副中心城市,永州成为对接东盟的主要桥头堡。自2011年国家设立湘南承接产业转移示范区以来,湘南地区承接规模、产业层次和发展质量不断提升,发挥了引领示范效应,是中西部地区承接东部沿海地区,是珠三角地区产业转移的重点区域。

2018年,国家发改委批复建设湘南湘西承接产业转移示范区。湘南地区包括衡阳市、郴州市、永州市。毗邻湘南的湘西地区包括湘西自治州、怀化市、邵阳市,具有承接产业转移的独特优势和良好基础。根据《湘南湘西承接产业转移示范区总体方案》,湘南湘西承接产业转移示范区的战略定位是建设成中西部地区承接产业转移领头雁、内陆地区开放合作示范区、国家重要先进制造业基地、支撑中部地区崛起重要增长极。湘南湘西承接产业转移示范区的产业承接重点方向包括加工贸易、装备制造、新材料、生物医药、新一代信息技术、轻工纺织、农产品深加工和食品制造业、矿产开发、现代物流、健康养老、文化旅游、现代农业等。

自2018年11月以来,湘南湘西承接产业转移示范区以打造中西部地区承接产业转移"领头雁"为目标,深入实施"三高四新"战略,着力优化营商环境,充分发挥各类承接平台作用,大力推进市场化改革,不断创新体制、机制,持续推动绿色低碳发展,示范区建设取得明显成效。两年多来,示范区共承接世界500强、中国500强、中国民营企业500强投资项目187个,其中世界500强企业投资项目70个。2020年,示范区完成地区生产总值1.28万亿元,占全省地区生产总值的30.6%;实际使用外资63.7亿美元和实际到位国内资金3 157.6亿元,分别占全省总额的30.3%、36.1%,成为全省经济发展的重要增长极①。

(4)江西赣南承接产业转移示范区

赣南即赣州市,位于江西省南部,素有"五岭之要冲""粤闽之咽喉"之称,是土地革命战争时期中国共产党创建的最大、最重要的根据地、中央苏区的主体,为中国革命作出了重大贡献和巨大牺牲。赣南也是江西省承接东部沿海地区产业转移的前沿地带,区位条件优越,特色资源丰富,市场潜力巨大。根据《江西省赣南承接产业转移示范区规划(2013—2020)》(以下简称《规划》),江西赣南承接产业转移示范区包括赣州市全境,面积为3.94万平方千米,建设主体为赣州和龙南2个国家级经济技术开发区、赣州出口加工区、拟建设的瑞(金)兴(国)于(都)经济振兴实验区、"三南"(全南、龙南、定南)加工贸易重点承接地以及瑞金、赣县、兴国等省级经济开发区和产业园区。示范区的战略定位为全国重要的稀有金属产业基地、中部地区先进制造业和现代服务业基地、中部地区特色农产品生产和深加工基地、山海协作科学发展示范区以及赣南等原中央苏区振兴发展的核心增长极。《规划》指出示范区承接的重点转移产业是装备制造业、原材料产业、轻纺产业、战略性新兴产业、现代服务业、现代农业。

国家级承接产业转移示范区为赣南地区带来了新的发展机遇,积极发挥赣南地区劳动力资源丰富、要素成本低、区位条件较好优势,因地制宜承接发展优势特色产业,改造提升传统产业,推动产业结构优化升级,培育新的增长点,提

---

① 国家发改委,全国承接产业转移示范区经验做法系列报道之三:湘南湘西承接产业转移示范区精准承接创新机制示范区建设成效明显。

升产业整体实力和竞争力,提升赣南地区在江西省以及中部地区的发展地位。

(5)晋陕豫黄河金三角承接产业转移示范区

中部地区山西省运城市、临汾市,河南省三门峡市和陕西省渭南市,共同构成了晋陕豫三省边缘"黄河金三角区域"。"黄河金三角区域"位于我国中、西部交界地带,通华北、联西北、接中原,在全国流通中,可以承东启西、贯通南北。但是,由于受行政边界分割影响,区域统筹协调发展受到制约。2012年,国家发改委正式批复将晋陕豫黄河金三角地区设立为承接产业转移示范区,要求把示范区建设成为"中西部地区重要的能源原材料与装备制造业基地、区域性物流中心、区域合作发展先行区和新的经济增长极"。建设晋陕豫黄河金三角承接产业转移示范区,有利于突破行政区划界限,整合区域优势资源,创新区域合作机制,增强整体竞争实力,为中西部地区合作承接产业转移探索新途径、新模式,发挥典型示范和辐射带动作用,推动晋陕豫黄河金三角地区经济社会又好又快发展。2014年,国务院批复《晋陕豫黄河金三角区域合作规划》,以探索省际交界地区合作发展路径。运城市、临汾市、陕西省渭南市和河南省三门峡市4个城市主动作为,加强协调,在建立工作机制、促进区域合作上取得了新的进展和成效。

中部地区应积极拓宽对外发展渠道,加强与其他城市的合作发展,使城市间产业对接、优势互补、利益共享、合作共赢。河南省深入贯彻党中央、国务院决策部署,依托晋陕豫黄河金三角承接产业转移示范区河南片区(三门峡市)积极承接东部地区产业转移,以有色金属加工、机械装备制造、生物医药、新能源、新材料为重点,深化重点园区体制机制改革创新,大力优化营商环境,积极打造创新、开放、产业承接、投融资服务、人才"五大产业服务平台",有力促进了经济社会高质量发展①。

---

① 国家发改委,全国承接产业转移示范区经验做法系列报道之四:晋陕豫黄河金三角承接产业转移示范区河南片区多措并举打造中西部承接产业转移高地。

第四章 新时代西部大开发的
主要问题研判

　　西部地区自然环境复杂,独特的区位环境促使区内经济发展水平相对落后于沿海等东部地区,在新时代和"十四五"即将到来之际,西部地区经济发展被赋予了更多期望和使命。

　　2020年5月,《中共中央国务院关于新时代推进西部大开发形成新格局的指导意见》(以下简称《指导意见》)发布之后,西部地区大开发再一次成为区域发展中最为瞩目的热点战略问题之一。自1999年中央开始实施西部大开发战略以来,西部地区在党中央和社会各界支持与努力下,发生了天翻地覆的变化,持续保持着经济发展迅速的势头,经济增速领跑全国。2020年,西部地区经济增速仍占据主导地位,排名前十省份中7个处在西部地区,这表明西部地区经济活力和经济发展潜力巨大,能够在适宜政策的帮扶下开展更多且有效的高质量经济活动。

一、西部大开发的成就与西部地区发展新方位

1. 西部大开发总体规划

　　2000年,国家制定了《西部大开发总体规划》,按照50年时间完成西部大

开发,在时间上划分为3个阶段。

(1)奠定基础阶段(2001—2010年)

该阶段是"十五"和"十一五"时期,也是西部大开发奠定基础的阶段,这一阶段以调整产业结构为工作重点,注重老少边穷地区工作,完善基础设施、恢复生态环境、加强科技教育等基建工作,挖掘培育特色产业,建立和完善社会主义市场体制,改善投资环境,打造重点地区新增长点,初步遏制生态环境恶化,着力培育经济良性循环能力,大力招商引资,着力建设一批标志性工程,确保西部大开发开局良好、后程可期。

(2)加速发展阶段(2011—2030年)

随着西部地区基础设施条件、制度环境、结构调整等方面逐渐步入正轨,西部地区进入了加速发展阶段,这一阶段主要任务是在夯实、提高已有水平的基础上,发展壮大特色产业,培育现代化产业体系,推进经济和市场发展全面升级,提升区域布局水平,形成多个带动力强且层次结构合理的增长极,提升经济增长速度。

(3)全面推进现代化阶段(2031—2050年)

在西部地区经济实力增长、融入国内外现代化经济体系、部分地区实现率先发展的基础上,着力加快边远山区和落后地区绿色发展,改善和提高西部地区经济主体的生产生活环境,提高地方居民福利,显著缩小地区差距。

2.西部大开发的产业选择

西部大开发战略的关键是产业选择。西部大开发战略启动之时,西部地区产业基础是十分薄弱的。一是西部地区面积扩大,需要的各类基础设施相对较多,加上西部地区地形都是山区、高原、盆地等,以交通为主的基础设施建设困难多、成本高;二是西部地区基础设施的数量少、质量差。例如高速公路,2000年初,全国有11 605千米,其中,东部地区6 768千米,占58.4%;中部地区

2 883 千米,占 24.8%;西部地区只有 1 954 千米,占 16.8%[①];三是西部地区能源和矿产资源十分丰富,对投资的需求巨大,项目选择十分重要。

因此,西部大开发启动之后,主要在以下产业方面重点建设。

（1）基础设施产业

西部地区基础设施的建设程度决定了经济腾飞的可能,如电力、运输、通信及城市设施的体量决定了经济发展的最大体量,同时,也为其他产业提供了市场需求,拉动了地区就业。西部大开发初期,秉承这一原则,西部地区加强了基础设施投资,在铁路、公路、高速公路、机场等方面加大投资,同时,把环境治理和生态保护的投资纳入基础设施范围。西部地区是我国主要的大江大河发源地和上游地区,治理环境和促进生态向好发展也是西部大开发的重要目标。

（2）能源、资源产业

西部地区最大的优势是能源丰富。西部大开发需要解决的关键问题是,如何将资源优势转化为产业优势,通过资源开发和提高加工深度,增加产品的价值量。长庆、塔里木、克拉玛依等地的石油,川南、陕北、东疆、青海的天然气,鄂尔多斯、准东、六盘水等地的煤炭,攀西的钒钛磁铁矿,川西、滇西、黄河上游的水电资源,都具有成为西部大开发主导产业的优势。西部大开发启动之后,西气东输、西电东送、南水北调、青藏铁路等重点工程有力地推动了西部地区的资源和产业发展。

（3）旅游业

西部地区旅游资源丰富,高山大川、名胜古迹、大漠孤烟、风土民情等都有很强的吸引力,产业发展巨大潜力。旅游业在西部大开发中的作用是,能够提高地区形象,带动地区经济活力,如发展观光、休闲、度假、会议、健康、养老、文化产业,通过组织体育、教育、科技等活动,还可形成专业化的会议城、文化城、

① 程琦.高速公路交通灾害的预警管理研究[D].武汉:武汉理工大学,2002.

体育城、科学城等。西部地区可以充分利用其广阔的地域优势、独特的自然和人文环境发展特色旅游、特色康养、特色运动休闲等产业,以促进其经济增长。

(4)制造业

西部地区的制造业在一些中心城市的基础很好,例如在西安、重庆、成都、兰州、昆明和乌鲁木齐等。依托现有制造业的发展基础,引进国际和东部沿海地区的先进制造业和高新技术产业,提升西部地区的制造业水平。在西部地区的制造业当中,军工产业具有相当雄厚的基础,生产体系完善,产品种类繁多,通过军民融合道路,可以提升产品的科技水平,增强产品的竞争力。

(5)对外贸易

内蒙古、新疆、西藏、云南、广西等省区的边界线漫长,具备优越的对外贸易条件。发展对外贸易带动边疆经济,是启动西部地区经济发展的重要途径。特别是"一带一路"建设启动后,西部地区"一带一路"通道建设、"中欧班列"开行,都加快了西部经济加入国际经济的步伐。

在此基础上,2021 年 1 月,国家发展改革委发布《西部地区鼓励类产业目录(2020 年本)》(以下简称《目录》),在支持鼓励类产业企业按 15% 的税率征收企业所得税的基础上,从微观—中观—宏观全方位多视角修订、出台符合新时代西部地区经济发展的重要政策。《目录》主要围绕进一步支撑科技自立自强、促进产业有序向西转移、鼓励西部地区更好发挥特色优势、支持西部地区补短板和强弱项四个方面展开,从而促进、引导西部地区产业结构优化升级和构建富有地方特色和竞争力的现代化产业体系。

3. 西部大开发 20 年的主要成就

根据国家发展和改革委员会网站发布的信息,实施西部大开发 20 年来,特别是党的十八大以来,西部地区经济社会发展取得了历史性成就,为决胜全面建成小康社会奠定了比较坚实的基础,扩展了国家发展的战略回旋空间。

（1）经济实力提升，脱贫攻坚取得进展

到 2020 年年底,西部十二省(区、市)地区生产总值从 1999 年 1.5 万亿元增加至 21.3 万亿元,占全国比重达到 20.99%,比 1999 年提高了约 4.04 个百分点;地区生产总值年均增长 12.9%,高于全国平均水平。虽然新冠肺炎疫情对国内经济发展造成一定影响,但西部地区人口流动小和对外依存度小等,受冲击较小,经济增速仍位居全国前列,2020 年,GDP 增速降幅低于 3.5% 的省份中西部地区占 90%。西部地区生产总值占全国比重及其增长速度如图 4-1 所示。

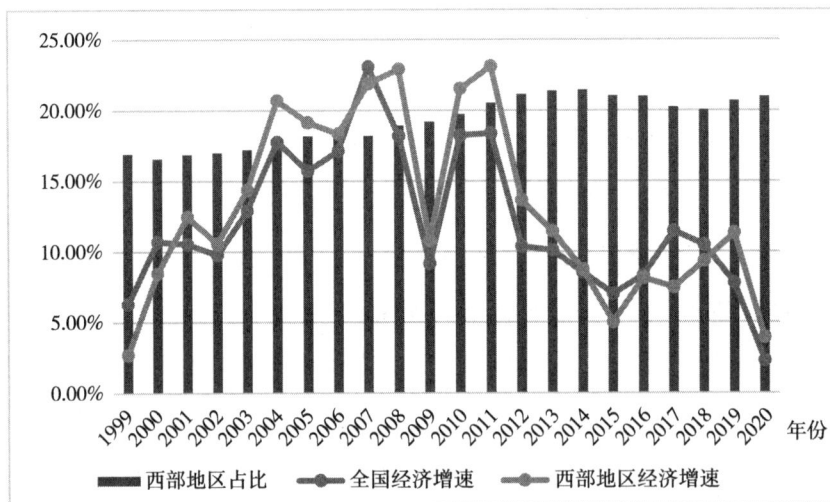

图 4-1　西部地区生产总值占比与增速情况

数据来源:《中国统计年鉴》(1999—2020),2020 年数据为国家统计局网站公布数据。

西部地区脱贫攻坚取得决定性进展,贫困人口大幅减少、贫困发生率降低。2012—2019 年,西部农村贫困人口由 5 086 万人减少到 323 万人,在现行标准下贫困发生率由 17.5% 下降到 1.1%。截至 2019 年年底,西部地区贫困县 90%以上脱贫摘帽[①];到 2020 年 11 月,贵州最后 9 个深度贫困县脱贫,这标志着西部地区脱贫工作如期完成,脱贫攻坚取得伟大成果。

---

① 国家发展改革委有关负责人就《中共中央国务院关于新时代推进西部大开发形成新格局的指导意见》答记者问[J].财经界,2020(10):1-2.

（2）基础设施和产业体系逐步完善

西部地区交通可达性大幅提升，运输网络不断优化加密。截至 2019 年年底，西部地区公路里程为 20.62 万千米（图 4-2），铁路营业里程为 5.6 万千米，其中，高铁营运里程为 9 630 千米，已连接西部大部分省会城市和 70% 以上的大城市。一批重大能源工程如西气东输、西电东送等相继竣工，有效解决了最后一批无电人口的用电问题。

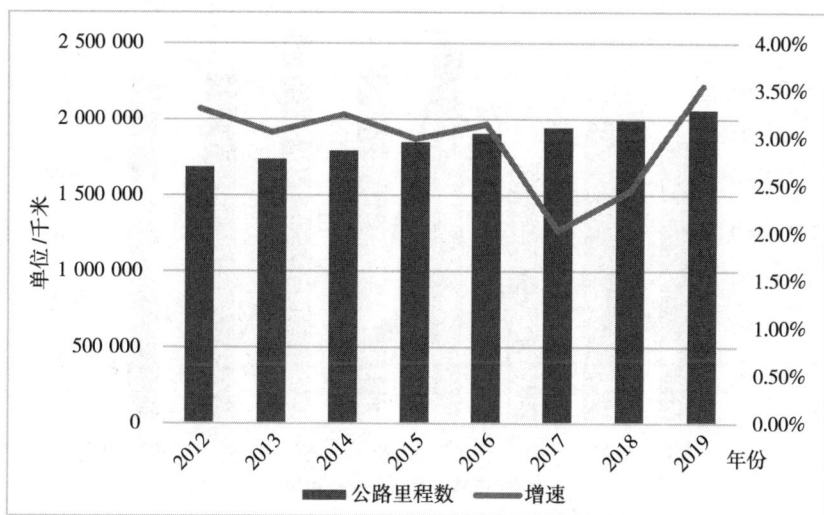

图 4-2　西部地区公路里程数与增速情况

数据来源：《中国统计年鉴》（1999—2020）。

现代产业体系基本形成，三次产业占比不断优化。西部地区三产占比从 2010 年的 12.98∶48.09∶38.93 调整为 2019 年的 10.76∶37.84∶51.39[①]，文旅服务业等第三产业发展迅速。同时，西部地区建成了一批国家重要的能源基地、资源深加工基地、装备制造业基地和战略性新兴产业基地，大数据、健康养生、旅游文创等新产业新业态蓬勃发展，逐步优化地区经济发展内生动力，新旧动能转换持续推进。

---

① 数据来源：历年《中国统计年鉴》。

（3）国家生态安全屏障得到巩固

全面推进一批重点生态工程如退耕还林还草、天然林保护等。近五年退耕还林面积始终高于 35 万公顷（图 4-3）。截至 2019 年年底，西部地区退耕还林还草累计 1.37 亿亩[①]，森林覆盖率平稳提高。地区生态文明思想贯彻落实，有效保护恢复草原、湿地等重要生态系统。

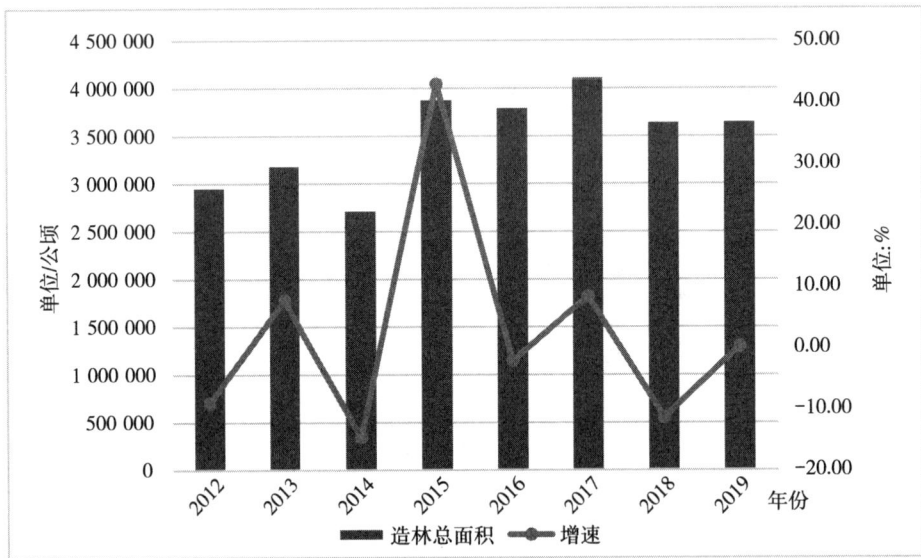

图 4-3　西部地区造林总面积与增速情况

数据来源：《中国统计年鉴》（1999—2020）。

（4）人民生活水平持续提高

2019 年，西部城镇和农村居民人均可支配收入分别达到 3.5 万元和 1.3 万元，是 1999 年的 6.5 倍和 7.8 倍。从居民整体可支配收入看，西部地区居民人均可支配收入从 2013 年 13 623 元增长至 23 618 元，近几年可支配收入增速保持在 9% 水平（图 4-4）。"两基"攻坚计划按期实现，公共服务建设取得一定成

---

① 国家发展改革委有关负责人就《中共中央国务院关于新时代推进西部大开发形成新格局的指导意见》答记者问[J].财经界（学术版），2020（10）：1-2.

果,初步建立覆盖城乡的社会保障体系。

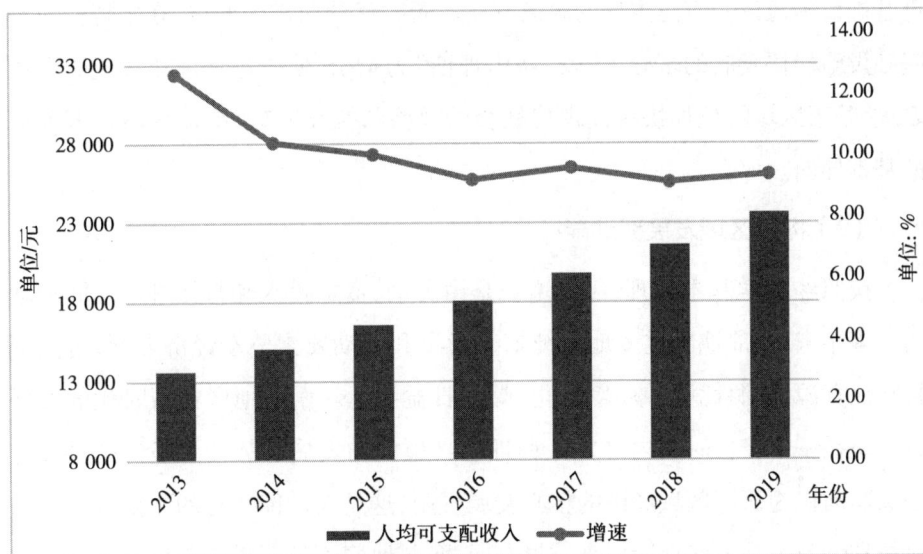

图4-4 西部地区人均可支配收入与增速情况

数据来源:《中国统计年鉴》(1999—2020)。

4.新时代西部大开发的新方位

近年来,受国际经济形势影响和西部本身发展条件制约,西部地区在发展进程中出现了一些新问题,如地区间分化加剧、产业发展与转型较为缓慢、深度贫困问题仍然存在等,仍未形成地区高质量发展的基本态势。因此,要推进新时代西部大开发、形成发展新格局,就要在西部大开发取得成就的基础上总结经验,探寻发展的新方位。

(1)转变区域发展导向

在西部地区建立现代经济体系的过程中,区域发展迎来了新的机遇。借此机遇,区域经济本身不断转型才能更好地适配发展新路径。根据已有国际区域经济发展经验,当地区人均GDP达到10 000美元之后,区域发展导向就开始转变:从经济主导的单兵突进转向政治、经济、社会、文化、生态协调推进。西部大开发从一开始就具有综合发展和区域协调发展性质,但优先发展产业、加快推进基础设施建设一直是主导的政策方向。新时代的西部大开发,在坚持产业与基础设施加快发展的基础上,以"两山理论"为指引,使生态环境建设成为重中之重,基于区域特色加快建设现代社会的政治与文化基础,形成区域协调发展的基本导向。

(2)构建区域发展新动能

按照经济学基本原理,经济增长是由劳动、资本投入和科技进步共同推动的。多年来,西部地区过多地单纯依靠投资和劳动要素驱动经济发展,过度消耗自然资源,资源耗竭和环境恶化,弊端日益显示。西部地区在新时代的发展目标是在一个较长时期内维持一种理想且稳健的发展态势。要坚持把科技与创新驱动作为西部区域经济的核心发展机制,这是新动能培育的主要方向。以科技和创新为动力实现区域高质量发展,西部地区不仅要重点培育重庆、西安、成都等城市的创新能力,更要引进国际和东部地区成熟的现代制造技术,以改造西部地区现有产业。

(3)转变区域经济结构

经济结构战略性调整是新时代西部大开发的主攻方向之一。实现西部地区区域协调发展,就要求对产业结构全面和实质性调整。目前,东部发达地区正由以工业经济为主向以服务经济为主转变,这是结构转变的重要目标。西部地区因各区域发展程度不同,还不可能完全向以服务经济为主转变,而应当向工业经济和服务经济并重的经济结构转变。当然,转变应当是渐进的、扎实的,须坚持高科技产业、现代制造业与服务业并重发展,从而解决西部地区经济发展不平衡与不充分问题。要正确选择西部地区产业结构转型的方向,一方面,要注意解决服务业发展不充分,现代商务服务不发达问题;另一方面,要防止制造业空心化问题。

(4)优化区域空间功能结构

区域发展过程本身是一个空间功能优化过程,区域空间结构优化包括一系列社会变革,并决定了各区域承担的发展任务变化。从西部地区来看,实现西部地区区域高质量平衡发展,需要空间基础,各区域空间功能明晰是区域空间品质优化的标志。西部地区空间面积广大,但总体上空间质量并不好:沙漠面积大,高原广布,不适于人类居住的高海拔地区比重较大,水资源缺乏是区域空间发展的主要障碍。面对这些问题和困难,西部地区要实现区域空间功能优化,一是要聚集发展,把开发建设区域严格限制在一定空间范围之内,将西部广大地区均作为生态建设区域;二是使空间功能由相对单一的生产和居住功能向全方位的多功能转化,在进一步完善高质量的生产功能和高宜居程度的居住功能的同时,加快提升各地方国际化功能、文化汇聚功能、智能化功能等,实现西部区域空间现代化。

二、新时代西部大开发须解决的重要问题

《指导意见》强调,新一轮西部大开发注重强化举措抓重点、补短板、强弱项,形成大保护、大开放、高质量发展的新格局,从而实现西部地区高质量可持续发展和现代化发展。

推进新时代西部大开发,形成新格局,须探究更深层次发展上的根源性问题,在解决根源性问题的基础上实现新发展。实际上,西部地区根源性问题就是受独特区位条件与地理环境影响,具有完全不同于其他地区的区域特色。在尊重和发挥区域特色的基础上着重处理当前亟待解决的主要问题,对推进新时代西部大开发、形成新格局具有重要作用。解决在空间格局、产业发展、城市建设、贸易畅通、资源环境、脱贫攻坚等方面的主要问题,以实现西部地区区域经济发展的转变,做到以点带面,弥补和完善西部大开发的不足,推动新格局路径演变。在"十四五"即将到来之际,加快建设西部大开发新格局,启动数字经济建设,形成并发展特色产业,巩固脱贫成果,加快中心城市与城市群建设,加强国家安全与资源环境保护,对西部地区高质量发展具有重要作用。

1.形成区域空间新格局问题

西部大开发形成新格局,首先要形成空间新格局,或者说空间新格局是形成西部大开发新格局的重要组成部分。当前,西部地区包括西南和西北 12 个省区市,其面积大、类型多,由于没有细分空间,缺少针对性空间政策。形成新的西部地区空间新格局,主要包括三个方面:一是根据发展特点和方向,重组西部地区空间,正确定位未来时期发展导向。其中,西北地区,包括陕西、甘肃、宁夏、青海,是以陕西和甘肃为中心的石油天然气生产基地、黄河上游地区的新材料产业发展基地以及生态建设基地等;以西安为中心的关中城市群,是西北地区的主要制造业中心;西南地区,包括重庆、四川、贵州、云南和广西,主要特点是逐步向国家的制造业核心地区转变,并在成渝地区形成与东部三大都市圈相媲美的国家经济支撑带。广西的外贸产业、贵州的大数据产业、滇西和川西的水电产业构成了西南地区的突出特色。边疆地区,包括内蒙古、新疆、西藏,是与"一带一路"国家经贸往来密集的地区和须维护稳定和发展的地区,同时,也是国家重要的资源和发展空间后备地区。二是加快政策资源优化布局。改革开放以来,我国经济快速发展的一条重要经验就是通过国家的政策资源布局推进各类功能平台建设和效能提升。虽然西部地区已建设高新技术产业园区、创新示范区、城市新区、自贸区、综合配套改革试验区等,但相比而言,内部城市群主要分布在东部,而其余地区尚未形成体系化城市群或经济区,存在政策洼地,同时,已有平台受区位、投资环境等方面影响利用得不够充分、有效。三是抓紧出台促进新格局形成的举措,主要包括紧密结合发展战略,围绕前沿发展、未来趋势等打造具有西部特色的发展平台;妥善解决现有发展矛盾等问题,强化提升现有政策体系实施效果;加强区域合作,推动东部地区产业向西部转移或联手打造产业发展新平台,形成高质量产业发展集群,并在营商环境等重要方面同发达地区对标看齐。

2.启动西部地区数字经济发展问题

当前,学术界正在探讨数字经济对各区域发展的重要性。就西部地区而言,一是数字经济作为一种新的经济形态,西部地区与东部沿海地区差距并不大,因而发展数字经济是西部地区尽快缩小与东部沿海地区发展差距的捷径。数字经济的核心是数字技术,通过引进数字新技术激活西部地区新产业,可以促进重构区域产业体系的进程。二是数字经济和数字技术为跨区域利用高水平人力资源提供了条件,而高端人才缺乏是当前西部地区发展的主要瓶颈。三是数字经济的前向、后向和旁侧联系都很广泛,除了对制造业的带动与服务,还能够围绕教育、医疗、卫生和社会保障的数字化来提高第三产业的发展水平,从而提升西部地区的基本公共服务水平。当前,西部地区发展数字经济的主要任务如下。首先,以突出西部地区产业特色与发展需求为根本,规划和落实一批能够起到标志性和引领性的地区特色项目。以重庆为例,阿里巴巴与重庆签订合作协议,引入阿里云城市大脑、智能调度城市交通、旅游、环保等城市服务。其次,深化建设西部地区工业互联网一体化。当前,"老基建"对经济发展的制约程度已明显降低,而以工业互联网一体化为标志的"新基建"是"十四五"时期重要建设内容。西部地区要抓住机遇,争取国家级项目在西部落地,一体推动新老基建发展。最后,加大 5G 设施力度。东部一些重点城市在 5G 发展方面已经走在前列,西部地区要迎头赶上,在补短板的过程中促进 5G 技术应用。

3.发展特色产业问题

西部大开发启动以来的 20 年,西部地区产业发展十分迅速。作为我国产业转移的主要承载区,西部地区在保护和恢复生态环境的基础上逐步成为我国的能源化工、新材料、制造业、绿色食品、精品民族艺术品的生产基地。从已有产业的发展水平来看,现有基础设施发展水平虽然相较过去有了长足进步,但与其他地区差距仍较大。资源产业发展较快,具有成为主导产业优势,但个别地区产业依赖资源开发。旅游业对西部地区经济发展的作用不可低估,旅游业有能力成为西部地区的优势产业,但目前仍处在发展的初期阶段。西部地区的制造业在一些省、市、区的基础很好,一些骨干企业规模较大,并且在西安、重庆、成都、兰州、昆明和乌鲁木齐等地形成了制造业的产业中心。西藏、云南、新疆等省区拥有漫长的边界线,发展对外贸易促进边疆地区经济大发展是西部大开发的重要手段。新时代西部大开发的产业发展途径是推进各类产业融合发展。一是融合拓展特色产业体系,促进特色产业现代化和集群化发展。特别是推动数字经济与特色产业融合,如具有特色的制造业和服务业如旅游、文创等与数字技术融合。二是改革和创新已有运作机制,充分利用地区优势,围绕生态和资源构建区际利益交流平台和协作互动机制,增加地区经济效益。三是加强区际协作,共建产业特色园区,加快产业集聚区建设,形成"飞地经济"以促进区域发展。随着西部地区基础设施水平和劳动力素质提高,西部地区在承接东部产业转移和发展地区特色的基础上,装备制造业等产业逐渐集聚发展,这将有助于提升西部地区的整体工业化水平。

4. 巩固脱贫成果

西部地区是我国脱贫攻坚的主战场。在 2020 年现行扶贫标准和贫困人口全面脱贫的基础上,要确保减少和防止脱贫人口返贫;要立足国内外两个大局和西部大开发新格局,从基础设施建设、职业教育和产业转移等多方面改善西部贫困地区经济发展环境。"十四五"期间,脱贫攻坚,缓解相对贫困,主要空间区域集中在西部"三区三州"。因此,2020 年后,在西部大开发过程中,要给予"三区三州"特别重视,从区域发展的角度提升其总体发展水平,在改善基础设施等配套环境以及提高劳动者技能的基础上,着力引进相关产业,通过产业扶贫增加地区居民收入来源,巩固脱贫成果,防止返贫。同时,在争取国家资金支持的基础上,力争"三区三州"社保兜底水平不低于全国平均水平。

5. 加快中心城市与城市群建设问题

西部地区地理空间广阔,须以经济增长极为核心强有力地带动和支撑西部经济发展。目前,在国家层面上,重庆、成都、西安三大中心城市已经被批复建设,这是西部乃至全国经济增长极。在此三大中心城市之外,西部地区还需要一些地区性中心城市来支撑经济发展,比如昆明、南宁、乌鲁木齐、兰州、呼和浩特等,建设这些国家中心城市,形成"以点带面,连点成网"发展格局,从整体上提高西部地区的发展能力。

在城市群建设方面,以中心城市为依托,打造区域经济增长高地。成渝地区双城经济圈已上升为国家区域战略,以期成为新增长极并强力带动西部地区经济高质量发展。城市群建设要遵循客观经济发展规律,以形成城市间良性互动、优势互补、相互促进发展格局为基本目标,而不是将空间上"一群城市"强拉硬拽放到一起。

从当前来看,成渝地区双城经济圈、关中城市群已经基本成型,可以作为西南和西北地区主要战略支撑中心。作为成长中的城市群,北部湾城市群、呼包鄂榆城市群的进展较快,聚集人口和经济的能力较强。规划中的城市群,包括兰州—西宁城市群、乌昌石城市群、宁夏沿黄城市群、滇中城市群和黔中城市群等。"十四五"期间,西部大开发要进一步创新城市群发展体制机制,在巩固已有成果的基础上,重点加快推进规划中的城市群,尽快启动建设程序,推进区域一体化进程,进一步明确西部大开发的重点区域。要积极与京津冀协同发展、长江经济带发展、长三角一体化、黄河生态带建设和粤港澳大湾区建设等重大战略对接,推动东西部城市群之间互动。

6. 强化边疆稳定、对外贸易和金融支持问题

我国西部地区与十多个国家接壤,地区安全与沿边发展具有明显特点。作

为多民族和谐共生地区区域经济发展,利用沿边地区发展与区际合作、对外贸易,实现边境地区高质量可持续发展。我国启动的"一带一路"建设,为实现边疆地区稳定与沿边地区经济发展提供了良好的契机,在保障国家安全的前提下,通过开放互动式发展和加强与接壤国家的联系,进一步完善口岸、跨境运输和信息通道等基础设施,实现互惠共赢,对维护边疆地区稳定与发展具有重要作用。

西部地区陆地边境线长达1.8万余千米,约占全国陆地边境线的91%[①],与13个国家接壤,广西还与东南亚诸多国家隔海相望,对外贸易潜力较大,特别是在"一带一路"建设有序推进背景下,西部地区处于我国西向开放的前沿。一系列发展战略,如新疆丝绸之路经济带核心区建设、中新(重庆)战略性互联互通示范项目、中国—东盟信息港建设、中蒙俄经济走廊建设、中巴经济走廊、中国—中亚—西亚经济走廊、孟中印缅经济走廊、新亚欧大陆桥经济走廊及贵州、青海绿色丝绸之路建设等均在稳步推进,已经展现出良好的发展前景。西部对外贸易的突破不能缺少强有力的支点,建议选择西部地区的国家中心城市重庆、成都、西安,给予其国际门户枢纽城市职能,并将乌鲁木齐、呼和浩特、昆明、南宁等沿边省区的省会城市也提升到国际门户枢纽城市级别,布局建设自由贸易区,给予其对外贸易特殊政策,在此基础上提高沿边省区省会和首府城市面向毗邻国家对外贸易强大支撑能力。

在金融支持方面,主要是支持商业金融等更好地服务于西部大开发,在风险总体可控的前提下,加快普惠金融发展,加大西部地区小微企业支持力度。要依据西部大开发的重点任务,调控政策,有选择地向相关产业倾斜,例如产业扶贫项目、绿色产业转型升级项目和数字经济基础设施建设项目等。

---

① 李琪.地缘安全视阈下的我国西部跨界民族关系[J].陕西师范大学学报(哲学社会科学版),2012,41(2):119-128.

7. 解决西北地区水资源问题

西部地区受自然地理环境影响，区域内降水量差异极大，西北部是我国干旱地区，大部分地区年降水量在 300 毫米以下，而西南地区年降水量最高甚至达到 1 600 毫米以上[①]。解决水资源问题，缓解水资源发展矛盾，有助于为新时代西部大开发建设打下资源基础，也是促进西北地区可持续发展的必然要求。

西北干旱、半干旱地区气候干燥、降雨稀少，是全国唯一降水量极度少于农田作物和天然植被需水量的地区。由于地区自然地理环境差异较大，自然环境较差地区的人口数明显少于地区自然环境相对较好的绿洲，可以说，西北地区"以水定人"情况十分现实，更是一种无奈。特别是在人类活动改变自然条件后，西北地区水资源和生态环境出现诸多问题，如水土流失严重而降低流域水体质量、内陆河流湖泊水资源调蓄能力下降、湖泊萎缩咸化、湖库淤积严重、农区土壤严重次生盐碱化、水质污染严重等，这些问题进一步限制了人口集聚生存环境。因此，针对西北地区水资源现状，打破"以水定人"困境，建议采取如下对策。一是加强对水资源开发利用规划和监管力度，以注重水资源保护为前提严格设计和执行建设项目审批管理制度。二是加强水利基本建设，建设必要调水工程以缓解贫水区和劣质水区的缺水和不良水质问题，支持地区生态环境建设。例如，"引额济克"工程、"引额济乌"工程等。另外，"十四五"期间，如果能够建设南水北调西线工程，西北地区缺水等问题将被有力改善。三是建设现代化高效节水型经济社会，如适当提高工业等高耗水行业水价以减少水资源浪费；鼓励集雨节灌，缓解农村用水难题和补充城市环境用水。四是坚决实施退耕还林、还草计划，制定灵活的考核机制。退耕还林还草对提高西北乃至西部地区水资源涵养能力和改善地区生态环境具有重要作用，应始终被重视，根据地区实际情况不断被调整。

---

① 刘昌明. 我国西部大开发中有关水资源的若干问题[J]. 中国水利, 2000(8): 23-25.

8.解决生态文明和能源供需问题

西部地区在地形上以山地、高原和盆地为主,生态环境脆弱,是我国主要的江河发源地,比如有"中华水塔"之称的三江源地区。除此之外,还是森林、草原、湿地和湖泊等集中分布区,因此,是我国重要的生态安全屏障。西部大开发实施过程中,要坚定贯彻"两山"理念,坚持做到在开发中保护、在保护中开发。首先,坚持生态优先,杜绝"先污染,后治理"。大力解决青海三江源、祁连山、岩溶地区、京津风沙源等地的生态保护和环境问题;加强大气污染严重地区污染防治和应对能力,分类管理受污染耕地并做到安全利用,实现污染治理与修护。其次,有选择地发展相关产业,优先发展绿色产业。努力完成以市场为导向的绿色技术创新体系建设,促进绿色产业发展;加强循环经济建设,循环利用已有园区和待建基地的资源,走低碳经济转型发展道路;建立健全跨境生态保护协作等相关体制机制。

西部地区能源结构以煤炭、天然气为主,新能源资源的优势尚未发挥出来。而在已有能源格局下产生的低效高耗的能源消费方式对地区生态环境产生严重负面影响,至今也没有被彻底解决。西部地区独特的地理条件具有发展新能源产业的巨大优势,包括水电资源、风电资源、太阳能发电、地热能发电以及可燃冰、干热岩等新能源资源,这些新能源资源都十分丰富,不但坚实地支撑当前新能源生产,未来远期新能源发展潜力也十分巨大。由于西部地区生态环境十分脆弱,要实现可持续发展、培育清洁能源以实现能源供给结构优化任重道远。进入 21 世纪以来,在西部地区,新能源产业发展较为迅速,风能和光伏产业等绿色能源的使用普及率远高于全国其他地区,特别是新疆、西藏等地,光伏发电累计装机量持续位居全国前列,逐步实现环境友好化和绿色化。但是,西北地区光伏发电和风力发电均产能过剩,供大于需问题迫使地区弃风弃光。面对即将到来的"十四五"时期,西部能源产业发展的任务,首先,提高西电东送输电工程的输送能力,缓解产能过剩问题,为国家宏观经济发展打好资源基础;其次,进一步完善需求端对能源的使用和消费,推进实施电网改造升级,优化供电运输质量和能力,完善对工业企业经济生产的配电能力;最后,提升高质量满足城市发展和居民家庭的能源消费需求能力,平稳建设西部地区社会生产生活,为高质量实现西部大开发提供能源基础。

三、新时代西部大开发形成新格局的政策建议

新时代的西部大开发是伟大的区域发展战略,涉及多区域、多维度和多领域空间开发建设,对我国实现现代化宏伟目标、对我国特别是西部地区经济社会发展、对我国长治久安都具有十分重大和深远的意义。新时代西部大开发是在 1999 年西部大开发启动 20 年之后新的战略,是已有建设基础上的新的开发与发展行动。毫无疑问,当今西部大开发的背景与 20 年前不同:基础设施中交通基础设施建设已经初具规模;能源基地建设日臻成熟,成为保障我国东部地区发展的重要基础;中心城市发展迅速,城市中心的辐射和带动能力逐步增强;西部地区与 20 年前相比人民生活水平大幅提高,消费市场已经形成。

在前文已经提出了新时代西部大开发要解决的 8 个重要问题,也提出了解决问题的具体思路。同时,解决新时代西部大开发主要问题还需要中央政府和地方政府的政策保障。对此,本文提出如下相关政策建议。

1. 关注区域发展差距,制定控制政策

当前,人们较多地关注东部地区与西部地区发展的差距,实际上,西部地区内部存在不同程度发展差距。除了省际差异较大外,各省内部、地级单位乃至县市间发展差距均不同。在实施新时代西部大开发时,要客观地认识这些发展差距,实事求是地评价西部地区整体与各省内部差距的实际情况。正确认识西部地区内部在经济发展和生活水平方面的差距,须综合评价不同空间尺度的情

况,明晰具体区域实际发展水平,从而更好地制定西部区域分区发展政策。总之,在制定政策时,应当把逐步缩小区域发展差距和实现动态均衡发展作为重要原则。

2. 重视总体设计,落实分区规划

20 年前,中央政府已制定并实施西部大开发的总体设计。新时代西部发展规划,是在长远设计的基础上完善与修订。如果 2000 年西部大开发规划是 1.0 版,2010 年西部大开发规划就是 2.0 版,今年中央的《指导意见》就是 3.0 版或者 3.0 版的基本原则与内容。

虽然《指导意见》已经把未来 10 到 30 年西部大开发的发展方向、发展途径和重点领域一一指明,但在推进新格局形成过程中要做到精准施策就需要制定西部地区分区域详细发展战略规划。分区规划是从更小尺度空间单位制定相应区域政策的基础,因此,也是新时代西部大开发的重要环节,有助于"以点带面"推动地区整体发展水平提高。精准施策作为应用于精准扶贫战略的主要措施,对减少贫困人口起到了积极作用,为制定区域政策起到了很好的示范作用。具体来讲,新时代西部大开发可以对西部地区城市群、中心城市、贫困地区、重点生态环境保护地区、边境和沿边地区等制定差异化发展规划与具体发展政策,从不同角度、不同方向推动地区经济发展,加快形成新时代西部地区新格局。

3. 创新体制机制,优化制度环境

在中央的《指导意见》中,十分重视和重点强调了体制机制创新。总体上讲,西部地区制度环境与东部地区相比差距还较大。具体而言,一是政府在科技和经济投入体制、科技成果转化机制、人才评价机制等方面都须创新和改革;二是在消除市场壁垒,引入数字企业,财税支持核心技术攻关、知识产权保护制度等方面不足；三是科研项目立项、资金分配、产权认定等相关环节的合理规定尚需加大力度和加快立法。

因此，在创新体制机制方面，应强化区域合作，将发达地区经济发展的经验和成功模式向西部地区推广是当务之急。同时，要加强对外开放合作，加强与世界各国经济合作也同样重要，这就更需要制度环境。特别是在与"一带一路"沿线国家合作时，应积极参与相关国家互联网应用、使用规范、基础设施建设和共同监管等，共商共建共享，互联互通。

4. 重视公共服务，推动产业转移

新时代西部大开发努力实现公共服务均等化是自西部大开发启动以来的重要目标，因而如何实现公共服务均等化仍然是新时代西部地区建设须解决的重要问题之一。建议制定政策来协调地区生态环境保护与公共服务普及之间的关系，更好地将数字经济与公共服务结合起来，注重提高地区公共服务质量，从而显著提高地区吸引力，吸引人口与产业。当前，西部部分地区在教育、卫生公共服务方面仍存在较大缺口，地区居民无法享受正常且应得的基本服务，渴求获得某些特定的公共服务的愿望很高。因此，要坚持实现西部地区公共服务均等化，借助数字经济实现西部地区内部均等化，为全国整体实现公共服务均等化作出贡献。

加快推动产业转移也是需要政策保障的一方面。相比过去，西部地区虽然基础设施发展水平改进极大，如交通、水电、能源等，而且吸引东部地区和国际产业转移的条件改善很大，但与东部地区相比差距仍较大，例如，每平方千米公路里程数远低于东中部地区，所以，承接产业转移还要以中心城市、产业平台和条件优越的地区为基点，以发展地区新能源、新材料等优势产业、优化商品运输专线等为主要任务，通过东西部合作来加快西部地区产业转移和发展。特别要强化承接产业地区制度环境建设，因此，建议在西部地区重新启动建设"承接产业转移示范区"工作。

第五章　新时代东北振兴战略下的城市精明增长

近年来,随着东北经济增速下滑,东北地区城市化进程也进入了瓶颈期。与欧美国家早期工业城市的发展路径相似,东北地区面临着人口流失、产业转型困难、城市同质化竞争等共性问题。但同时东北地区独有的问题,如企业办社会导致的企业与城市职能重叠、资源型城市占比高等问题,也十分严重。就城市发展本身而言,中小城市绝对收缩和大城市"相对收缩",成为困扰东北经济社会发展的难题。

东北问题的聚合之处在于东北地区城市收缩,但是治理城市收缩的传统手段并不适用于东北地区城市。为此,我们引入了城市"精明增长"理念,希望可以为东北地区下一阶段发展与振兴提供新的视角。

"精明增长"理念提出的初衷是解决美国"城市蔓延"问题。20世纪80年代末,公路交通发展使得美国城市的产业、人口向市郊低密度地扩散,城市规模低效率、无限制地扩张(马强 等,2004)。城市"精明增长"这一概念的目的是通过限制城市蔓延过程中基础设施建设所需的投资影响城市发展(唐相龙,2009)。随着城市蔓延的负面影响扩大,城市交通堵塞、环境污染、公共服务设施超载、生活成本升高等一系列问题凸显,城市精明增长理念影响力逐步扩大,并在政府、企业和社区推广下付诸实践,取得了良好效果。随着理论研究深化和实践经验补充,精明增长理论体系逐步成熟、完善。总的来说,精明增长的主要目标包括限制城市无限扩张、提升城市土地利用效率,编制"预见性""系统性"基础设施和公共交通规划,均衡城市内政府、企业和居民的利益(王朝晖,2000)。

我们将赋予城市"精明增长"模式新的内涵,为东北振兴提供新的研究视角,借鉴西方国家解决城市盲目扩张问题的"精明增长"理论,探索解决东北城市收缩问题的现实路径。

一、东北中小城市绝对收缩和大城市"相对收缩"

东北地区城市化具有明显产业导向和资源导向,城市化进程和工业化密切相关。工业发展带来人口聚集,形成城市体系。发展成型之后,城市反哺工业,提供工业发展的所必需的各类生产要素,两者相互促进,协同发展。但是,产业和资源导向的城市化导致城市职能倾向为工业企业服务,城市的公共服务设施建设不足,功能不健全。随着东北地区产业转型陷入困境,企业对城市的支撑力度减弱,城市发展停滞。总的来说,东北地区城市发展的困境表现为中小城市绝对收缩和大城市"相对收缩"。

1. 中小城市绝对收缩

"城市收缩"或"收缩城市"概念最早在 1988 年由德国学者豪瑟曼和西贝尔提出,用来描述人口大量流失的空心化内城。目前,收缩城市的定义及城市收缩的原因尚无统一定论,维希曼以城市居民流失定义收缩城市,当一个城市连续 2 年损失人口超过 1 万人时,即为收缩状态(Wiechman,2008)。费尔南德斯等将城市收缩归因于城市产业结构单一,应对经济转型、资源衰竭或国内外市场环境变化冲击的能力差,人口流失和经济衰退(Fernandez et al.,2012)。国际上,以美国、德国、英国、日本等国家城市为案例的研究已经非常充分,但是,国内对城市收缩的研究文献非常有限(吴康 等,2017)。2019 年 4 月,国家发展改革委发布的《2019 年新型城镇化建设重点任务》首次提出了"收缩型中小城市"

概念。有研究表明,2007—2016年,我国84个城市出现了收缩现象,且部分城市同时出现人口流出和空间扩张相悖现象(徐博,2019)。

结合已有研究,可以发现,人口流失是城市收缩判断的重要标准。本书利用中国城市数据库中东北三省地级市2014—2018年城市辖区常住人口,根据5年间人口总数变化,将5年间城市人口变动率为负的地级市界定为收缩城市,数据处理结果见表5-1。

表 5-1　东北地区收缩城市统计

地级城市	合计		辽宁省		吉林省		黑龙江省	
城市类型	所有城市	中小城市	所有城市	中小城市	所有城市	中小城市	所有城市	中小城市
城市总数	34	24	14	9	8	6	12	9
收缩城市	25	21	9	7	6	5	10	9
收缩城市占比%	65.30	87.50	64.29	77.78	75.00	83.33	83.33	100.00

数据来源:《中国城市统计年鉴》。

从整体上来看,东北三省绝大部分城市都呈现城市收缩状态,其中,收缩城市多集中于哈长城市群和辽中南城市群边缘区域,城市群核心区域城市并没有表明显收缩;整体上黑龙江和吉林两省城市收缩的情况要比辽宁省更严重,中小城市收缩的程度要高于大城市和特大城市。

东北地区中小城市收缩的同时,东北地区城市化率仍有所提高。辽宁省、吉林省和黑龙江省城镇化率分别由2014年的67.0%、54.8%、58.0%上升到了2018年的67.5%、56.6%和59.4%,与我们观察到的绝大部分城市都陷入收缩的结果相悖。因此,我们参照城镇化率的计算口径,比较全市层面和市辖区层面城市收缩情况。综合分析东北地区城市市辖区和全市人口变动率,检验东北地区收缩城市是否存在空心化的趋势,分类收缩城市见表5-2。

表5-2 "全市—市辖区"收缩城市分类及数量

	全市收缩	全市不收缩	合　计
市辖区收缩	25	0	25
市辖区不收缩	6	3	9
合计	31	3	34

数据来源:《中国城市统计年鉴》。

由表5-2可知,全市和市辖区均处于收缩状态的城市数量最多、分布最广,这说明东北地区绝大部分地级市都处于城市收缩状态;在全市层面收缩的城市中,约1/4城市属于全市人口流失,但是,市辖区人口增长的城市分布在三个省;从市辖区和全市层面均处于人口增加状态的城市仅3个,分别为沈阳市、大连市和盘锦市,均位于辽宁省。可以发现,东北地区中小城市普遍陷入收缩状态,而大型城市,尤其是四座中心城市——大连市、沈阳市、哈尔滨市和长春市均处于市辖区扩张状态,且市辖区扩张的速度远远大于全市人口扩张或收缩速度,换句话说,东北地区城市不仅没有空心化趋势,大城市市辖区人口聚集程度反而在加强。

通常来讲,中小城市普遍陷入收缩状态的原因往往是多方面的,既包括社会人口结构自然调整,也包括经济结构变化。社会人口结构调整主要表现为人口年龄结构变化和人口自然迁移,经济结构变化可以归纳为资源枯竭、产业衰退和技术进步。

从人口年龄结构来看,东北地区城市普遍表现为劳动年龄人口比例下降和老年人口比例提高。以辽宁省为例,2014—2018年,辽宁省老年人口比例提高了3.07%,劳动年龄人口比例下降了2.85%。比较同省收缩城市和非收缩城市之间的差距,可以发现,非收缩城市各年龄阶段人口基数均大于收缩城市,但是,非收缩城市老龄化人口比重与收缩城市老龄化人口比重相差不大,劳动年龄人口比重略高于收缩城市劳动年龄人口比重。劳动年龄人口在一定程度上代表着一个城市的生产能力和消费需求,劳动年龄人口比重下降会导致经济增长乏力而陷入城市收缩,这一现象在欧洲国家和日本城市发展的进程中表现得非常普遍。近年来,人口老龄化的冲击在东北各城市间也显现,相比于工作机会更多、生活水平更高的大型城市,中小城市在面对这类冲击时韧性更差,更容易陷入城市收缩困境。

相比于人口年龄结构变化,东北地区因人口自然迁移导致的中小城市收缩作用时间更久,影响更深远,这一趋势是全国中小城市收缩所表现出来的共性。我国人口迁移呈现出典型的"乡—镇—城""三级跳"模式,[8]同时,城市人口也表现出由小城市向大城市迁移集中。从需求角度来看,人口迁移的最终目的:一是发展空间更好,即发展机会更多和福利待遇更高;二是生活条件更好,即公共服务和设施条件更好。当预期的迁入大城市的收益大于迁移的成本时,人口就会向大城市流动。现阶段,东北地区城市发展水平的差距,大大加速了这一过程,中小城市长时间处于收缩状态。自振兴东北等老工业基地战略实施以来,沈阳、大连、长春、哈尔滨四市的产值占东北地区比重一直保持在25%以上,东北经济发展过度依赖四座中心城市,资金、技术、人力资本等各类生产要素不断向四座中心城市集中,各类中小城市和县域的特色产业得不到发展,城市间的经济差距进一步扩大。《2019县域经济发展报告》评选的全国综合竞争力百强县(市)中,东北地区仅占两席,分别为排名第68位的辽宁省大连瓦房店市和排名第93位的吉林省延吉市。城市间差距加快了人口自然迁移的速度,而具有跨城市迁移能力的群体往往具有熟练技能和丰富经验的劳动力,这类"精英"劳动力迁移带有明确的目标性和长期性特征,因此,中小城市收缩往往是不可逆的。

资源枯竭、产业衰退是东北振兴战略提出以来就着力解决的两大问题,也是多年来东北地区经济发展的两道枷锁。东北地区自然资源丰富,是我国最早的重化工业基地,因此,东北地区绝大部分城市建设和产业发展都与当地资源禀赋密切相关。根据国务院《全国资源型城市可持续发展规划(2013—2020年)》,全国共确定了262个资源型城市,其中,地级行政区126个。在这262个城市中,东北地区占了37个,占比达到14.12%。其中,19个城市为衰退型资源城市,在东北地区全部资源城市中占比超过了 50%,远高于 25% 的全国平均水平。东北三省地级行政区共有 36 个,其中 21 个为资源型城市,占比约为58%。资源型城市极度依赖依托本地资源禀赋形成的资源开采、精炼、加工产业体系,资源枯竭会导致产业迅速衰退,最终导致城市收缩,以阜新市、抚顺市、辽源市和白山市四个衰退型资源城市为例,四个城市经济增长率在 2008 年前后由升转降,之后几年,地区生产总值增速逐年下降,最高跌幅超过了 15%。

科学技术带来的变革会极大影响传统的生产和分工方式,改变城市空间结构,进而造成更大范围中小城市收缩。现代交通和通信技术应用和推广,削弱了空间距离对要素流动的限制,产业、资本、人力、技术和信息等要素的迁移路径改变,企业和劳动者越来越自由,地区发展对资源和交通的依赖程度降低。对东北地区这样的老工业基地,选择迁出的劳动者和企业相对较多。同时,城市的空间结构也会随着生产模式改变而变化,越来越多工厂向基础设施条件更好的新城区转移,人口随之移动,老城区陷入萧条,影响城市整体发展。

2. 大城市“相对收缩”

城市“收缩”并不单纯是城市“扩张”的对立面,而是城市发展到特定阶段而出现的一种状态,人口流失是城市收缩的典型表现,除此之外,还会表现为经济衰退、持续失业、企业运营不良、基础设施闲置、城市财政收入陷入困境(徐博等,2014)。这种人口流失之外的表现与东北地区大城市尤其是沈阳、大连、长春和哈尔滨四座中心城市遭遇的困境极为相似。

从人口迁移来看,东北地区大城市、特大城市尤其是中心城市人口仍不断增加,2014—2018 年,大连市、沈阳市、长春市和哈尔滨市的市辖区人口增长率分别为 33%,13%,20% 和 16%,但是,城市人口增加并不能说明东北地区的大城市没有陷入城市收缩隐忧。一方面,东北地区连续多年呈现人口外流状态,中小城市的人口流失尤为严重,而东北地区大城市依靠吸纳中小城市迁出人口暂时保持着人口净增长;另一方面,东北地区大城市面临着各方面发展限制,与同时期同类型国内其他地区城市相比,东北地区中心城市的增长速度已经远远落后。因此,东北地区大城市虽然还不须直接面对城市收缩问题,但是,在与其他地区城市比较中,已经呈现"相对收缩"状态,需及早规划布局,实现城市高质量增长。

为了更直观地反映大城市"相对收缩"状态,本书在东部地区和中部地区选择与东北地区大城市功能定位、角色分工相近的城市,并在其中选择城市规模、人口数量、经济实力相近的城市,以 2009 年为基期,考察 2009—2018 年东北地区中心城市和其他地区城市增长差异,得到表 5-3。由表 5-3 不难发现,一方面,在 2009 年,与沈阳、大连、长春、哈尔滨四座城市发展状态相近的城市,在 10 年来取得的发展成果均显著高于东北地区四座城市,不仅城市规模扩张得更快,而且经济实力提升的幅度也更高;另一方面,东北地区沈阳、大连和长春三座城市,在 10 年发展中,城市扩张比例与人口增加比例差距较大,而这种差距在其他地区城市发展的过程中并没有明显表现出来。

表 5-3　东北地区和其他地区同类型城市增长差异

城市		2009 年			增长比例		
		市区常住人口/万人	建城区面积/平方千米	地区生产总值/亿元	市区常住人口/%	建城区面积/%	地区生产总值/%
东北地区	沈阳市	512.23	395	3 667	17.3	41.8	53.2
	大连市	302.01	258	3 020	32.4	56.6	96.6
	长春市	362.32	365	2 053	22.0	48.5	178.0
	哈尔滨市	474.7	345	2 272	16.1	28.1	109.4
其他地区	武汉市	514.97	475	3 889	71.7	52.4	281.8
	青岛市	275.47	273	2 789	88.0	161.9	233.6
	济南市	348.24	336	2 513	59.1	56.0	189.4
	杭州市	429.44	393	4 070	47.9	56.5	207.3
	郑州市	285.01	337	1 432	34.7	61.4	320.0

资料来源:2010 年中国区域经济数据库。

由此可见,东北地区大城市"相对收缩"主要表现在两方面,一是城市发展的速度落后于同类型其他地区城市,城市对人口的吸引力下降;二是东北地区大城市人口城市化进度落后于土地城市化进度。

得益于东北地区完善的系统的工业体系,东北地区早早建立了较为完善的城市体系。但是,在市场化改革、经济危机和资源枯竭等内、外部冲击之下,东北地区经济发展陷入停滞,中小城市小企业率先陷入破产危机,地区产业网络缺失了必要环节;计划经济向市场经济过渡,东北各工业城市之间产业同质化的弊病迅速暴露出来,产业转型不及时,恶性竞争替代了原有合作关系;产业体系瓦解和经济实力下降,大城市带动辐射作用大幅下降,尤其是对周边小城市的影响力被严重削弱,原有城市体系被割裂,城市间联系减弱。而大城市内大型、特大型工业企业不得不独立面对经济结构转型、产业升级带来的各种困境,无法支持自身所在城市维持高速增长,原本企业和城市相互支持共同发展良性互动变为企业与城市互相牵绊、掣肘的恶性循环。

基础设施水平和基本公共服务水平是衡量城市发展质量的重要指标,也是城市长久发展的重要基础。低水平的基础设施和公共服务水平不仅会制约城市发展,还会造成城市无序、低效扩张,埋下城市收缩隐患。东北地区城市,尤其是大城市,往往拥有一到多个大型国有企业,在过去发展历程中,国有企业承担了很大一部分城市职能,为企业员工提供基本公共服务。但是,不同城市、不同实力的企业提供的基本公共服务水平参差不齐。同时,随着国有企业社会责任逐步剥离,城市基础设施和公共服务需求缺口扩大,城市财政压力不断增加,成为城市发展的负担,无法保证公共服务产品及时更新。此外,在过去较长时间发展过程中,东北地区大城市基础设施建设和基本公共服务水平相较于其他地区已经有了一定领先优势,但是,随着近年来全国范围内城市化快速推进和城市质量大幅提高,东北地区大城市基本公共服务产品的供给能力已经基本接近极限,且公共服务产品的质量与市民需求之间的差距越来越大。城市交通、规划、通信、医疗、教育、卫生等问题日趋突出。在城市基本公共服务水平难以满足需求的情况下,现阶段集聚在大城市的人口就会向区域外部大城市或特大城市迁移,人口城市化的进度落后于土地城镇化的进度,最终埋下城市收缩隐患。

二、东北地区城市"精明增长"理论逻辑与现实路径

与西方国家城市发展的传统路径相比,东北地区城市收缩是一种"非典型收缩"状态。一方面,在人口流失、产业衰退的同时,没有表现出明显的空心化,市辖区仍然具有较强集聚力;另一方面,城市人口、产业收缩的同时,城市空间规模并未停止扩张。显然,以解决城市空心化问题为核心的西方收缩城市治理经验(高舒琦,2015)并不能直接指导东北地区城市实践,相对来说,专注于解决城市蔓延的"精明增长"理念中的部分原则反而可以为东北地区城市治理提供更多借鉴。

1. 从"收缩"到"精明增长"

东北地区城市收缩与西方国家城市收缩特征相似,但本质不同。东北地区城市发展虽然更符合"收缩城市"特征,但问题的本质更接近西方"城市蔓延"导致的城市空间、产业结构和人地关系失衡,因此,从实际情况来看,"精明增长"理念在紧凑型发展、保护城市资源环境、提高资源利用效率和提高居民生活质量原则对于破解东北地区城市收缩困境显得更为有效。

城市紧凑型发展针对的是空间利用效率低下问题,强调充分利用城市存量空间,避免盲目扩张,优化城市空间。"美国精明增长联盟"对城市紧凑型发展的表述为,充分利用城市存量空间,减少盲目扩张;加强重建现有社区,重新开发废弃、污染工业用地,以节约基础设施和公共服务成本。

保护城市环境资源针对的是传统的粗放式发展遗留问题,Bruce 将节约资

源城市发展模式定义为精明增长,并提出中国城市正处于发展的十字路口,需推广城市精明增长。提高资源利用效率是城市紧凑发展和保护城市资源环境的必然手段。紧凑型城市要求城市在现有存量空间内创造更高收益,就必然要重新开发已有废弃的、低效使用的土地,提升土地使用效率。城市在规划和发展过程中摒弃粗放的发展方式,用更低投资成本来获取更高收益。如梁鹤年提出使基础设施达到最高使用密度来实现城市精明增长(梁鹤年,2015)。"精明增长"理论框架,如图5-1所示。

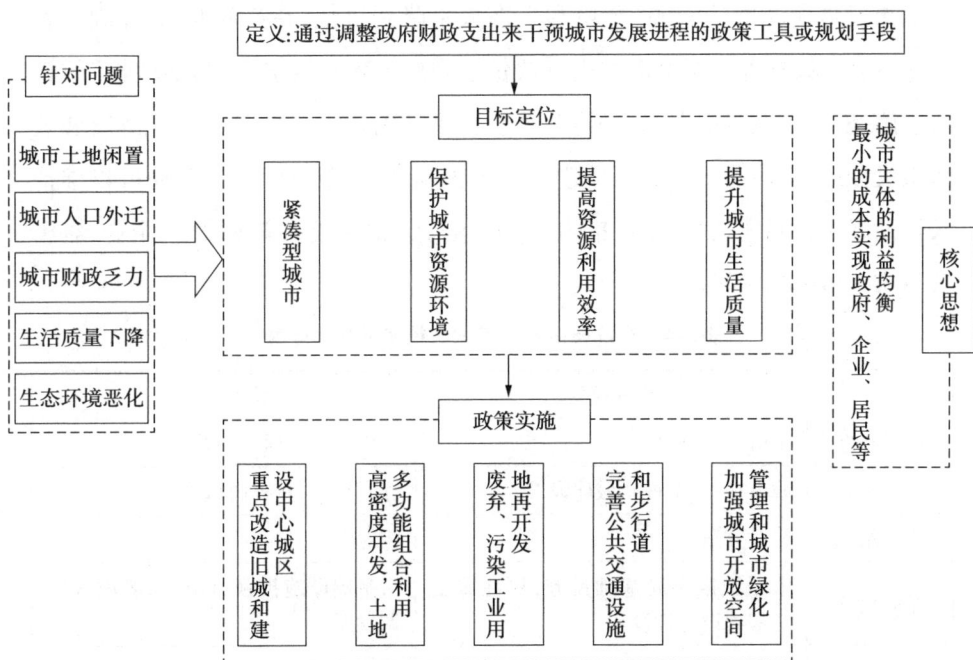

图 5-1　"精明增长"理论框架

提升城市生活质量是精明增长理念的最终目的,城市化是土地城市化、人口城市化和产业城市化相互配合的系统过程,而最终使人们在城市工作并定居的激励源于城市为市民提供的医疗、教育、卫生等公共服务和便利的城市设施。近年来,一系列城市问题出现的根源正是城市不加控制地扩张和低效蔓延,而精明增长强调城市经济增长与城市生活质量提高相一致。因此,精明增长理念倡导限制城市规模、遏制环境破坏、提升城市资源利用效率、提高城市公共服务等来提升城市质量,打造宜居城市。

简言之,"精明增长"在理念上倡导城市紧凑型发展,注重设计和规划城市中各种尺度单元结构(刘志玲 等,2006)。在具体政策手段方面,偏好通过行政手段和政策引导、干涉、规划城市发展的方方面面,如城市经济、社会发展、空间格局、资源环境、城市管理和制度保障等,倡导政府积极的宏观调控,最终达到城市土地开发和基础设施建设良性循环,最大限度地利用城市资源,把城市发展所花费的资源、环境和生态成本降到最低,在产业发展、基础设施和基本公共服务等方面平衡城市有效供给和居民现实需求。"精明增长"的核心思路是,在实现城市生态、经济和社会公平的前提下,讨论环境、经济发展效率最大化问题,并通过政策引导建立长效机制,保证现阶段良性互动可以维持长远发展。精明增长理念的"精明"之处,在于以最小成本实现政府、企业、居民等城市主体的帕累托最优。

表 5-4　传统城市发展模式与精明增长的差异

	传统模式	精明增长
增长目标	城市经济体量	政府、企业、居民利益
增长模式	城市扩张,重视新城建设	存量发展,重视内城改造
空间结构	相对分散	相对集中
基础设施	依据城区布局基础设施,更注重新区基础设施建设	沿基础设施扩张城市,新老城区协调发展
资源环境	粗放式增长,资源利用效率低	重视环保和资源高效利用,注重城市开放空间建设
土地使用	优先保证新区供给,不同片区土地用途相对单一	土地使用途径和配置多元化,多种功能综合利用
城市规划	政府主导	政府主持,企业市民共同参与

在此基础上,我们归纳整理精明增长理念,比较精明增长模式与传统增长模式的异同(表5-4),为精明增长理论实践应用提供借鉴。首先,在城市发展规

划层面,应该充分考虑城市各主体的利益诉求,鼓励各主体参与城市发展规划,提升城市现有资源禀赋的使用效率实现存量发展;在城市的空间结构层面,已有城区改造升级应该优先于新城区开发,通过公共交通线路延伸和基础设施建设带动城市扩张;在具体的政策手段方面,建立相应行政法规保护城市环境,通过财税政策引导城市公共服务水平提升,充分利用决策信息开放平台,实现城市规划和政策决策具有可预见性,调动城市内企业、居民共同参与城市规划和发展。

2. 东北地区城市"精明增长"的创新模式

现阶段,东北城市面临的核心问题仍然是人口流失、产业衰退、资源枯竭、财政乏力、城市质量下降等。相应地,精明增长的解决之道应该是:存量发展、产城融合、多方参与、系统规划。

存量发展即重视老城区现代化、智能化改造,是东北地区城市精明增长的核心思路。存量发展不是城市经济不增长、规模不扩张,而是平衡新老城区发展顺序,保证老城区各项设施与新城区处于相同水平。东北地区城市发展起步较早,基础设施和工业体系较为完备,存量发展思路可以最大限度地发挥东北地区现有资源的价值,以较低成本稳定地区经济。

产城融合,即统一规划城区和园区,用城市发展思路和原则建设园区,是东北地区城市精明增长的动力保证。东北地区城市化进程与工业化密切相关,在城市发展中大型国企参与度极高,因此,城市发展的首要问题是安置产业。产城融合可以使产业和城市发展良性互动,在城市规划中为产业发展预留空间,将园区作为城市的有机延伸,用城市发展原则和建设标准布局产业园区,园区和城区形成一个整体,共享城市服务便利,破解园区"孤岛"困局。

多方参与即在城市发展中引入企业和居民的力量、充分参考他们的意见和利益诉求,政府职能由主导城市建设转为服务城市发展,多方参与是东北地区城市精明增长的基本原则。精明增长强调城市各主体能够表达各自的利益诉求,达成利益均衡,从而保证各方都有足够激励参与城市建设,这一点完全适用于东北地区城市发展。一方面,经过多年发展,东北地区政府主导城市发展的能力降低,企业和个人对城市发展的影响力增强,须建立更有效渠道,汇集更多力量,推动东北地区城市发展;另一方面,赋予企业和城市居民更多参与权,可以更好地维护企业和居民利益,吸引企业和人才回流,缓解城市人口和企业流失。

系统规划即全面、系统地规划城市和周边地区,包括中心城市和城市群发展规划、城区和周边土地开发利用方案、城市各类功能区空间格局等,是东北地区城市精明增长的制度保障。城市精明增长依赖政府具有预见性、整体性、系统性规划,通过政策倾斜引导各项资源合理分配,实现预定的发展目标。

3. 城市"精明增长"的现实路径

在理论研究和城市治理实践中,精明增长理念始终保持着一个核心诉求,即平衡和最大化政府、企业和居民等参与主体的利益,实现"土地—产业—人口"空间布局合理化,形成发展合力,这是前文所说精明增长的"精明"之处。在这个核心之上,结合东北地区城市特征及发展面临的困境,我们可以探索东北地区精明增长的现实路径。

(1)强化老城区改造建设,提高土地利用效率

东北地区是我国城市化起步较早的地区,并长时间保持着城镇化率高速增长状态。但是随着东北地区经济陷入萧条,产业支撑城市发展的力度下降,城市更新缓慢,城市质量落后。关于老城改造,一方面,可以最大限度地开发老城区教育、医疗、文化、卫生资源优势;另一方面,在东北地区投资下降大背景下,以较小成本更新城市面貌,可以避免"新城新,老城老"尴尬落差,较为彻底地改善城市形象。

(2)将城市规划和交通系统、基础设施规划有机结合

东北地区城市规划和建设一般遵循着"新区规划—基础设施建设—新老城

连通一人口、产业、机构迁移"传统模式。精明增长强调公交导向发展模式,通过交通路线和基础设施来带动城市发展。相比而言,传统模式很容易割裂新老城区,并且在新老城区之间形成相对落后的城郊地带,极大地浪费资源;而通过交通系统和基础设施覆盖来扩张城市则可以实现城市自然增长,消除城区间真空带,也有利于布局新城区公共交通和基础服务,提升城市承载能力,规避潜在城市病。

(3)重建城市体系

精明增长更多关注的是单个城市规划与发展,但是东北地区城市产业门类相似,城市之间影响深远,重建城市体系就显得尤为重要。一方面,培育多样性和专业化兼有的中心城市,扩大中心城市对本区域的辐射范围、增强参与国家乃至国际分工的竞争力,引领城市群发展;另一方面,完善城市间快速轨道交通和通信技术,削弱地理空间影响,利用发展水平不同、规模及特点各异的城市充当城市网络结点,补充和强化区域中心城市的职能。

(4)改变增长方式,加强环境保护

环境、经济和发展是精明增长关注的核心问题,精明增长将城市开发和生活质量联系起来,利用经济增长来改善城市环境,通过城市环境改善来吸纳更多人口和产业,进一步推动城市发展和经济增长。精明增长的具体内容包括防治空气和水源污染,扩大城市绿地规模,优化城市开放空间等。这一理念与东北地区城市未来发展的趋势相契合。东北地区城市中,资源型城市、重化工业占比很高,长期资源开采和重化工业发展对城市自然环境破坏较为严重。而随着人们物质生活水平不断提高,环境因素不仅日益成为制约城市经济发展质量提升的重要因素,是城市保持稳定可持续发展的关键约束变量,还是居民评价城市质量的重要标准之一。

(5)推动多方参与城市治理

治理方式改革是精明增长理念在传统增长模式上的重要创新,这与我国城

市化进程中所倡导的"以人为本""人的城市化"等理念异曲同工。现阶段,东北地区城市规划逐步推行公众参与、市场机制和政府调控相结合模式,披露和解读规划信息,号召公众参与其中。但是,从相关制度执行结果来看,公众参与度不高,意见征集、反馈机制有待完善,规划的动态调整机制有待建立,仍然需要较长时间来扩大宣传相关政策制度,逐步培养公众的参与意识。与普通公众相比,涉及自身利益的企业参与城市规划的动机更为强烈,但是,保证企业参与决策的制度尚未建立起来。因此,应该尽快立法,明确企业参与的法律地位,并规定企业参与的方式、程序、内容及相应的奖惩措施,在部分企业试点并逐步推广。东北地区城市精明增长路径的逻辑脉络,如图5-2所示。

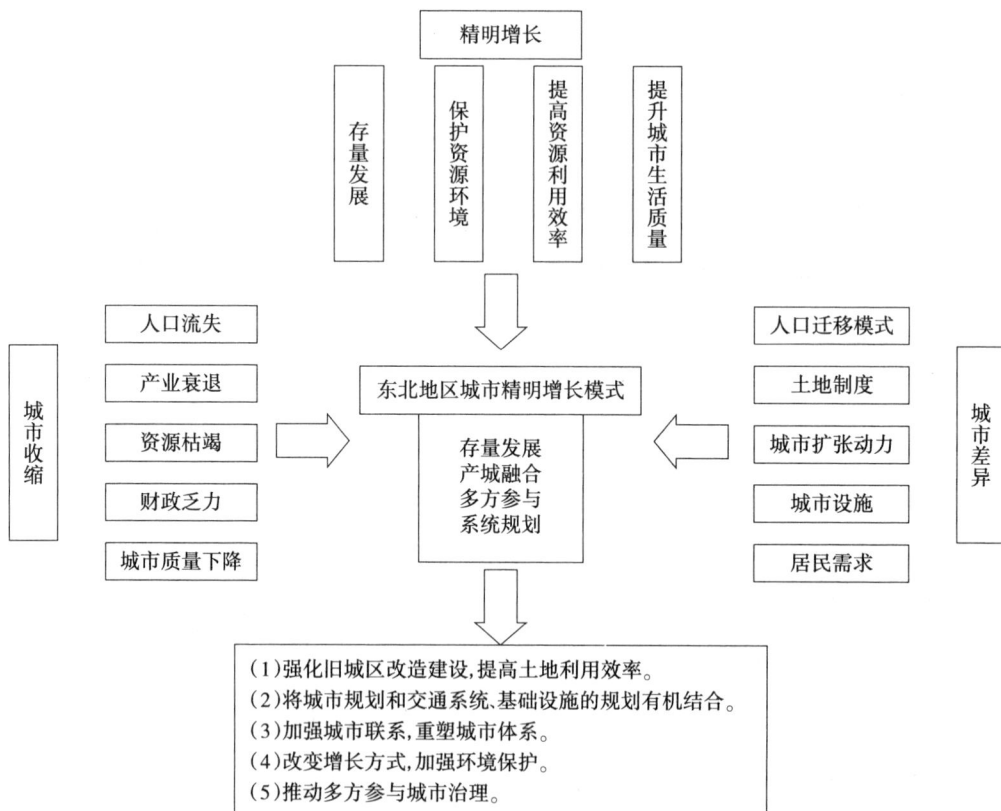

图 5-2　东北地区城市精明增长路径的逻辑脉络

三、东北城市"精明增长"政策建议

随着国家的各项事业发展进入"新时代",东北地区进入了全面振兴的关键阶段,需要新的动力来支撑地区发展,城市群和中心城市作为承载发展要素的主要空间形式,在区域发展中,地位越来越重要。因此,推动东北地区城市进入精明增长路径,将有效地改善东北地区经济、社会发展环境,为东北振兴提供源源不竭的动力。但是,城市是一个系统的经济单元,而精明增长发展模式对城市内各主体的要求更为复杂,须建立更为有效的政策体系。

1. 坚持存量发展

现阶段,东北地区城市化建设仍然以城区扩张和新区建设模式为主,单中心的圈层式城市或双中心的扁平式城市形成。在未来5~10年内,东北地区城市化发展应该以提升城市质量为主,降低城市的蔓延速度。

(1) 权衡新老城区建设

一直以来,东北地区城市规划秉持"新城开发与老城更新"并举思路,但是,在实际执行过程中,新城开发的进度远远领先于老城更新的进度,而且城市的优质资源往往没相应地向新城区迁移,使城市设施和经济发展需求失配。因此,东北地区城市存量发展的首要任务是转变规划思路,对老城区基础条件较好、建设空间大而新城区发展乏力的城市,应将老城区更新置于高发展优先级,集中资源完成老城区改造升级;对老城区设施陈旧、更新困难而新城区发展迅速的城市,应逐步分离老城区与新城区的职能,推动经济中心、行政中心、文化教育中心等关键城市职能和城市资源向新城区转移,仅保留老城区居住生活职能,为城区升级改造提供空间。

(2) 提高土地开发效率

在东北地区现有城市规划中,"盘活存量土地"已经逐渐得到重视,如盘查

"净地不净"、闲置的土地、盘活停建缓建工程等。但是,这些政策的关注点在于土地是否处于正常的"开发状态",而不是在现有的空间格局下城市土地是否得到了最优使用,即关注土地开发"量"。城市存量发展更须关注城市土地开发"质",如建设功能多元的综合体,充分利用地上和地下空间,具体的措施包括建设商业—城市服务综合体、扩建立体停车场、规划地下管廊、布局公园集群及城市景观带等。

(3)建设智慧城市

在现有新城规划中,经济、社会和生态环境协调发展,人与自然、人与产业和谐发展的第三代城市规划正成为主流,现代科学技术推广和普及也使得智慧城市由理念走进现实。因此,老城更新规划不应该局限于道路拓宽、建筑重建传统模式,应该更高标准、更系统地规划。如通过信息技术,以物联网为载体,智能化改造城市的自然、经济、社会系统,重组传统的工业和服务业,提高城市发展效率。根据城市的特点、功能、历史文化等来进行顶层设计,划定智慧城市建设的主体方向,在这一大框架下设计、引进城市发展的智能子系统。明确应用导向,从城市居民生活最密切的交通、医疗、教育等基本服务入手,多元化供给主体,建立竞争制度。注重系统的宣传和推广手段,扩大智慧项目的普及范围(孙久文 等,2019)。

2. 重塑城市体系

经过多年发展,东北地区以哈尔滨、长春、沈阳和大连为核心的哈大齐、长吉图和辽中南城市群逐渐发展成熟。但是,与其他地区尤其是东部地区城市群相比,东北地区城市群中心城市实力偏弱,城市联系不强,城市之间带动影响能力不足。精明增长强调城市依托交通干线和基础设施调整空间布局,限制城市范围,提升城区密度,使城市发展由彼此独立的"静态"转向相互影响的"动态",在东北地区形成以三大城市群为核心的城市体系。

（1）哈大齐城市群

哈大齐城市群以哈尔滨为中心,涵盖大庆、齐齐哈尔、肇东、安达等城市,是黑龙江省工业化水平最高的地区。该城市群在现有城市群的基础上,依托哈大铁路,拓展城市群的北向发展通道,利用满洲里和绥芬河口岸对外开放交流便利条件,建设对俄经贸合作的综合平台,提升城市国际服务功能,扩大影响,辐射远东地区;依托省内城市间高铁网络,打通与黑龙江省东部地区牡丹江、佳木斯等城市的联系,形成联系较为密切的经济圈。哈尔滨作为中心城市,强化自身的辐射带动作用,建设科技、金融、会展、物流服务中心,为城市群内部石化、林业、农业、新能源、物流运输等产业提供服务与支持;打造对外开放的交流的平台,打通连接俄罗斯和欧洲各国的通道,吸纳国外先进生产要素,推动国内产品进入国际市场。

（2）长吉图城市群

长吉图城市群的发展核心是长吉图开发开放先导区,以延吉市、龙井市、图们市作为开放前沿,以长春市和吉林市作为发展依托,建成面向东北亚的区域发展中心和经济开放平台。该城市群在长春和吉林连接带上,依托现有产业基础,形成轨道交通、汽车及汽车零部件、石油化工、生物化工等产业集群。长春市同样需与周边吉林、松原、四平、辽源进一步整合,充分发挥长春作为中心城市在经济、社会、文化、科技等方面建设的引领作用。在城市内部,构建以公共交通为主体的城市交通体系,完善和延伸公共交通体系,优化与拓展城市空间格局,推广使用新能源公交车和新能源汽车。改造、改善老城,分离城区职住,降低交通系统通勤压力。在城市外部,轨道交通和公路交通打通城市间和城乡间联系,并以交通系统为基础,构建城市之间、城乡之间人员流动、货物流通、信息交换综合要素流通系统。

（3）辽中南城市群

辽中南城市群的中心城市为沈阳市和大连市,涵盖鞍山市、抚顺市、本溪市、营口市、辽阳市、铁岭市、盘锦市,是东北地区对外开放的重要门户,全国最大的综合性重工业基地。大连市应该利用港口区位优势和丰富的海洋资源,成为东北亚国际航运中心和国际物流中心、辽中南城市群金融中心、商贸中心和服务业中心,和沈阳市城市职能互补。沈阳市作为辽宁省政治中心和工业重心,应该强化与周边城市的联系合作,协同发展,成为全国装备制造业中心。在城市群内部,为城市赋予不同分工角色,充分发挥大连和沈阳的集聚、辐射和带动作用,打破行政区划壁垒,形成统一协调的经济区发展模式。

提升沈阳的城市地位,将其建设为国家中心城市,集中整合东北地区城市群优质资源,明晰各城市产业目标,避免产业同构,优化产业布局、促进产业融合,统筹地区发展,提高区域综合实力和竞争力。明确各城市发展目标和功能定位,以沈阳市为核心,与城市群内各级城市联结成线,辐射带动城市周边乡镇发展并最终扩散成面。

将辽中南城市群建设为国家级城市群,与京津冀、长三角、粤港澳大湾区国家级城市群协同发展、优势互补。现阶段,我国东部沿海地区形成了京津冀城市群、长三角城市群和粤港澳大湾区三大支点,带动东部沿海地区扩大开放、辐射内陆腹地。在纳入辽中南城市群后,支点将由三个变为四个,完整覆盖东北到华南全部沿海地区,形成多层次、多渠道、全方位开放格局。

3. 推进产城融合

东北地区城市与产业之间密切联系,使单一发展城市或产业的政策难以收到预期效果,因此,产城融合是东北地区城市建设的最佳途径。挖掘城市的要素禀赋、区位条件和资源环境,形成产业发展的比较优势,对传统优势产业的产业链、价值链升级改造,形成新的发展动能,反馈城市。此外,随着新冠肺炎疫情降低,5G、人工智能、工业互联网、物联网等新型基础设施建设提速,为产业转型升级、城市产业良好互动提供了绝佳发展机会。

（1）产业园区"城市化"

拥有一个或多个"产业片区"的城市在东北地区并不罕见,在度过初始投资阶段的红利期后,这些城市产业城区发展后劲不足,在与其他城区竞争中败下阵来,城市整体水平受限制。同时,在规划设计的过程中,这部分城区过度强调产业发展,忽略了居民居住生活职能。应该重新规划这部分城区生产、生活片区,以城市建设的标准规划设计,将影响城市景观的企业外迁或强制技术改造,适当分离生产区和生活区,在生活区建设高水平的服务业综合体,提升居民高质量消费的供给能力和供给水平,使产业园区可以真正地融入城市,成为城市的一部分。

（2）城市建设产业化

城市精明增长对城市质量要求更高,城市建设所能带动的产业变得更加多元、系统。在东北地区经济陷入衰退后,各级城市纷纷有意识地培育信息技术、生物制药、高端装备制造、新能源汽车、新能源、新材料等战略性高端产业,高质量的城市建设正好可以为这些产业制造大量需求。如通过城市居民对保健、医疗服务的需求发展大健康产业,通过老城区改造推动新能源新材料产品,通过城市的智能化改造推广和布局现代网络、通信技术,推动产业化发展。以城市建设的技术需求为导向,优化技术创新、开发环境,推动与高校、科研院所的产学研合作,注重人才队伍建设,向传统企业推广技术成果,形成新老产业协同发展的产业集群。

4. 完善制度保障

本质上,城市精明增长仍然是政府人为调节城市发展,政府需要强有力地干预,这也就意味着,城市精明增长的最终效果会受到政策变动影响,那么,东北地区城市精明增长的长效机制就需完善的制度提供保障。

城市精明增长更注重城市内企业、市民利益诉求的表达和实现,在这一前提下,让更多企业和市民参与制定和调整城市发展规划就显得尤为重要。而东北地区由于国有企业比重大、计划经济发展模式影响较为深远,城市发展更倾向于受政府和大型国企主导。因此,必须提高企业和市民的参与度和话语权,转变政府职能和定位。

首先,建立畅通有效的基层参与制度。从规划参与主体多元化的角度,听取意见,宣传、推广公众参与程序,使民意调查、信息公开的制度切实发挥效用,探索企业主体参与城市发展规划的正式途径。其次,建立具有竞争力的鼓励人才落户制度。在各地愈演愈烈的人才大战中,东北地区城市已经失去了先发优势,接下来,应该利用新冠肺炎疫情降低后复工期,出台一系列人才政策,提升各类人才的福利待遇,开展多渠道的就业培训,提供更广泛的就业服务,吸纳滞留在本地的优质劳动力,减缓专业技术人员外流的趋势。针对各大高校的应届毕业生,畅通企业和毕业生之间的信息交换渠道,为企业招聘和毕业生就业提供便利。最后,完善住房保障制度。现阶段,良好的住房环境仍然是人口城市化的刚性需求,因此,东北地区城市精明增长不仅不能仿照西方模式缩减住宅空间,反而须进一步完善住房保障制度,提升住宅质量。一方面,城市政府有计划地做好住宅"租、售、建"并举的保障工作,为城市的低收入人口提供保障性住房,选择区位条件较好的住宅作为高端人才的落户福利,摒弃传统"土地财政"发展思维,避免房地产过度开发;另一方面,提升住宅质量,包括老城区及老工业区搬迁改建工作,改善居住条件,完善通信、供水、供电、供气、供热等市政设施,统一布局建设城市地下管网,降低管网升级、维修对居民生活的影响,推广低碳环保的绿色住宅建设,改造城市开放空间,提高城市绿地覆盖率。

四、精明增长对东北地区城市发展的启示

当前,区域间竞争合作更为综合化、现代化,产业不再是地区经济发展的唯一决定力量,城市作为资源承载平台,在区域发展中越来越重要,以城市群、产业网

络、人力资本竞争和信息资源争夺为代表的新型发展理念将深刻影响地区发展的未来格局,城市正逐渐成为主导地区发展的新力量。虽然东北地区是我国城市化、工业化起步最早的地区之一,但是,"市的发展"仍旧没能摆脱"城的包围",曾经辉煌的工业重镇也没有逃离城市收缩的命运。因此,使各级城市重新焕发活力,重建昔日城市体系,形成城市群发展合力就成了东北振兴的关键一招。

在传统的城市发展模式中,城市建设需要大量前期投资,这对于财政拮据的东北三省地方政府来说,无疑是一座难以逾越的大山。而城市精明增长强调以"存量发展"代替传统的"增量发展",打破城市发展对投资、项目建设的路径依赖,减少新区建设带来的高额前期投入,缓解城市财政压力。同时,城市精明增长强调城市、产业、人和谐发展,可以有效避免城市空心化、城市拥挤等产业、土地、人口城市化速度不一致问题,对推动东北地区产业转型和城市化持续健康发展尤为重要。由此可见,城市精明增长是东北地区城市发展、带动东北振兴的必由之路。

2020 年,东北地区未来 10 年发展新阶段的开局之年,由技术变革带来的产业发展新业态和城市发展新形势为东北地区城市精明增长提供了重大历史契机。应该抓住机遇,稳定经济增长速度,提升经济发展质量,实现城市和产业良性互动,探索符合东北实际并具有地区特色、多元平衡、开放包容的振兴之路,希望本书的研究,可以为东北振兴的路径探索提供全新的视角。

第六章　长江经济带发展的
时空演变与发展建议

　　长江经济带战略是在国际、国内形势发生复杂变化时期提出的、关系中国经济稳定前行的国家战略。在当前中美贸易战阴云密布之时,长江经济带战略更显示出作为中国经济"压舱石"之一的作用。从历史角度来讲,早在20世纪90年代,长江经济带就被确定为国家经济发展的主要轴线,并且与沿海发展战略形成"江海一体"空间战略。所以,从长江经济带发展的战略构想提出到上升为国家战略,经历了30多年的时间。当前,长江经济带战略与"一带一路"建设、京津冀协同发展和粤港澳大湾区建设共同构成了新时代区域协调发展战略的基本内容。在习近平总书记提出"共抓大保护,不搞大开发"原则指引下,长江经济带正在进入新的战略机遇期。

　　随着长江经济带上升为国家战略,近年来,我国学术界对于长江经济带的研究呈现井喷状态,这些研究涉及区域发展、要素资源、产业发展、空间格局、绿色发展和战略构想等多个主题。其中,长江经济带发展的时空演变在相关区域经济、产业体系、空间格局等研究中受到相当高的重视。

　　从历史与时间角度去研究经济发展,是马克思主义经济学经常使用的方法。随着计量工具和数学方法兴起,马克思主义经济学的研究方法与时俱进,尤其是在研究中国经济发展问题中,展现出强大的生命力。关于长江经济带发展差异方面的研究,需从计量角度去研究经济发展的时空演变,探讨经济发展受社会环境、历史突发事件等影响的程度,并注重时间因素对经济社会系统发展的重要作用。长江经济带作为一个典型的地理空间,是演化经济地理学研究的重要对象。随着数据集发展和相关方法加强,马克思主义经济学结合演化经济学、经济地理学,对经济发展现实的解释更加有力。

本章选取空间地区生产总值演变和对区域经济存在重支撑要作用的城市体系、产业体系以及对经济未来发展至关重要的对外开放和创新五方面,从历史与时间发展角度分析长江经济带经济发展的时空演变及问题,并提出相关建议。

一、长江经济带经济实力的空间变化

1. 经济总量和增长速度的空间变化

1978 年以来,长江经济带发展成就令人瞩目,在全国经济地位较高,地区生产总值基本在全国的 40%~48%,总体呈上升趋势。其中,地区生产总值总量 1978 年为 1 516.70 亿元,到 2017 年达到了 37.38 万亿元,是 1978 年的 246.46 倍。从长江经济带地区生产总值总量占全国 GDP 总量的比重变化看,呈先波动下降后上升态势。如图 6-1 所示,1978 年为 43.87%,最高值发生在 1979 年,为 44.95%,之后波动下降,2008 年下降到 39.86%。2008 年以来,长江经济带经济总量占全国比重呈稳步上升态势,到 2020 年上升到 46.6%。其与全国经济发展综合实力对比,转折点在 1982 年、1990 年和 2008 年。这三个时间与我国改革开放、长江经济带被确定为国家经济发展的主要轴线和沿海发展战略形成"江海一体"战略以及金融危机等事件一致或稍滞后。

从长江经济带地区生产总值增速来看,1978—2020 年,年均增长速度为 14.6%,略高于全国 14.48% 的年均增速。两者同比增长率几近相同。除 1983 年全国同比增长 15%、长江经济带同比增长 10%,从而两者同比增长率相差 5 个百分点以外,其余年份两者同比增长率之差的绝对值均在 2.5 个百分点以内。

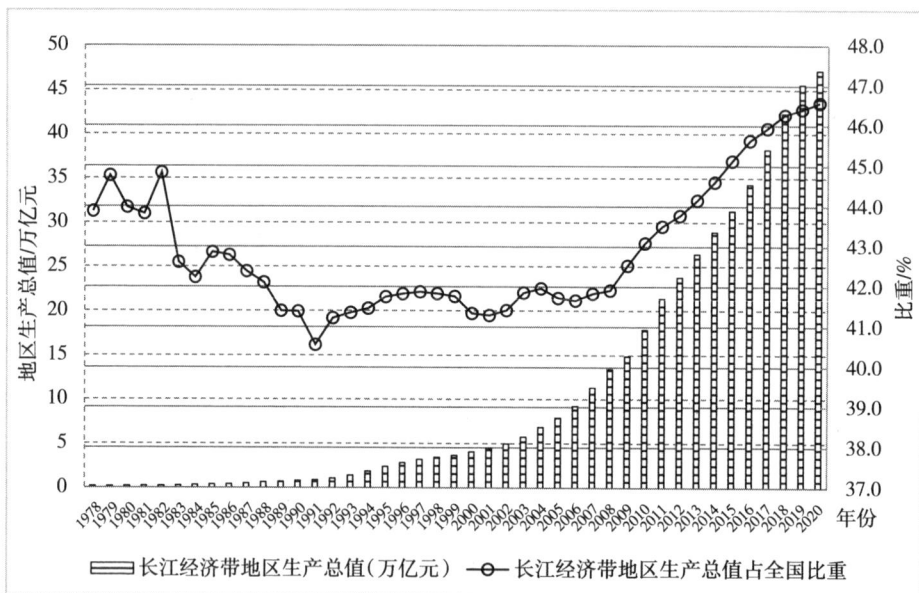

图 6-1　长江经济带地区生产总值及其比重变化图

数据来源:EPS 数据库,全国 GDP 为除港澳台之外 31 个省、自治区、直辖市地区生产总值
　　　　 的合计数。

　　须注意的是,曲线的最低点在 2008 年,这一年正好是国际金融危机爆发的
年份。这表明长江经济带比全国其他地区更深地融入国际经济体系中,也提示
我们,在当下中美贸易摩擦当中,长江经济带受到的影响也最大,准备应对措施
是当务之急。

　　长江流域东西横亘千里,根据其地理位置和经济发展水平,可将长江经济
带划分为东、中、西三大地区:上海、浙江、江苏为东部地区;安徽、江西、湖北、湖
南为中部地区;重庆、四川、贵州和云南为西部地区。长江经济带东、中、西地区
生产总值总量比重如图 6-2 所示。

　　从地区生产总值总量占比上看,1978 年长江经济带东、中、西部地区生产
总值占比分别为 42.58% , 32.90% 和 24.53% ,中部和西部地区生产总值比重
最低分别为 28.15% 和 20.31% 。2020 年,东部、西部地区生产总值占比分别上

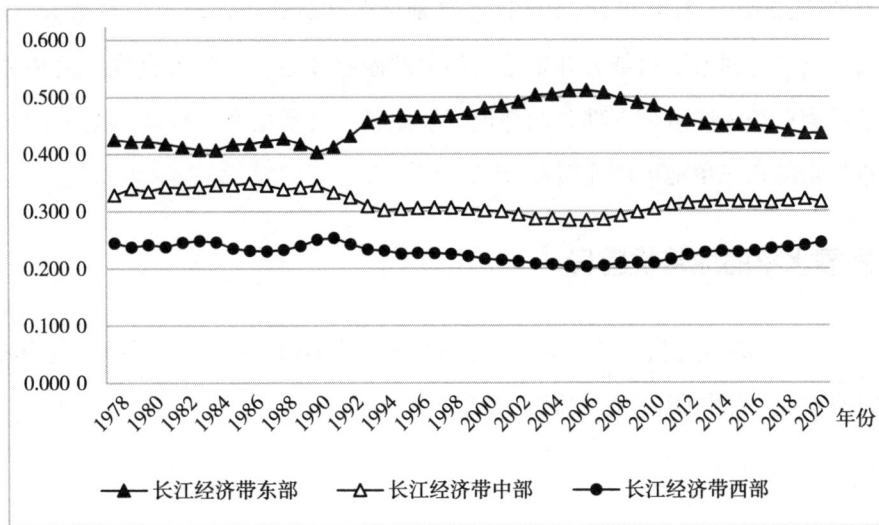

图6-2　长江经济带东、中、西部地区生产总值占长江经济带地区生产总值总量的比重

资料来源：根据"中国经济与社会发展统计数据库"数据计算。

升为43.69%和24.59%，中部所占比重则下降为31.72。东部地区地区生产总值占比始终最大。从发展过程来看，东部地区地区生产总值比重先停滞，1990年后缓慢上升，2006年达到最高点51.54%，同期，中西部地区生产总值占比降至最低点，分别为28.15%和20.31%。

速度变化决定了比重升降。从发展速度方面看，长江经济带东、中、西部增长速度虽存在差异，但变化趋势表现出明显的相似性。1979年，长江经济带东、中、西部地区生产总值同比增速分别为15.01%，19.84%和12.60%，2019年，则分别为6.35%，8.70%和9.17%，2020年，受疫情冲击，东中西部地区生产总值增长率下降明显，分别为3.48%，1.88%和5.45%，其中，中部地区受影响程度最大，这与湖北省为新冠肺炎疫情较严重地区有关。从阶段性差异上看，1991—2003年中除1996和1997年两年外，东部地区地区生产总值增速基本上高于中、西部地区；1987—1991年和2011—2018年两个时段，长江经济带西部地区经济增速快于中部地区。受国家区域协调政策影响，2007—2019年中除2015和2016年外，其余年份长江经济带中、西部地区生产总值增速超过了东部地区;2010—2020 年,西部地区经济地区生产总值增速超过中部地区。这种增长格局与国家的西部大开发战略和中部崛起战略实施效果直接相关联,特别是国家在长江经济带中部和西部地区设立了一批承接产业转移示范区,大规模承接东部长三角地区产业转移,成效显著。

2. 发展水平的地带性差异

1978—2020 年,长江经济带东、中、西部人均 GDP 都呈增加趋势,尤其是 2004 年之后,人均 GDP 突飞猛进,如图 6-3 所示。

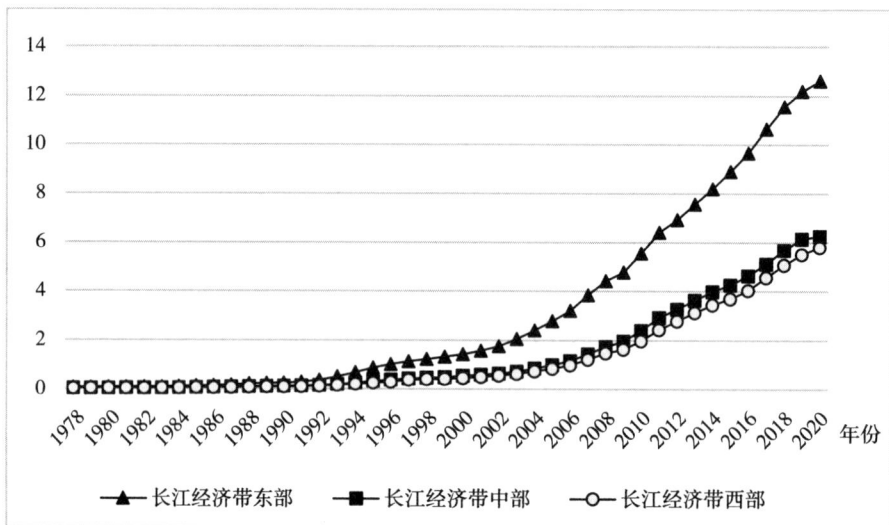

图 6-3　长江经济带东、中、西部人均 GDP 变化图

数据来源:中国经济与社会发展统计数据库。

与全国水平相比,1978 年,长江经济带人均 GDP 仅为 346 元,比全国平均值低 39 元。2010 年起,长江经济带人均 GDP 超过全国平均水平,2013 年达到 4.495 8 万元,超出全国平均水平 1 106 元;2019 年,长江经济带人均 GDP 为 7.57 万元,超过全国平均水平 5 752 元;2020 年,长江经济带人均 GDP 为 7.83 万元,超过全国平均水平 6 210 元,新冠肺炎疫情没有阻止长江经济带人均经济发展进一步超越全国的步伐。这个时期,长江经济带人均 GDP 与全国差值由负变为正,且差值在不断扩大,这充分体现出长江经济带人民生活水平不断提升的良好态势。

但是,长江经济带发展水平的地带性差异十分明显:长江经济带东部地区人均 GDP 在 1978 年就比全国水平高 219 元,2020 年已经高于全国平均水平达到 6 210 元。而长江经济带西部地区人均 GDP 低于全国人均水平的差距逐年扩大:从 1978 年的 102 元和 145 元扩大到 2019 年的 8 477 元和 14 937 元。中部地区人均 GDP 低于全国水平从 1978 年的 102 元增大到 2017 年的 8 769 元,后又小至 2019 年的 8 477 元,2020 年进一步扩大至 9 465 元,如图 6-4 所示。

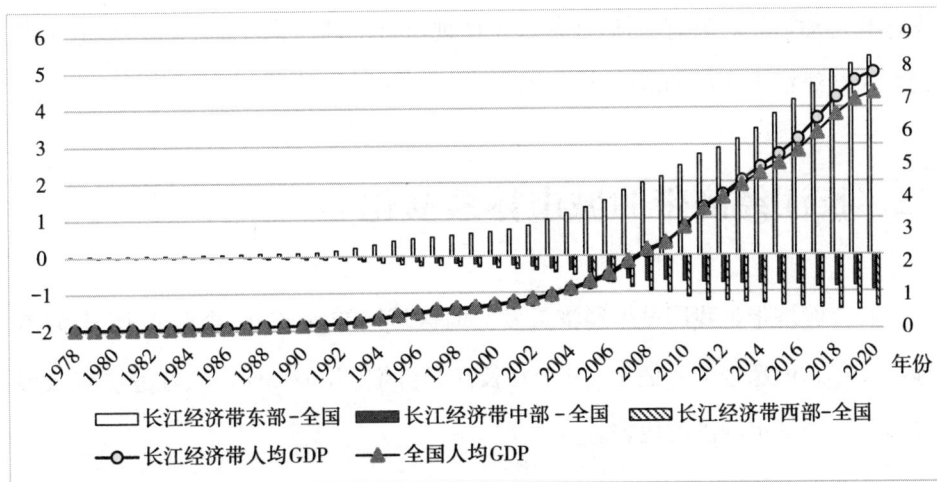

图 6-4　长江经济带和全国人均 GDP 变化及其差值图(1978—2018 年)

数据来源:《中国统计年鉴》。

对比长江经济带东、中、西部人均 GDP 的绝对差距变化,1978—1992 年,东部与中部、东部与西部、中部与西部人均 GDP 绝对差值都较小,且变化平缓,1978 年分别为 320.85 元、364.17 元和 43.32 元;而 2020 年分别达到 6.34 万元、6.80 万元和 0.46 万元(2019 年尾为 6 460 元),变化十分剧烈。

从长江经济带 11 省、市方面来看,各省、市地区生产总值和人均 GDP 标准差逐年增大,根据标准差增速,基本可以划分为 1978—1990 年、1991—2001 年、

2002—2020 年三个阶段。第一阶段标准差增速较慢,各地区经济水平较低,除江苏省外其余省市地区生产总值总量均在千亿元级别以下;第二阶段标准差增大,各省市发展离散程度增强,在这一阶段各省市地区生产总值均在千亿元以上、万亿元以下;第三阶段,标准差快速扩大,各省市经济实力离散程度加强。在这一阶段,在 2015 年贵州省地区生产总值超过万亿元之后,长江经济带各省份地区生产总值均达到万亿元级别。

这种发展水平的巨大差异,是我们制定长江经济带发展战略规划所必须要充分重视的,是制定战略规划的现实基础。这种发展差距提示我们:《长江经济带发展战略规划纲要》是总体战略安排,但还需要分区域的发展规划来做具体支撑和行动指导。只有这样,才能真正体现习近平新时代中国特色社会主义理论对长江经济带发展的战略导引作用。

二、长江经济带的城市体系演化

长江经济带是我国城市经济最发达的区域。2018 年底,全国有 16 个城市地区生产总值超过 1 万亿元,10 个在长江经济带,占 62.5%。长江经济带城市发展是中国城市经济的代表。

1. 城市体系及变化

城市是区域经济发展的重要主体,是地区经济发展在经济实力、经济结构、发展活力等方面的重要体现。根据增长极理论,城市经济作为增长极,是带动地区经济增长的动力。其基本过程是,地区经济增长极形成之后,通过集聚作用促进经济要素向增长极点集中,促使增长极长大,在增长极发展到一定程度后,通过涓滴效应辐射周围地区。

在我国经济地理版图中,不同等级城市有不同聚集和扩散效应,对于地区经济影响不同。根据中经网数据库数据,长江经济带108个地级市和上海市、重庆市共计110个城市市辖区地区生产总值占比达到长江经济带地区生产总值的50%以上。这些市辖区地区生产总值的时空演变分析可以反映长江经济带的基本面貌和城市体系的时空变化情况。

总体上看,长江经济带城市聚集效应较大,市辖区经济的比重基本呈增长态势,而且2013年以来,集聚速度变快。一定程度上,可以说,长江经济带城乡发展不平衡程度进一步加深,如图6-5所示。

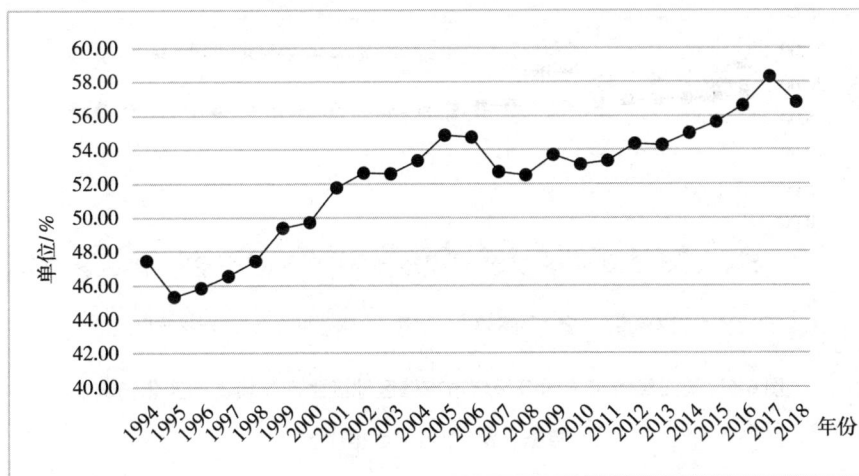

图6-5　110个市辖区地区生产总值占长江经济带比重

数据来源:中经网数据库。

根据各市2018年市辖区地区生产总值情况,将这110个城市分为四个等级:市辖区地区生产总值在1万亿元以上的上海市、重庆市、南京市、成都市、杭州市和武汉市为一级带动城市,市辖区地区生产总值在0.3万~1万亿元的苏州市、长沙市、宁波市、常州市、无锡市、合肥市、昆明市、南昌市、徐州市、扬州市、绍兴市、南通市为二级城市,市辖区地区生产总值在1 000亿~3 000亿元的贵阳市、温州市、淮安市、盐城市、襄阳市、泰州市、芜湖市、镇江市、台州市、常德市、宜昌市、连云港市、遵义市、岳阳市、株洲市、绵阳市、嘉兴市、湘潭市、湖州市、马鞍山市、九江市、十堰市、宜宾市、鄂州市为三级城市,其余为四级城市。

东部江苏省所有城市都进入该城市体系前三级,西部地区城市主要分布在三、四级。长江经济带各城市之间经济实力差距较大,2018 年,6 个一级城市市辖区地区生产总值占到所统计市辖区地区生产总值的 42.84%,而 68 个四级城市市辖区地区生产总值之和仅占 15.45%,如图 6-6 所示。

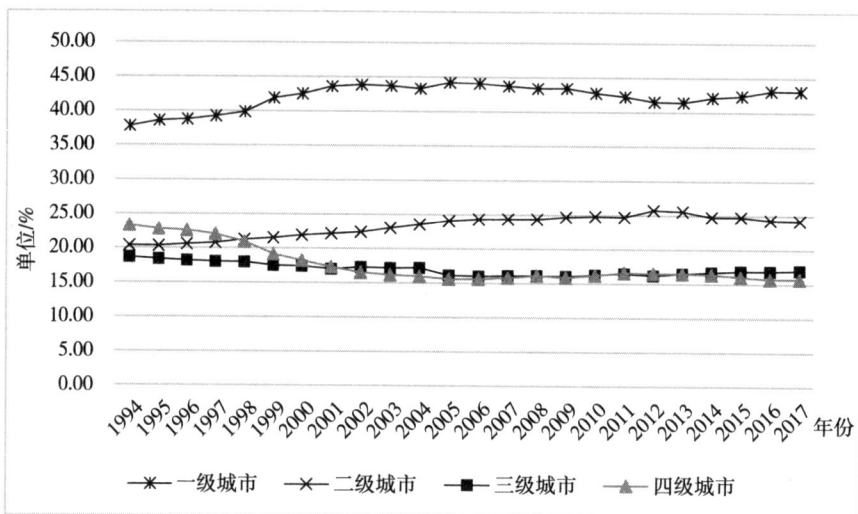

图 6-6　长江经济带不同等级城市市辖区地区生产总值占比变化情况

数据来源:中经网数据库。

从不同等级城市市辖区地区生产总值所占比重变化情况看,在所有城市中一级城市比重在 2005 年达到峰值后缓慢下降,但 2013 年以来呈现上升态势。在长江经济带中二级城市经济实力在 2012 年以前稳步提升,但到 2013 年以来有微弱的下降态势。三、四级城市辖区地区生产总值比重在 2002 年以前是下降的,之后处于较稳定的状态。

在一级城市中,上海市占比最高,呈一枝独秀状态。2001 年,上海市辖区地区生产总值比重达到最高点,为 21.17%,之后呈下降态势,2018 年下降到 13.6%。而重庆市辖区地区生产总值自 2008 年起在所统计城市中占比逐年增大,且自 2009 年起成为第二名,2017 年更是达到 8.49%,但受经济增速降落影响,2018 年下降至 7.4%。其他四个一级城市市辖区地区生产总值占比波动较

小,2018 年分别占长江经济带的 6.18%、5.37%、5.21% 和 5.12% ,如图 6-7
所示。

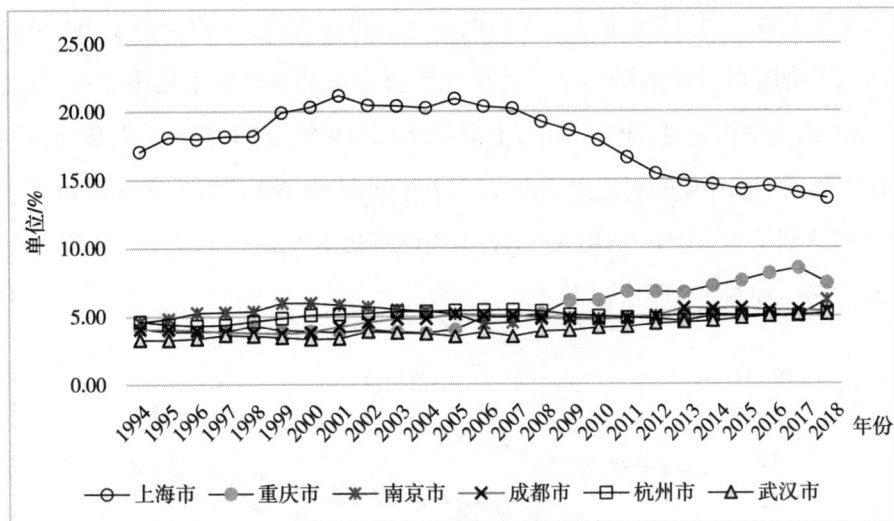

图 6-7　长江经济带一级城市市辖区地区生产总值占比

数据来源:中经网数据库。

从单个城市看,市辖区地区生产总值最大值(上海市)和最小值差距呈波动
下降态势:1995 年最高,为 731 倍,在 2017 年达到最低值,为 261 倍,2018 年上
升至 283 倍。这说明长江经济带单个城市地区生产总值极值之间绝对差距整
体上呈缩小态势,不过,2018 年之后,因尚无最新数据而无法得知趋势。

一般地,城市规模与城市对周边区域发展的带动能力成正比。长江经济带
东部地区(长三角)经济发展水平高,在城市经济上主要有三个特点:一是上海、
杭州、南京等城市的经济带动能力强,科技等要素对周边地区辐射大;二是城市
周边县域经济十分发达,昆山、江阴、张家港、常熟等都是全国排名前几位的县
域;三是网络化城市体系已经基本形成,从上海到苏州再到南京形成了一个城
市连绵区,从上海到杭州再到宁波形成另一个城市连绵区,在那里,城市边界已
经模糊,一个比肩美国新英格兰地区城市群和日本太平洋沿岸地区城市带的长
三角城市群已经出现。

2.城市化发展与城镇建设

整体上看,长江经济带常住人口城市化率迅速提高,2019年达到60.6%,但略低于全国61.1%的平均水平。长江经济带东部地区城市化率较高,且各省、市城市化率均超过65%,其中,上海最高,2019年为88.30%。西部地区城市化率最低,2017年刚刚超过50%,2019年达到60.6%,其中,重庆城市化率2017年达到了66.81%;四川在2017年刚刚突破50%,为50.79%,2019年达到53.79%,如图6-8所示。

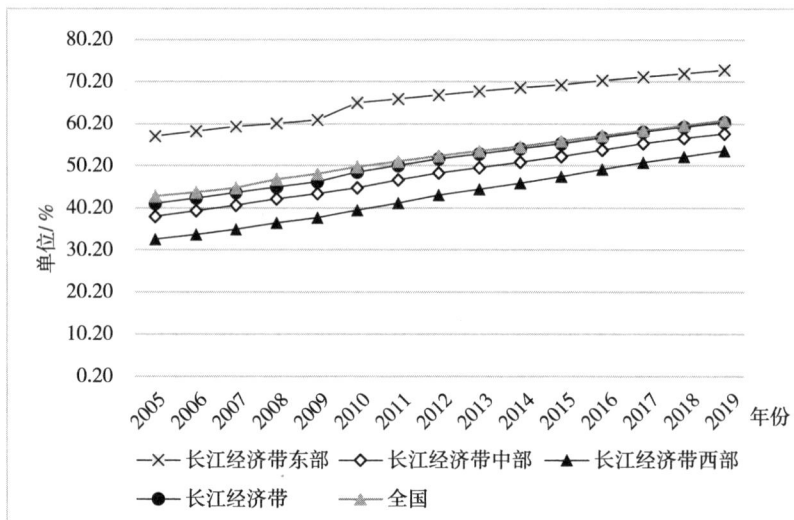

图6-8 长江经济带东、中、西部城市化率

数据来源:《中国统计年鉴》。

长江经济带城市化程度差异较大,而根据这些差异,应该有不同的城乡协调发展策略。由于长江经济带东部地区城市化程度已经较高,应该向着城乡一体化方向发展;而中部和西部地区在城市化方面的提升空间较大,从空间战略上看,中部地区有一定发展基础,应当按照武汉—长沙、长沙—南昌、南昌—合肥、合肥—武汉建设若干条发展轴带,巩固点轴发展模式;西部地区面积广大,经济发展和城市发展程度都比较低,围绕重庆、成都、昆明、贵阳建设大的增长极,同时,规划建设若干区域性增长极点,形成增长极带动区域发展模式。

因此,长江经济带发展过程中,不同地区城市化建设需要不同思路和方向,但是,各地区城市化建设都必须遵循"共抓大保护,不搞大开发"基本原则,在环境优先的基础上发展,真正把长江经济带建设成为"黄金经济带"。

三、长江经济带产业结构演变

长江经济带未来发展离不开产业结构优化。在当前的国际经济环境下,国家如何发展、应对挑战,是一个重要的课题。长江经济带应担起"中国脊梁"作用,所以,加快改革、优化结构是当务之急。

1. 三次产业结构：整体上处在工业化后期阶段

随着经济不断发展,长江经济带产业结构层次在不断提升,结构趋向合理。从三次产业增加值结构看,第一产业在地区生产总值中占比在 1982 年以后呈不断下降趋势,从 1982 年的 36.38% 下降到 2018 年的 6.90%;第二产业比较稳定,2014 年及以前比重始终保持在 40%~50%;第三产业占比具有明显上升态势,在 1979—2002 年上升较快,由 1979 年的 17.80% 上升到 2002 年的 41.24%,之后在 2012—2018 年较快地提升,由 42.75% 上升到 51.87%,并在 2015 年首次超过第二产业比重,成为第一大产业,如图 6-9 所示。

具体到各省市,1978 年,除上海、江苏、浙江、湖北、重庆五省市外,其余 6 省第一产业占比最高。2017 年,除安徽省、江西省第二产业占比最高以外,其余省、市均是第三产业比重最大,2018 年,安徽和江西两省第三产业占比也超过了第二产业。同时,除江西、江苏和湖北,其余省市第三产业比重超过第二产业 10 个百分点,其中,上海第三产业比重达到 72.88%,超过第二产业 46 个百分点,其余省份第三产业比重减第二产业比重数值在 10~20 个百分点。

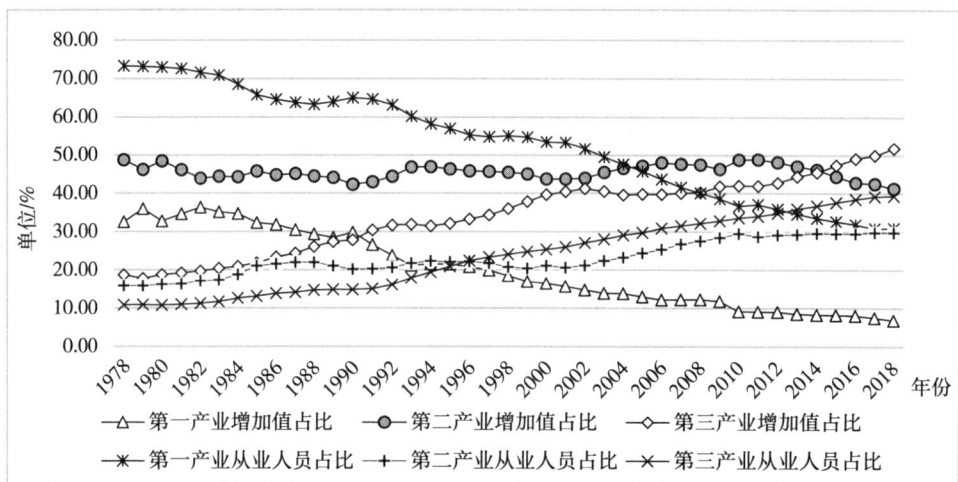

图 6-9　长江经济带三次产业产值和从业人员占比变化图

数据来源：中国经济与社会发展统计数据库。

从三次产业的从业人员结构看，1978—2018 年，第一产业从业人员比重由 73.28% 波动下降至 30.97%；第二产业从业人员数波动上升，由 15.87% 上升到 29.88%，增长近一倍；第三产业从业人员比重持续上升，由 10.85% 上升至 29.85%，且在 1996 年就已经超过第二产业从业人员比重。

根据配第克拉克定理，随着社会经济发展，第一产业的收入和劳动力比重下降，第二产业和第三产业比重上升。在三次产业之间，劳动力分配由第一产业向第二产业再向第三产业转移，长江经济带三次产业增加值和劳动力发展符合这一规律。但库兹涅茨法则指出，服务部门劳动力比重上升，但在收入中，比重不一定同比上升。显然，长江经济带三次产业发展情况再次证明了这些规律。同时，根据配第克拉克定理，在第二产业从业人员达到 40% 左右的时候会稳定下来，第三产业从业人员数则将继续增加。根据该定理判断，长江经济带第二产业从业人员数量的增长空间还有 10 个百分点左右，第三产业从业人员数量继续增加的空间还很大。

从长江经济带与全国情况比较来看，2018 年，全国第一、第二、第三产业从业人员比例为 26.11∶27.57∶46.32；三次产业增加值比重为 7.19∶40.65∶

52.16。长江经济带第三产业不论是增加值比重还是三次产业比重均低于全国平均水平,第二产业则高于全国平均水平。另外,长江经济带第一产业从业人员比例高于全国平均水平,而增加值比重低于全国平均水平,这说明长江经济带农业效率有待进一步提升;第二产业和第三产业增加值与从业人员比例之比高于全国水平,长江经济带有望在全国的第二、第三产业中具有一定先行示范等重要作用,见表6-1。

表6-1　长江经济带与全国三次产业结构对比

单位:%

		1978 年比例		2018 年比例	
		增加值	从业人员	增加值	从业人员
长江经济带	第一产业	32.54	73.28	6.90	30.97
	第二产业	48.73	15.87	41.31	29.85
	第三产业	18.73	10.85	51.78	39.41
全国	第一产业	27.69	70.50	7.19	26.11
	第二产业	47.71	17.30	40.65	27.57
	第三产业	24.60	12.20	52.16	46.32
长江经济带-全国	第一产业	4.85	2.78	−0.29	4.86
	第二产业	1.02	−1.43	0.66	2.28
	第三产业	−5.87	−1.35	−0.37	−6.91

数据来源:中国经济与社会发展统计数据库。

从上述分析来判断,总体上,长江经济带处于工业化后期,作为物质生产部门的实体经济占据十分重要的地位,任何"脱实向虚"的产业政策都不适合这个区域。

2.工业行业结构:多方面存在地带性差异

工业是国民经济的支柱,1978—2018 年,长江经济带规模以上工业企业营业收入占全国比重基本保持在 40% 以上,且在 2013 年以来有上升趋势。东部地区规模以上工业企业营业收入占一半以上,2005 年达到峰值 70% 后,呈现下降态势,2018 年下降至 49.2%,但仍然比地区生产总值所占比重高。这说明长江经济带东部地区工业对本地经济贡献较大,如图 6-10 所示。

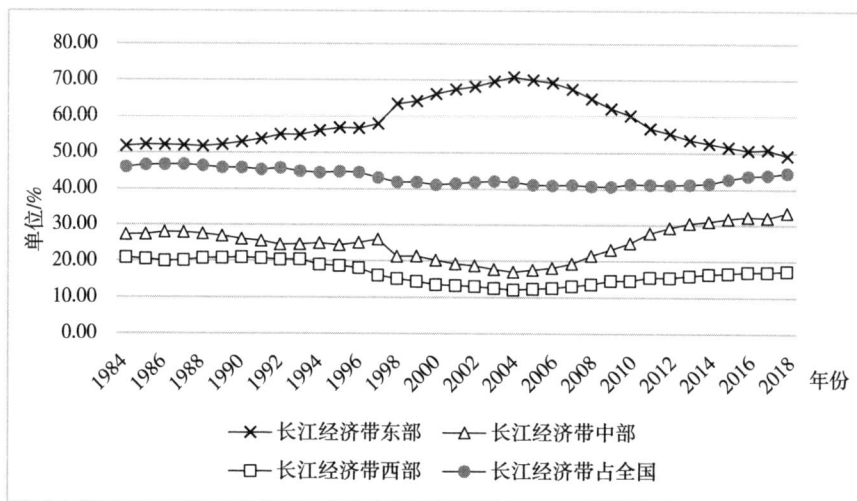

图 6-10 长江经济带东、中、西部规上工业企业营业收入占比

数据来源:中经网数据库。

根据《中国工业统计年鉴》的结构,考虑可比性,选取 24 个可比的行业:煤炭采选业、石油和天然气开采业、黑色金属矿采选业、有色金属矿采选业、食品加工工业、食品制造业、饮料制造业、烟草加工业、纺织业、造纸及纸制品业、石油加工及炼焦业、学原料及化学制品制造业、医药制造业、化学纤维制造业、非金属矿物制品业、黑色金属冶炼及压延加工业、有色金属冶炼及压延加工业、金属制品业工业、通用机械制造业、专用设备制造业、交通运输设备制造业、电气机械及器材制造业、电子及通信设备制造业、仪器仪表及文化办公机械制造业。

分析 24 个行业 2001—2016 年地区分布情况见表 6-2(销售总值是工业总产值、工业增加值、营业收入、销售收入等总量指标中唯一一个 2001 年和 2016 年各省均统计的数据,2017 年、2018 年部分省区没有销售收入数据,而且,根据增长率计算的数据与部分年鉴数据差别太大,故没采纳估算的数据,而仅使用了现存 2016 年数据),可以看出,长江经济带工业呈现明显向中西部地区转移的态势。其中,向中部地区转移更多。在 24 个工业行业中,中部地区 19 个行业规模以上企业的销售总产值占长江经济带的比重正向变动。其中,14 个行业变动超过十个百分点,增加比例最大的行业为食品制造业、农副食品加工工业、有色金属冶炼及压延加工业;西部地区该指标增加比例大于 10 个百分点的行业有 6 个,变动最大的行业为石油和天然气开采业、煤炭采选业、黑色金属矿采选业,均为资源型产业。

表 6-2　2001—2016 年长江经济带东、中、西部各行业比重变动情况

地区	行业规模以上企业销售总值占经济带比重增加百分比	行业数量
长江经济带东部	烟草加工业(11.21%)、化学纤维制造业(4.65%)、仪器仪表及文化办公机械制造业(0.37%)	3
长江经济带中部	有色金属矿采选业(5.45%)、农副食品加工工业(21.6%)、食品制造业(27.94%)、饮料制造业(11.98%)、烟草加工业(3.26%)、纺织业(13.44%)、造纸及纸制品业(12.85%)、化学原料及化学制品制造业(10.45%)、医药制造业(11.42%)、非金属矿物制品业(19.71%)、黑色金属冶炼及压延加工业(2.7%)、有色金属冶炼及压延加工业(20.94%)、金属制品业工业(18.36%)、通用设备制造业(14.23%)、专用设备制造业(18.61%)、交通运输设备制造业(2.57%)、电气机械及器材制造业(15.18%)、电子及通信设备制造业(11.24%)、仪器仪表及文化办公机械制造业(2.48%)	19
长江经济带西部	煤炭采选业(39.14%)、石油和天然气开采业(41.67%)、黑色金属矿采选业(20.82%)、有色金属矿采选业(1.67%)、食品加工工业(2.91%)、食品制造业(12.37%)、饮料制造业(14.78%)、纺织业(2.93%)、造纸及纸制品业(4.69%)、石油加工及炼焦业(13.47%)、医药制造业(0.13%)、非金属矿物制品业(7.22%)、金属制品业工业(7.41%)、通用设备制造业(5.81%)、专用设备制造业(4.22%)、交通运输设备制造业(4.5%)、电气机械及器材制造业(1.91%)、电子及通信设备制造业(9.77%)	18

长江经济带工业分布产生的这种空间变化,主要是中央始终实施的促进产业转移的政策效果的显现。在国家级 7 个"承接产业转移示范区"当中,4 个位

于长江经济带中部地区:皖江城市带承接产业转移示范区、湘南承接产业转移示范区、湖北荆州承接产业转移示范区和江西赣南承接产业转移示范区。近几年来,长江经济带发展战略把产业发展的重点放到中部地区,加上2004年以来一直实施中部崛起战略,这几项政策的叠加是中部地区产业变化的主要原因。

3. 工业技术创新: 长江经济带发展潜力所在

长江经济带工业产业在我国经济总量中体量较大,而技术创新是当今现代工业的发展命脉,因此,长江经济带的技术创新情况对全国工业发展至关重要。根据熊彼特的创新理论,产品创新是创新的重要一环,我们采用工业新产品的销售收入指标分析长江经济带的创新,可以看出,长江经济带在工业产业新产品入市方面能力较强。图6-11是长江经济带规模以上工业企业新产品销售收入占全国的比重。从新产品销售收入情况看,2012年起,长江经济带规模以上工业企业新产品的销售收入占全国的比重突破50%。此后,这一比例逐年上升,2017年达到54.12%。

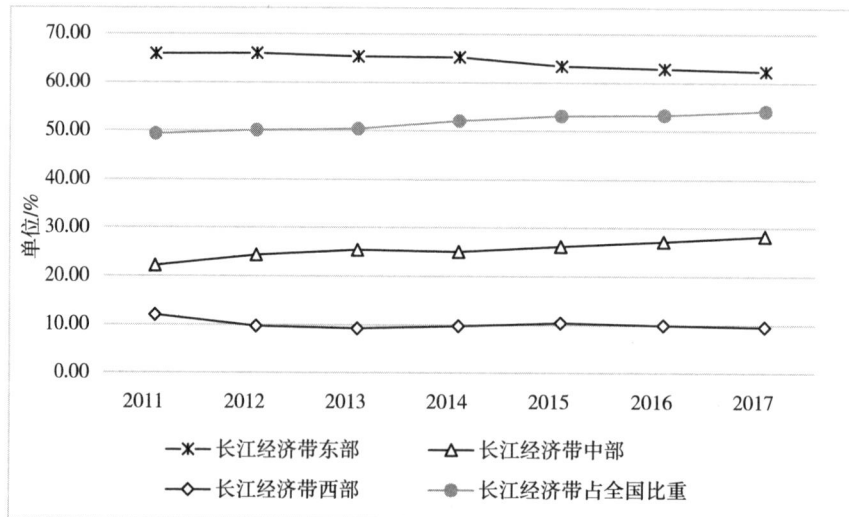

图 6-11　长江经济带规模以上工业企业新产品销售收入占全国比重

数据来源:根据国家统计局数据整理。

其中,从长江经济带东、中、西部地区来看,长江经济带中西部与东部的差距比较明显。东部地区新产品的销售收入最多,份额占60%以上;中部地区次之,为20%~30%;西部地区最少,份额仅10%左右。从各省、市规模以上工业企业新产品销售收入看,江苏省和浙江省最多,两者合计占比超过50%。最低的省份是贵州省,仅占11个省、市的5.7%。可以看出,长江经济带各省、市间市场产品创新情况差距较大。

长江经济带地区生产总值占全国的40%,而创新指标占到53%,这说明长江经济带是中国经济创新发展的火车头。面对艰难转型中的中国经济,长江经济带特别是长三角地区应当承担起主要重任;国家鼓励创新的相关政策,应当向长江经济带倾斜。

四、长江经济带对外开放

经济外向度(出口总额／GDP)是反映一个国家或地区开放型经济发展规模和水平的重要宏观指标之一,反映在国民经济发展过程中一个国家或地区经济要素与外部经济要素相互渗透、融合的能力,是经济发展水平的重要标志。

从整体来看,长江经济带经济外向度随时间变化情况与全国水平类似。同时,经济外向度在2006年及以前低于全国平均水平,自2007年后,略高于全国平均水平。

从分区域来看,长江经济带东中西部经济外向度严重不平衡。东部地区经济外向度远高于全国平均水平,是长江经济带经济外向的主要贡献者,其经营所在地货物出口额度占整个长江经济带比重在2007年最大,达到64.58%,之后波动下降至2019年32.17%。东部远高于中西部地区,2007年中部和西部分别仅为6.96%和6.49%。从经营所在地货物出口额度来看,东部与中西部经济外向度比值的最大值在2005年,分别为10.23%和10.8%。长江经济带中,西部地区经济外向度水平较低,与中西西部地区开放型经济发展规模太小、经济外向型发展情况很不平衡有关,也跟当地区位条件和产业结构中基础工业比重大有很大关系。自 2014 年以来,中西部经济外向度有增大态势,这是产业向中西部地区转移的直接结果,特别是加工贸易企业大量进入承接产业转移示范区推高了外贸依存度的结果。另外,我国交通基础设施的发达程度提高,一是长江水道通畅,运费降低;二是"汉新欧""渝新欧"等"一带一路"催生的新的外贸模式促进了外贸。

在与国际经济形势的联系方面,2008 年以后,受全球金融危机影响,长江经济带和全国经济外向度均下降明显,其中,长江经济带经济外向度由 2007 年的 36.13% 下降到 2017 年的 34.07%。长江经济带东部地区经济外向度受国际经济形势变化影响明显,将会是受国际贸易摩擦影响最大的地区,但有利的情况是,2014 年以来,东部地区经济外向度在下降。究其主要原因:一是国家政策鼓励扩大内需,电子、汽车等最终消费品的国内市场扩大,对海外市场的依赖降低;二是产业结构变化,第三产业比重超过第二产业,第三产业的服务对象基本上是国内消费者,服务贸易不发达;三是产业转移,大量加工贸易行业转到了中部地区。中西部地区受国际经济形势影响呈现一定滞后性,2008 年,经济外向度仍然比 2007 年大;2009 年,影响才被表现出,而且之后恢复较快,如图 6-12 所示。

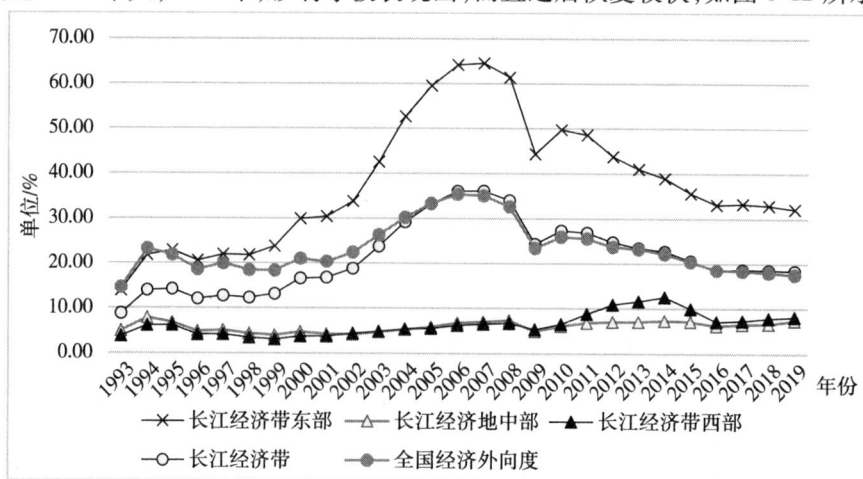

图 6-12　长江经济带与全国经济外向度情况

数据来源:EPS 数据库。

五、长江经济带发展的政策建议

从本文对长江经济带发展的时空演变分析,可以看出,首先,其经济发展时空演变受历史事件影响比较明显。长江经济带东、中、西部地区各项指标基本在 1980 年前后、2000 年左右和 2008 年后发生一些变化。而这几个时间段基本上是我国改革开放、西部大开发战略实施和金融危机影响产生作用的时间。2013 年以来,长江经济带东中西部规模以上工业企业营业收入、市辖区地区生产总值占比等相对明显地变动,是长江经济带发展进入经济新常态从而进入新时代的标志。从 2020 年长江经济带分区域地区生产总值增速与往年相比情况看,中部地区经济受疫情冲击较严重,国家的帮扶措施应重点关注中部地区。

其次,长江经济带发展的历史延续性很强,东中西部经济发展基本延续了东部领先、中部次之、西部在诸多方面相对落后的局面。目前,中西部地区无论在经济实力、城区经济实力、城市化、产业结构还是创新方面,东、中、西部梯度差异都较明显。加快承认梯度、认识梯度、利用梯度发展,是我们的任务。

再次,经济扩散效应明显,或者说,长江经济带经济活力较强。虽然东强西弱格局还没有突破,但无论从经济增长速度、各指标与全国平均水平比较还是产业结构的变化看,长江经济东、中、西部都在积极突破原有成果或发展路径。形成区域有重大带动效应的增长极,成为改变东中西部区域经济梯度差异格局的重要力量。

最后,长江经济带发展与保护问题同样十分紧迫和突出。长江经济带经济体量占全国的比重很大。同时,长江经济带流域物产丰富、人口众多,其生态环境对我国经济社会发展和人民生命安全有重要影响。因此,长江经济带发展必须是绿色的、生态的。当前,在"共抓大保护、不搞大开发"原则下,如何实现经济安全高效发展,是各界都在探讨的问题。尤其是西部地区多分布着我国禁止开发和限制开发类主体功能区,需寻找创新的发展路径。

对此,我们提出政策建议如下。

第一,支持东部长三角地区高质量发展,发挥先锋带头作用。从经济实力、产业基础、人才储备和创新条件等方面看,长江经济带东部尤其是长三角地区,无疑具有供给侧结构性改革背景下高质量发展的最优条件。长江经济带东部地区的工业基础很好,建议选取部分地区作为我国现代制造体系试验区。探索改革现代化制造业体系中研发创新、管理水平、运营体系等方面问题。长江经济带东部地区第三产业中,生产性服务业应当进一步大力发展服务贸易,扩大对外开放,增强对国际人才的吸引力,做高质量发展的领头兵。进一步推进金融实验和相关开放,提升我国金融产业及金融管理水平。

在城市化建设方面,建议长江经济带东部尤其是长三角地区推进全域城市化。在这里,全域城市化建设指公共服务和基础设施全域城市化建设。农村居民生活方式向基本类似城市居民生活方式转变,在农业方面主要向高效农业、设施农业和都市农业转变。

第二,因地制宜地实施政策,促进中西部地区发展。建立国家政策库,增强部分政策的延续性。原来东部地区发展过程中享受的国家财政、产业、金融、人才、开放等诸多政策,随着时间延续,被新的政策所取代。但是,受自身发展水平限制,中西部地区无法运用这些新的政策。因此,建议国家建立历史政策库,梳理历史政策,留存、延续符合规定的政策,增强对中西部地区发展的推动力。

强化政策的因地制宜性。在工业发展方面,中西部地区在鼓励创新创业的同时,要注重创新的适应性,避免过高要求深加工、高精尖,重点提升管理水平、制造水平,以及新技术、新设备、新的生产设计。在环保方面,鉴于环保技术水平和系统设计等问题,在划定发展规矩的同时,国家可从汇集资源、设备采购、联防联治等多方面支持中西部地区环保。

第三,建设中西部地区经济增长极,带动中西部地区发展。一是建设中西部基础设施和营商环境,提高西部地区产业多样化水平,提升中西部一、二级城市的带动力。以一、二级城市和当前成渝城市群、长江中游城市群等为抓手,构建一、二、三、四级城市及中小城镇联动发展城市化体系。中部地区以武汉为首,应借助经济外向度高优势,加大对外开放力度,促进区域产业产品转型升级,提升发展质量。西部地区进一步强化重庆的产业功能地位,发展成都、贵阳、昆明等城市的经济,形成具有较强带动能力的地区增长极。二是创新生态功能区发展路径。建议在省内或地级市内部发展飞地经济,利用受限少或不受限地区土地资源条件发展经济,解决沿江地区经济发展用地紧张和现有企业离开长江沿线后靠发展难题。三是联动发展城市群,构建多样化的城镇体系。联动发展城市群,带动周边小城市及村镇。为了进一步发挥长江黄金水道的作用,应当加快建设沿江铁路、公路和水路,尤其是要加快建设与长江水路连接的相应道路,形成区域综合交通网络。在合适的区域,特别是部分城市群内部,可以率先实施"同城化"交通体系,建设城乡公路交通,打通交通运输联系道路,为地区经济发展打下基础。在中西部地区欠发达区域,重点推进教育、医疗等公共服务水平,确保区域发展能力提升。西部地区自然资源和社会文化特色资源丰富,旅游业在第三产业中所占比重较高,应鼓励本地区城市打造具有相关特色的小镇或特色村落、社区,发展旅游,带动经济。

第四,促进区域合作,实现产业协调发展。

区域合作能够推进区域优势互补,发展区域经济。在这方面,鼓励建立多种类型、不同组织主体,形成各类合作平台,尤其注意推进技术创新、创新创业、园区共建等方面区域合作,加强不同地区执政人员交流,影响、发展地区经济。拓展区域合作思路,区域合作不要局限于邻近地区,应根据不同地区、不同产业的发展诉求,寻求跨区域合作。加强长江经济带东部地区或发达城市创新孵化园区与整个流域内产业园区合作,为孵化企业提供更好的落地园区。随着区域合作范围不断扩大、内容不断增多,区域合作的矛盾与问题可能增加,建议国家成立区域合作协调、仲裁类机构,以长江经济带地区区域合作协调为试验,开展区域合作。

　　长江经济带产业协调的目标,应以资源和市场为导向,以国家产业政策为依据,逐步充实、延伸和完善长江产业带,形成具有当地特色的支柱产业,形成若干各具特色、优势互补的经济区域。要大力推进产业结构战略性调整,全面发展外向型经济,并在资源富集地区重点建设能源等基础产业;同时,加强农业基础设施建设,巩固沿江农业带,以增强整个沿江经济带发展的后劲。

　　优化产业布局。长江经济带产业协调可以分三段布局:第一段,长江三角洲及沿江经济带下游东段,即江、浙、沪三省市,依靠资金和技术优势发展高端制造业和服务业,根据产业需求和国际前沿,加快建设国际科学技术研发中心,进一步提高发展质量和领头羊的带动能力。第二段,长江经济带中游地区,即鄂、湘、皖、赣四省,以武汉为中心,发挥丰富的资源和巨大的航运优势,以大运量的基础工业为方向,轻重兼顾,协调发展。第三段,长江经济带上游地区,即川、渝、贵、云,凭借广袤的土地大力发展第一产业,利用丰富的劳动力开展第二产业;同时,针对长江经济带西部地区水产、蔬果等产出丰富特点,鼓励农业高效发展。

　　搭建产业交流平台,促进长江经济带产业"国内大循环"。长江经济带东、中、西部产业门类较多,富含产业链高端科技创新和各类可替代功能性产品的制造环节,在外向型经济受到疫情影响的情况下,增大内部产业交流沟通,实现部分产品内部消化。鼓励、支持成立跨区域产业技术交流和产业内技术需求平台,提高跨区域产业科技需求和供给交流,提高长江经济带创新创造能力,加快建设现代化产业体系。

第七章　黄河生态带发展的
时空演变及建议

一、黄河经济带战略的背景

　　新古典经济学认为地区之间经济增长会趋于均衡,但其完全竞争、生产要素自由流动和边际报酬递减假定在真实经济中是无法实现的。与之相对应的是,区域经济的特点是不完全竞争、存在运输成本、具有规模收益递增和外部性。20 世纪 50 年代以来,空间研究随着区域经济学、空间经济学和新经济地理学兴起而越来越多地进入相关研究者的视野,空间转向成为 21 世纪马克思主义理论研究的一个特点。根据空间政治经济学理论,地区间经济差异会影响空间权力,引起空间物化不同,从而导致地区发展和人口发展产生差异。兼顾地区经济发展效率与公平,因地制宜地构建促进区域经济协调发展的地理经济框架,是中国特色社会主义空间或区域治理实践的重要任务。板块、带、点、轴、网络等是构建我国国土空间经济架构不可或缺的区域经济形态。其中,经济带发展战略能够带动经济带内基础设施、公共服务互联互通,有实验示范和促进区域合作,打造区域经济联动发展基础,推动形成新的国土空间增长点,带动区域发展的作用。

　　新中国成立至"十二五"期间,中国特色社会主义区域发展实践的顶层战略已经走过了均衡发展、东部沿海率先发展、四大板块战略等三大区域经济发展战略过程,其共同点是大板块类型划分。随着四大板块之间内部分化和板块间联动发展需求增加,新的区域经济战略形态的发展要求逐渐增大。在此背景下,2014 年,长江经济带上升为国家战略,2019 年 9 月,习近平总书记在郑州主持召开黄河流域生态保护和高质量发展座谈会并发表重要讲话,明确了黄河经济带的重大国家战略地位。一南一北两条经济带对构建经济走廊、促进区域协调发展、实现空间均衡和探索绿色发展道路具有重大意义。

作为我国重要的经济社会发展廊道,黄河流域面积为 75.24 万平方千米,涉及四川、青海、甘肃、宁夏、内蒙古、山西、陕西、河南、山东九个省区,不计四川省,行政区划面积约为 308 万平方千米,约占全国的 32%,比长江经济带多 11个百分点,总人口为 3.35 亿人,占全国的 24.2%,其中,民族自治地区少数民族人口占比为 32.5%,2018 年,八省地区生产总值约占全国的 22%。黄河流域是我国重要的石油、煤、天然气等能源基地,风电太阳能等新能源的聚集地,我国重要的粮仓基地;上游地区还是国家西部大开发的重要组成部分,关系我国能源安全、粮食安全、民族团结、社会稳定和区域协调发展。该流域八个省区与新疆、京津两市和东北三省共同构成我国北方地区,在当前东中西部和南北方区域经济绝对差距不断拉大、生产力布局不均衡以及相比长江经济带东中西部黄河经济带下中上游发展情况分别相对落后的情况下,研究黄河经济带的发展特点、演变趋势、问题及发展建议显得尤为必要。

因黄河经济带仅涉及四川省两个县,且四川省情况已经在长江经济带中分析,为方便计算和比较,故选取青海、甘肃、宁夏、内蒙古、陕西、山西、河南和山东八省,并根据地理位置和发展水平将其划分为上游地区(青海、甘肃、宁夏和内蒙古)、中游地区(陕西、山西和河南)和下游地区(山东省)。

本章采用《长江经济带发展的时空演变与发展建议》中关于长江经济带的时空演变分析框架与指标,分析黄河经济带及各段经济实力、城市经济与城镇化、产业结构和对外开放,在特点比较突出的地方与长江经济带比较,探索两条经济带发展的异同,并提出促进黄河经济带发展的对策、建议。

二、关于黄河生态带的研究

从现有研究情况看，相对于长江经济带的研究，国内关于黄河流域的研究不论从数量、主题方面还是从研究主体方面都不够丰富。

数量方面。国内对长江流域的研究远远超出对黄河的研究：2021 年 2 月 16 日，以"黄河"为主题检索，CNKI 中有 70 918 条记录，期刊条目下中文有 65 276 条结果；而以"长江"为主题，CNKI 中能找到 11 512 条记录，期刊条目下中文有 100 433 条结果。

研究主体方面。研究黄河流域的机构主要是黄河水利委员会、黄河相关勘测设计单位、黄河河务局等水利、资源、勘测类机构，即使中国海洋大学、清华大学、北京师范大学等高校参与黄河相关的研究，其研究主题也主要集中在水文地质、湿地生态等方面。以"长江"为主题，除了长江水利委员会、中国科学院南京地理与湖泊研究所、长江勘测规划设计研究院以及交通部长江航务管理局外，华东师范大学、南京大学、武汉大学、同济大学和武汉理工大学等诸多高校的研究主题涉及生态、水利及经济发展等诸多方面。

研究主题方面。根据 CNKI 文献计量分析，黄河流域研究主要体现在黄河生态保护、治理及可持续发展方面，黄河三角洲研究也主要集中在这些地区土壤、地区植物的品种特点及改良技术等生物和生态方面。有关长江及长江三角洲与经济关联的研究主题丰富了许多，如产业结构、经济一体化、城市群、经济增长、区域经济等。2021 年 2 月，以"黄河"和"经济"为共同主题检索条件，仅搜索到 6 929 条结果，远少于以"长江"和"经济"为共同主题检索所得到的 18 160 条结果。研究黄河流域经济的文献主要以黄河经济带的某一部分或某个特定产业为主，比如黄河三角洲地区、旅游经济等，且大多与资源环境共同分析；以经济为主题对黄河经济带整体研究的文献较少，且视角一般比较单一，如从区域经济的时空差异变化分析。

三、黄河经济带经济格局的变化

经济总量和人均 GDP 经常作为地区经济实力体现,其增速则是地区经济活力的体现。根据区域经济增长理论、反贫困理论和诸多学者对中国经济增长影响因素的研究,经济实力提升对于促进地区居民就业、带动贫困地区发展具有重要意义,且往往意味着地区资本规模扩大、技术能力和全要素生产率提高,进而增强区域高质量发展的基础。黄河经济带横跨东部沿海相对发达地区、中部资源型地区、西部"三区三州"等贫困地区,经济实力持续不断地提升,是实现区域经济高质量发展、产业转型升级和贫困地区脱贫的重要基础。

1. 经济总量和增长速度的时空演变

1978—2018 年,黄河经济带生产总值占全国的比重在 19.98%(1994 年)~22%(2008 年),比重低于长江经济带 40.6%(1991 年)~46.6%(2020 年);变动幅度为 2.02 个百分点,小于长江经济带 6 个百分点。整体来看,黄河经济带经济体量小于长江经济带,相对全国比重更加稳定。

从发展趋势看,1980—1984 年黄河经济带占全国比重同比均上升,1985—2001 年波动下降,下降幅度为 1.31 个百分点,2002—2008 年提升较大,2008—2017 年(除 2012 年外)呈逐步下降趋势。变化的时间节点主要是 1980 年、1985 年、2002 年和 2008 年,分别稍滞后于全国改革开放、国家开放 14 个沿海港口城市、国家西部大开发战略和世界金融危机等事件的时间,如图 7-1 所示。

在这 40 年里,黄河经济带和长江经济带地区生产总值各自占全国的比重同比增减情况有 25 年是相反的。这比较容易理解,因为黄河经济带和长江经济带总共涵盖全国除港澳台地区外 61.3% 的省区市,2018 年,两个经济带地区生产总值之和占全国的 65.7%,一个经济带地区生产总值占全国的比重上升很可能伴随另一个经济带的占比下降。两条经济带地区生产总值占全国比重变化一致的连续时间段发生在 1986—1988 年、1999—2001 年,且均呈下降趋势,这说明,黄河经济带和长江经济带在这期间受外界经济变化影响相比其他大区大。2008 年以来,黄河经济带与长江经济带的地区生产总值差距迅速拉大(见图 7-2),年均增大 14%,这可能与黄河经济带资源型产业多有关。

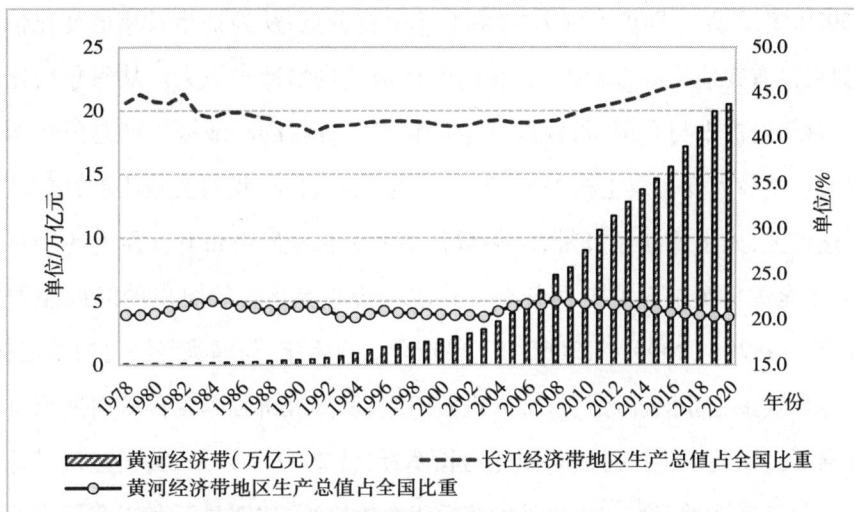

图 7-1　黄河经济带地区生产总值及黄河与长江经济带地区生产总值占全国比重

资料来源:EPS 数据平台。

注:全国 GDP 数值为除港澳台地区之外 31 个省、自治区、直辖市地区生产总值相加之和。

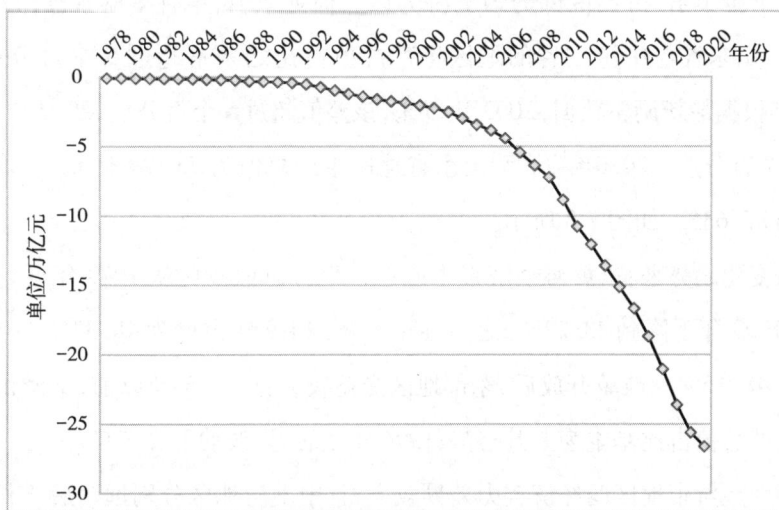

图 7-2　黄河经济带与长江经济带地区生产总值之差

资料来源:EPS 数据平台。

从增长速度看,1978—2019 年,黄河经济带地区生产总值年均增速为14.75%,低于长江经济带 14.93% 和全国 14.77% 的年均增长率,2019 年,黄河经济带地区生产总值增长率分别低于长江经济带和全国 0.62 和 0.24 个百分点,2020 年,差距分别扩大到 1.01 和 0.7 个百分点,从经济增长率的变化情况看,如果没有其他关键影响因素,黄河经济带受疫情冲击更大。从每年同比增速看,黄河经济带与全国、长江经济带增长率几近相同。地区生产总值年增长率的第一次较大变化发生在 1983 年,与全国同步,且在我国实施改革开放政策后迅速增大,先于长江经济带,且年增长率大于长江经济带 0.6 至 6.8 个百分点,高于全国 0.6 至 3.1 个百分点。其他增长率变化比较突出的时间主要为1986 年、1989 年、1996 年、2000 年、2003 年、2004 年,与国家经济与政策变化、国家战略实施、国际金融危机、加入世贸组织、世界经济强劲复苏等时间点重合或稍滞后。从地区生产总值年同比增长率看,自 2009 年以来,黄河经济带地区落后于长江经济带,除 2012 年外均落后于全国水平,这明显不利于我国南北经济均衡发展。

从中下游 GDP 占比来看,1978—2020 年,黄河经济带中游 GDP 占比最大,其次是下游山东,占比最低的为上游大区。根据 2018 年收集的数据,自 1991年以来,山东省与中游三省的地区生产总值占比之差不超过 5 个百分点,但2020 年根据最新调整数据,2003 年以来,该差值超过 5 个百分点,2019 年,达到12.99 个百分点。2020 年,下游山东省地区生产总值为 73 129 亿元,占黄河经济带的 35.63%,如图 7-3 所示。

从变化趋势来看,黄河经济带中游地区生产总值占比从 1979 年开始持续下降,1993 年下降到 43.22%,之后逐年上升,2019 年占比为 48.32%,2020 年下降至 48.15%。改革开放后,东部地区受益较大:1993 年及以前,下游山东省地区生产总值占比基本为上升态势;1994 年之后,呈波动下降态势。

黄河经济带地区间经济实力差异较大,且中上游地区分别远落后于长江经济带中部和西部地区。黄河经济带各省份之间地区生产总值数值差距很大,

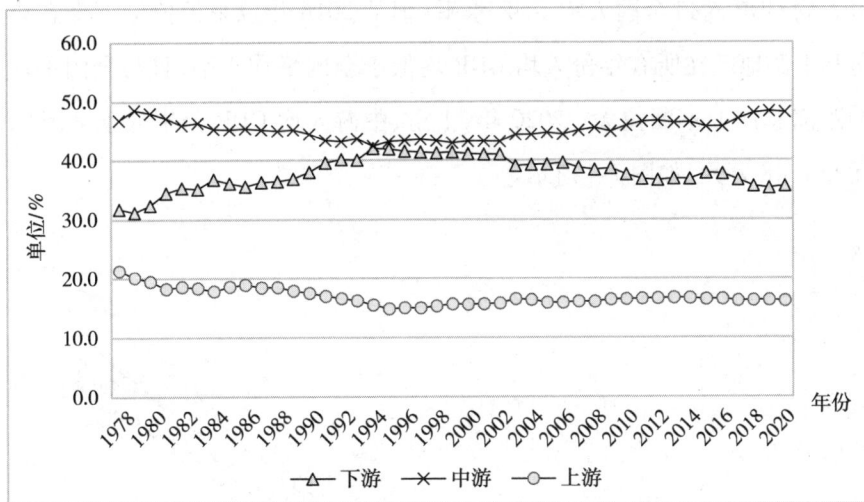

图7-3　黄河经济带上中下游地区生产总值占比

资料来源:根据"中国经济与社会发展统计数据库"数据计算。

2020年,青海、宁夏和甘肃的地区生产总值分别仅为山东省的4.1%、5.3%和12.4%。黄河中游陕晋豫三省地区生产总值平均为32 943亿元,上游省地区生产总值平均为8 326亿元。2020年,长江经济带东、中、西部省地区生产总值分别为68 678亿元、37 399亿元和28 988亿元。黄河经济带上游地区经济总量远落后于长江经济带西部地区,中游地区落后于长江经济带中部地区。整体差异方面,1980年以来,黄河经济带各省地区生产总值标准差大于长江经济带,且两者差值越来越大,黄河经济带各省经济综合实力差异越来越大于长江经济带。

2. 发展水平地带性差异

1978—2020年,黄河上中下游人均GDP都呈增加态势,1994年以后较大幅度增长,2004年以后,增长突飞猛进。这一情况与长江经济带非常相似。

然而,将黄河经济带人均GDP和上中下游人均GDP与全国及长江区域相比较,1978年以来,黄河经济带人均GDP低于全国平均水平,且差距不断拉大,2020年,人均GDP低于全国1.14万元。分区域来看,自1982年以来,仅下游地区人均 GDP 超过全国人均 GDP 水平(但从 2016 年以来差值呈下降态势);中游和上游地区在所有年份人均 GDP 均低于全国平均水平,且与全国平均水平的距离总体上不断拉大。2020 年,上游、中游人均 GDP 分别低于全国 2.08 万元和 1.48 万元,如图 7-4 所示。

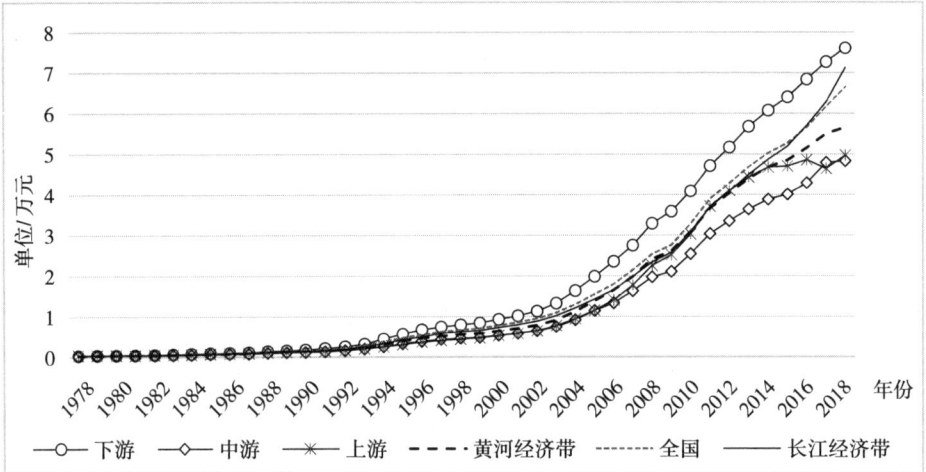

图 7-4 黄河经济带分上中下游人均 GDP(单位:万元/人)

资料来源:根据"中国经济与社会发展统计数据库"数据计算。

与长江经济带相比,黄河经济带人均 GDP 小于长江经济带,且两者差距整体上呈增大态势,2020 年达到 1.76 万元,而 1978 年该值仅 49 元。中游和下游人均 GDP 分别低于长江经济带中部和东部,仅上游地区超过西部地区。但随着近几年长江经济带西部地区经济快速发展,2013 年以来,两者差距迅速缩小,且 2017 年以后,黄河经济带上游地区人均 GDP 被反超,如图 7-5 所示。

省际人均 GDP 差异方面。2020 年,黄河经济带各省人均 GDP 标准差为 1.20,小于长江经济带的 3.46。从人均 GDP 方面看,黄河经济带省际差异较长江经济带小。但从发展水平上看,与长江经济带相比,这是一种相对低水平的均衡。

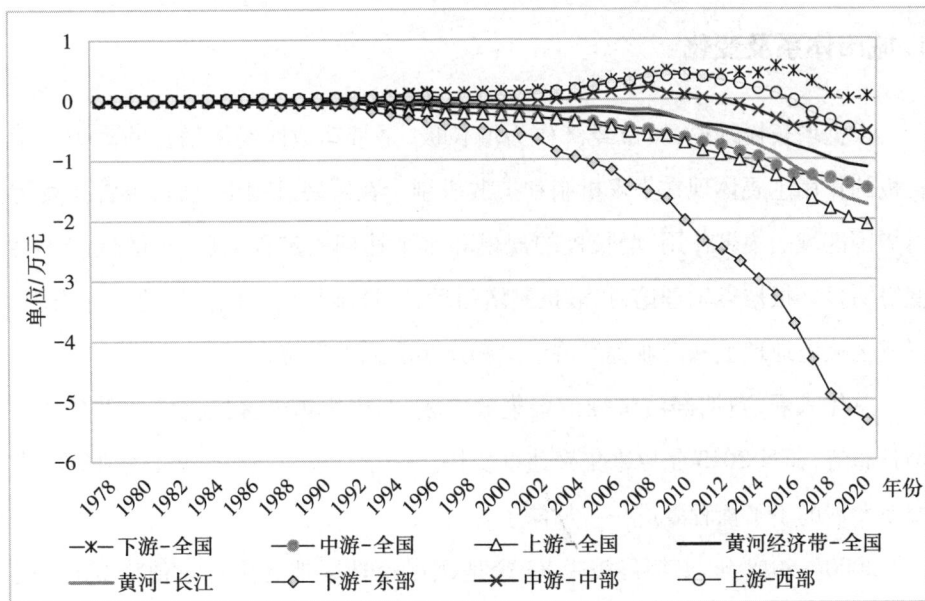

图 7-5　黄河经济带各区域人均 GDP 与全国及长江各区域之差

资料来源:根据"中国经济与社会发展统计数据库"数据计算。

注:"上游、中游、下游"为黄河经济带区域,"东部、中部、西部"是长江经济带区域,其中,"东部"指上海、浙江和江苏,"中部"指安徽、江西、湖北和湖南,"西部"为重庆、四川、贵州和云南。

四、黄河经济带的城市体系演化

　　根据新兴古典经济学理论解释,城市和专业化分工密切联系,专业化分工会使城市呈现大城市、中等规模城市和小城镇多样化体系。因此,在区域经济发展一定时间以后,区域内城市体系大小、形态在一定程度上专业化分工。另外,新时代,区域产业体系将更加庞杂,需建立适应并促进产业分工发展、构建产业竞争优势的城市体系。

1. 城市体系及变化

根据增长极理论,城市经济作为增长极,是带动地区经济增长的动力。增长极的作用主要体现在集聚机制和扩散机制。在发展过程中,增长极首先发挥对周围区域的集聚作用,增长极的规模和水平达到一定程度后,扩散机制才会变得明显。根据点轴理论,扩散机制增强后,区域增长极才能更好地发挥作用,形成区域内地理上和产业等经济活动都产生联系的经济带。

总体来看,黄河经济带城市聚集效应较大,因为市辖区经济的比重基本呈增长态势,而且 2013 年以来集聚速度变快。一定程度上也可以说,黄河经济带城乡发展的不平衡程度进一步加深了。

2000—2018 年,黄河经济带 83 个地级市市辖区地区生产总值由 8 521 亿元上升到 10.33 万亿元,占黄河经济带地区生产总值的比重由 42.2% 上升到 52.2%,上升了 10 个百分点。该比重于 2000—2005 年和 2012 年以来呈上升态势,尤其 2015 年以来,市辖区地区生产总值占比明显升高,城乡差距进一步拉大,城乡发展的不平衡性进一步增大,但这几年市辖区地区生产总值增长率并没有太大变化。据此推断,黄河经济带农村经济增速降低,如图 7-6 所示。

与长江经济带相比较,黄河经济带地级市市辖区地区生产总值比重偏低,低约 11 个百分点。从发展历史看,2001 年,长江经济带地级市市辖区地区生产总值比重已经超过 50%,比黄河经济带早 17 年。可以看出,黄河经济带市辖区聚集效应低于长江经济带。不过,长江经济带市辖区发展强度高于该经济带上海和重庆两个直辖市关系重大。若将长江经济带上海市和重庆市两个直辖市市辖区地区生产总值占比去除,2018 年,剩余城市市辖区地区生产总值占比约为 50%,与黄河经济带相近。就城市经济体量来看,除上海和重庆外,长江经济带南京、成都、杭州、武汉、苏州五个城市市辖区地区生产总值均超万亿元,而黄河经济带城市市辖区地区生产总值均小于 1 万亿元。

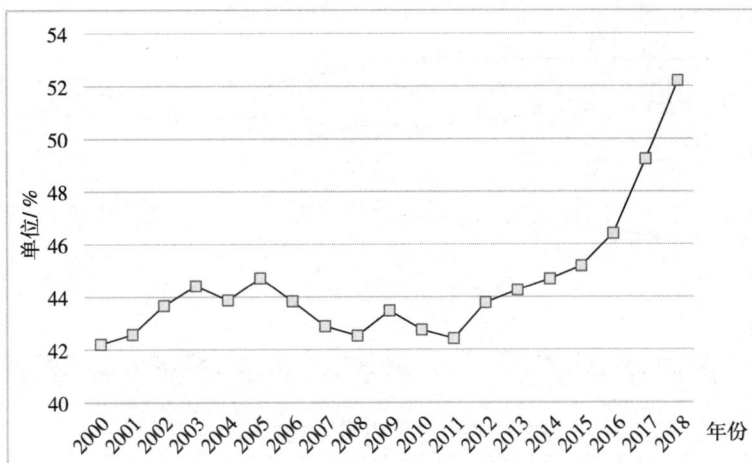

图 7-6　83 个市辖区地区生产总值占黄河经济带地区生产总值的比重

资料来源：EPS 数据平台中国城市数据库。

分上中下游地区看：黄河经济带上游城市市辖区地区生产总值占比最高，2018 年为 41.97%；其次为中游地区，2018 年为 36.74%；下游地区市辖区地区生产总值比重最低，为 21.29%。从各区域城市市辖区经济总量随时间变化情况看，上中下游城市市辖区地区生产总值占黄河经济带所有市辖区地区生产总值比重的变化趋势在 2008 年世界金融危机之后明显变化。上游城市市辖区地区生产总值占比在 2000—2009 年由 15.69% 增大至 21.93%，2009 年之后略有下降，且自 2013 年以来上游地区市辖区地区生产总值增长率均低于中游和下游地区。中游城市市辖区地区生产总值占比自 2000 年以来先由 39.06% 下降到 2007 年 31.17%，后于 2008 年起呈上升趋势。下游城市市辖区地区生产总值占比在 2007 年以前基本稳定，2008—2011 年略下降，2013 年以来基本保持在 42% 左右，如图 7-7 所示。

根据增长极理论，不同等级城市有不同聚集和扩散效应，对地区经济影响不同。为分析不同等级城市情况，根据市辖区地区生产总值大小，将黄河经济带 83 个地级市划分为五级：青岛市、济南市、西安市、郑州市为一级城市，市辖区地区生产总值为 5 000 亿 ~ 10 000 亿元，分布在山东、河南和陕西三省；包头

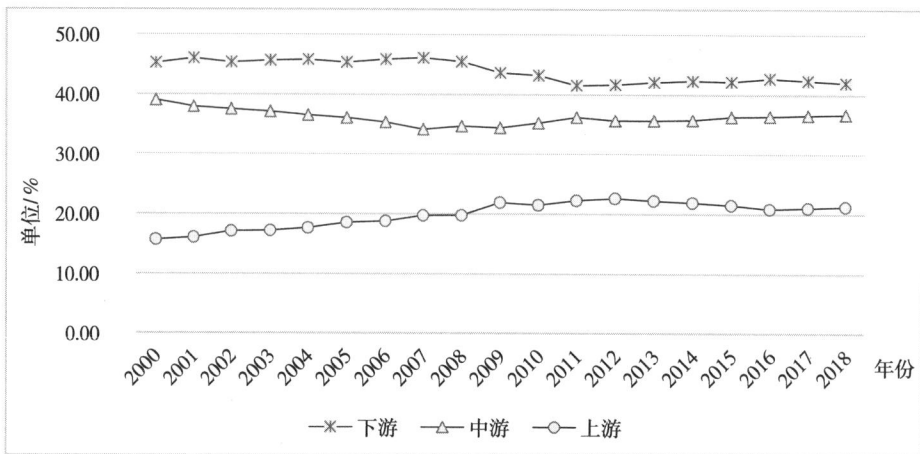

图 7-7　上中下游市辖区地区生产总值分别占黄河经济带市辖区地区生产总值的比重

资料来源:中经网数据库。

市、淄博市、烟台市、太原市、呼和浩特市为二级城市,市辖区地区生产总值为3 000 亿~5 000 亿元;三级城市市辖区地区生产总值大于1 000 亿元、小于等于3 000 亿元,为东营市、兰州市、临沂市、威海市、潍坊市、洛阳市、日照市、济宁市、鄂尔多斯市、西宁市、枣庄市、宝鸡市、银川市、泰安市、咸阳市、赤峰市、德州市、滨州市、菏泽市、通辽市等 20 个城市;四级城市市辖区地区生产总值为 500亿~1 000 亿元,为大同市、许昌市、新乡市、开封市、南阳市、榆林市、莱芜市、漯河市、乌海市、信阳市、聊城市、安阳市、焦作市、平顶山市、朔州市、三门峡市、呼伦贝尔市、商丘市等 18 个城市;其余城市为第五级城市,市辖区地区生产总值小于 500 亿元,共计 36 个。其中,下游山东省地级市全部处于前四级,甘肃、青海、宁夏三省城市全部分布在第三级至第五级。2018 年,四个一级城市地区生产总值数量占黄河经济带市辖区地区生产总值总和的28.72% ,一、二级城市市辖区地区生产总值合计占黄河经济带的47.08% ,四、五级 54 个城市市辖区地区生产总值仅占22.85% 。

从不同等级城市市辖区地区生产总值占黄河经济带的比重变化情况看,在所有城市中,一级城市市辖区地区生产总值的比重在 2002 年上升到26.91% 之后下降至 2007 年的 23.71%，2008 年以来又呈上升态势。二级城市经济规模所占比重先上升后下降，峰值产生于 2009 年，为 21.4%。三级城市规模一直保持在 30% 左右。四、五级城市经济规模占比大体呈微弱的下降态势，分别从 2000 年的 14.21% 和 12.68% 下降到 2018 年的 12.90% 和 9.95%，如图 7-8 所示。在一级城市中，2004 年及以前，济南市市辖区地区生产总值最大；2005—2017 年，青岛市最大，且其规模占全部城市比重呈波动上升趋势，最大值发生在 2015 年，为 8.23%。2018 年，济南市与莱芜市合并后，济南市市辖区地区生产总值最大，如图 7-9 所示。

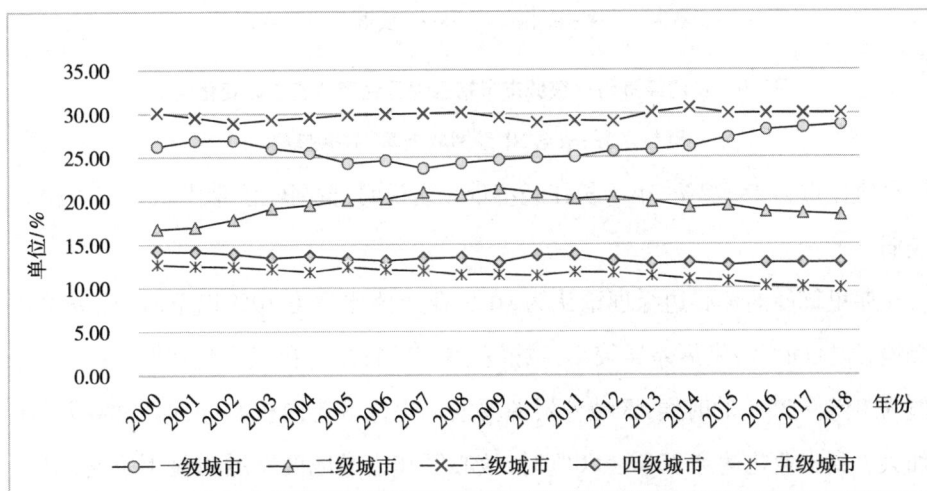

图 7-8　黄河经济带不同等级城市市辖区地区生产总值占比变化情况

资料来源：根据“中经网数据库”数据整理。

从单个城市看，市辖区地区生产总值最大值和最小值的比值呈波动下降态势，2015 年以来微弱上升，在 2000 年最大，为 159.4，最小值为 2015 年的 88。从极值情况看，黄河经济带单个城市规模之间绝对差距在缩小，且与长江经济带相比，黄河经济带市辖区地区生产总值最大值和最小值之间倍数差距较小，即便剔除上海，长江经济带城市经济规模最大值与最小值的比值在 1994—2018 年仍很少低于 150。这说明，与长江经济带相比，黄河经济带城市市辖区之间经济相对均衡。但黄河经济带规模最大的四个城市（即一级城市）市辖区地区生

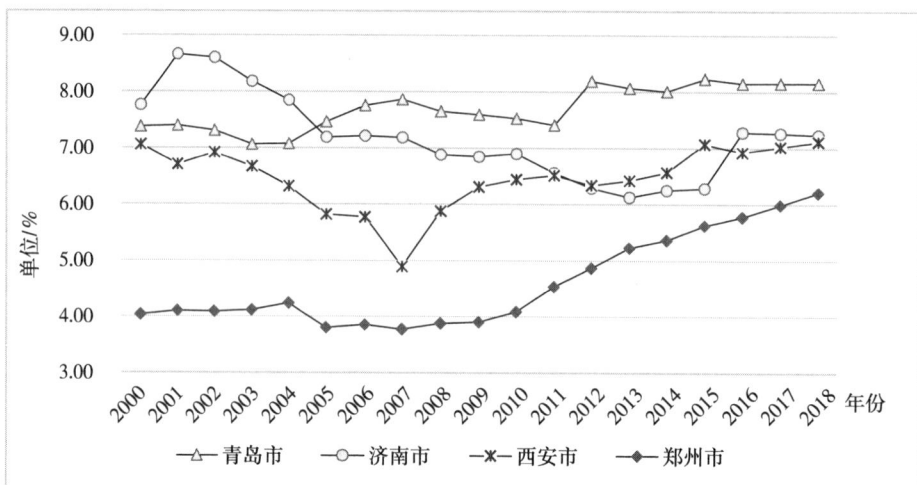

图 7-9 黄河经济带一级城市市辖区地区生产总值占比变化情况

资料来源:根据"中经网数据库"数据整理。

产总值比重为 28.72%,小于长江经济带。这说明,黄河经济带大城市实力相对较弱。

弗里德曼的核心边缘理论认为,在工业产值比重为 10% 以下时,经济发展缓慢,地区间经济发展差异较小,城镇发展速度较慢。在工业化初期,即工业产值为 10% ~25% 的时候,区域外资源要素由边缘区流向核心区,两者的不平衡加大。到工业化达到 25% ~50% 时,核心区和边缘地区发展明显不平衡,但这一阶段,核心区资源要素向边远地区扩散回流。弗里德曼并没有提出明确核心区与边缘区的定义。一般核心边缘地区划分有城乡之间或者相邻两个发展程度有明显差异的地区之间划分。从产业转移、要素流动情况看,资源要素地区间流动往往是从城市之间的流动开始的,因此,不同等级城市之间也可以看作核心区或边缘区。由国家统计局数据计算,1993—2018 年,黄河经济带工业增加值占地区生产总值的比重由 40% 左右上升至 2007 年的 49.6%,之后下降至 2017 年的 38.2%。根据核心边缘理论,黄河经济带如果存在核心区与边缘区划分的话,应该处于核心地区向周边回流状态。但是,不论从市辖区地区生产总值占比还是从城乡经济占比看,都没有出现回流情况的核心—边缘地区。黄河经济带发展是否遵循这一规律还有待进一步研究。

2. 城市化发展与城镇建设

从整体来看,黄河经济带常住人口城镇化率持续提高,2019 年达到 57.67%,比全国平均水平低 2.97 个百分点,比长江经济带低 2.85 个百分点。

从分区域来看,黄河经济带下游地区常住人口城镇化水平最高,2019 年为 61.51%。上游地区城镇化率最低,2018 年最高,为 56.18%;中游地区 2018 年 城镇化率为 55.98%;下游地区 2005—2008 年和 2013—2018 年城镇化率高于全国 平均水平,中游和上游地区城镇化率均低于全国平均水平。与长江经济带相比, 2019 年,黄河经济带下游地区和中游地区城镇化率分别低于长江经济带东部和 中部的 11.51 和 1.84 个百分点,上游地区高于长江经济带西部 2.4 个百分点, 如图 7-10 所示。

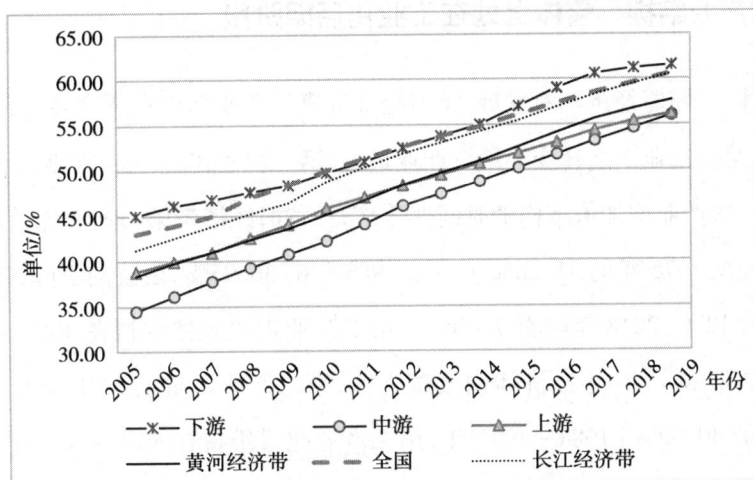

图 7-10 黄河经济带上、中、下游地区常住人口城镇化率变化情况

资料来源:2005—2017 年数据来自国家统计局;2018 年数据来自政府统计公报。

黄河经济带城镇化率仍然相对较低,应进一步提升城市带动能力,发展城 镇化和农业规模化、机械化作业。在黄河经济带上游地区,依托西宁、银川、兰 州等城市及相关城市群;在黄河中游地区,依托中原城市群与关中城市群,提高中上游地区城镇化水平;在下游地区,重在进一步提升中小型城市的影响力,带动周边地区城乡一体化发展。

五、黄河经济带产业结构演变

根据产业周期理论,一般产业都存在形成、成长、成熟和衰退期。这意味着区域经济中,产业结构动态优化是保持区域经济发展的必要条件;同时,也是增强区域经济韧性和提高区域经济活力的客观要求。不同行业的生命周期长短不同,一些行业作为人类生存的必需品会长期存在,如农业;一些行业在很长时期内可能衰而不退,如钢铁业。大量衰而不退和完全退出的行业对保持区域经济增长活力是不利的。关注区域产业结构,是监测区域经济活力的重要内容。

1. 三次产业结构:整体上处在工业化后期阶段

总体上,随着经济不断发展,黄河经济带第三产业结构不断攀升:由第二产业最大、第一产业次之转变为第三产业最大、第二产业其次、第一产业最低。

从三次产业增加值结构随时间变化来看,黄河经济带第一产业比重在改革开放后先从 1978 年的 31.28% 上升至 1983 年的 36.95%,后波动下降,2011 年降到 10% 以下,2018 年降至 7.60%。第二产业占比大体维持在 40% ~51%。改革开放后到 1984 年经济体制改革之前,第二产业比重从 51% 快速下降到 1983 年的 40.90%;1984—1991 年,第二产业比重维持在 40% ~43%;1992—1995 年,第二产业比重小幅增加;1996—2001 年,第二产业增加值比重基本维持在 45.64% ~47.54%;2002—2008 年,也就是中国加入世贸组织后到世界金融危机之前,黄河经济带第二产业增加值比重增长了近 8 个百分点。金融危机之后,黄河经济带第二产业增加值比重变小,尤其是 2013 年以来,下降幅度增大,2013—2018 年,第二产业增加值比重下降了 8.39 个百分点,降至 44.2%。

可以看出,黄河经济带第二产业增加值比重的变动时间与我国计划经济体制内部引入市场机制改革、提出发展有计划的商品经济、提出建立社会主义市场经济体制阶段及 2008 年世界金融危机时间吻合。与长江经济带相比,黄河经济带第二产业增加值比重的波动幅度更大,变动的时间也与国家政策及世界经济形势变化时间更加契合。黄河经济带第三产业增加值比重是持续增大的,尤其在 1978 年至 20 世纪 80 年代末大约 10 年时间里,增长速度较快:1978 年第三产业增加值比重仅为 17.6%,1990 年超过了 30%。之后一段时间,第三产业增长相对缓慢,直到 2014 年突破了 40%,比重增长加快;2017 年,第三产业增加值超过工业增加值,2018 年达到 48.32%。但近几年第三产业比重增速变快主要因为第一产业和第二产业在 2014 年后增长率下降;2014—2018 年,黄河经济带第一、第二产业增加值的年增长率不到 5%,第一产业在 2017 年和第二产业在 2015 年增长率甚至为负,第三产业增加值的年增长率低于之前近 20%,但超过了 10%,远高于第一、第二产业增加值的增长率,如图 7-11 所示。

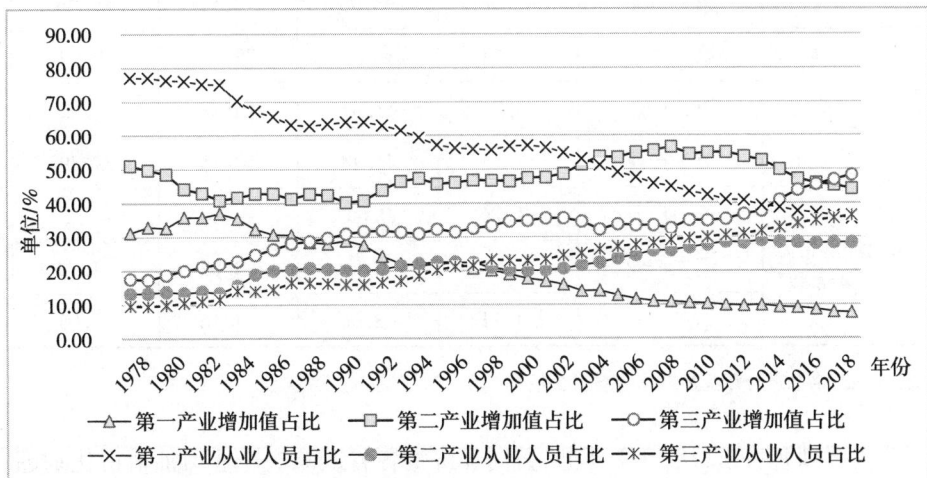

图 7-11　黄河经济带三次产业增加值及从业人员比重变化

资料来源:各省统计年鉴及 2018 年统计公报。

与长江经济带相比,近些年,黄河经济带三次产业增加值增长速度都低于长江经济带:黄河经济带第一、第二、第三产业增加值的年均增长率分别从 2011

年(除2013年)、2009年和2015年起低于长江经济带。黄河经济带三次产业的发展速度均已落后于长江经济带,见表7-1。

表7-1　黄河经济带与全国三次产业结构对比

		增加值比重/%		从业人员比重/%	
		1978 年	2018 年	1978 年	2018 年
黄河经济带	第一产业	31.28	7.60	77.07	35.34
	第二产业	51.09	44.18	13.25	28.30
	第三产业	17.62	48.23	9.69	36.36
全国	第一产业	27.69	7.19	70.50	26.11
	第二产业	47.71	40.65	17.30	27.57
	第三产业	24.60	52.16	12.20	46.32
黄河经济带-全国	第一产业	3.59	0.41	6.57	9.23
	第二产业	3.38	3.52	−4.05	0.73
	第三产业	−6.98	−3.93	−2.51	−9.96
长江经济带	第一产业	32.54	6.90	73.28	30.92
	第二产业	48.73	41.31	15.87	30.02
	第三产业	18.73	51.78	10.85	39.39
黄河经济带-长江经济带	第一产业	−1.26	0.69	3.79	4.42
	第二产业	2.36	2.86	−2.62	−1.72
	第三产业	−1.11	−3.56	−1.16	−3.03

资料来源:各省统计年鉴及2018年统计公报。

　　具体到各省市,从1977年起,黄河经济带各省区二次产业增加值占比均超过第一和第三产业,这可能跟黄河经济带矿产资源丰富有关。而在1978年,长江经济带6个省份第一产业增加值比重仍高于第二产业。具体数值方面,1978年,黄河经济带第二产业增加值为362.12亿元,低于长江经济带的739.10亿元;2018年,两者之间差值增大到约8.6万亿元。2014年,甘肃省第三产业比重超过第二产业；2015年，山西省第三产业比重超过第三产业；2016年，山东省第三产业比重超过第二产业；2017年，除河南和陕西两省工业比重仍高于第三产业外，其余六省区第三产业比重均超过第二产业；2018年也与2017年相同。甘肃和山西省第三产业比重率先超过其他省份的原因是第三产业年均增长率大于第一和第二产业：1985年以来，以1978年为基础年份，这两个省份第三产业增加值的年均增长率均高于第一和第二产业。

从三次产业人员结构看，黄河经济带第一产业从业人员占比从1978年的77.07%下降到2018年的35.34%；第二产业从业人员比重从13.25%波动上升到28.30%；第三产业人员占比从9.69%上升至36.36%。

黄河经济带三次产业增加值和从业人员结构变化符合配第克拉克关于劳动力转移的规律：随着经济发展，第一产业收入和从业劳动力比重下降，第二和第三产业比重上升，同时，劳动力由第一产业向第二、第三产业转移。且符合库兹涅茨规律：在第三产业部门，劳动力和产业比重不一定同时上升。若根据配第克拉克定理的标准，第二产业从业人员达到40%才能稳定下来，黄河经济带第二产业从业人员比重的增长空间还有11.7个百分点。

与长江经济带相比，黄河经济带第一产业从业人员占比较高，且由1978年比长江经济带高3个百分点增加到2018年高约4个百分点，第三产业从业人员比重从1978年比长江经济带低约1个百分点扩大到2018年低约3个百分点。可见，黄河经济带第一产业从业人员向其他产业转化的速度低于长江经济带，第三产业吸纳劳动力的增长速度也低于长江经济带。

从以上分析来看，总体上黄河经济带处于工业化后期阶段，实体经济发展仍然是重中之重。按照当前发展速度，黄河经济带第一、第二和第三产业都将进一步落后于长江经济带。这对构建协调的区域发展格局挑战较大。

2. 工业行业结构

工业是实体经济的重要组成部分，是国民经济的重要支撑。1978—2018

年,黄河经济带工业企业营业收入占全国比重从 18.39% 上升到 25.62%,2018 年回落至 20.64%,低于长江经济带约 25 个百分点。

分上中下游情况看,黄河经济带工业分布不均衡。下游地区占比最高,1999—2016 年,规模以上工业企业主营业务收入占比一度超过 50%,2018 年为 43.93%;中游地区次之,2018 年占比为 42.14%;上游地区最少,仅为 13.93%。

与地区生产总值占比相比较,除 1984 年中游地区规上工业企业主营业务收入占黄河经济带比重略高于其地区生产总值占全国比重之外,1978—2018 年,黄河经济带中游和上游地区规模以上工业企业主营业务收入占整个经济带比重均低于各自地区生产总值所占比重,2018 年分别低约 3 个百分点和 2.3 个百分点。下游地区规模以上工业企业主营业务收入占黄河经济带比重高于其地区生产总值占比约 5.3 个百分点。可见,下游地区工业对经济的贡献比中游和上游地区大。

分地区发展态势来看,以 2005 年为分界点,1979—2005 年,下游山东省规上工业企业主营业务收入占黄河经济带比重增大,2005 年以后波动下降,而中游地区变化正好相反。这一变动时间与我国实施中部崛起政策时间较接近。上游地区规模以上工业企业营业收入占整个黄河经济带比重基本上呈下降态势,从 1979 年的 18.2% 降至 2017 年的 9.84%,但 2018 年上升至 13.93%。

根据《中国工业统计年鉴》的结构,考虑可比性,选取 24 个可比的行业:煤炭采选业、石油和天然气开采业、黑色金属矿采选业、有色金属矿采选业、农副食品加工工业、食品制造业、饮料制造业、烟草加工业、纺织业、造纸及纸制品业、石油加工及炼焦业、化学原料及化学制品制造业、医药制造业、化学纤维制造业、非金属矿物制品业、黑色金属冶炼及压延加工业、有色金属冶炼及压延加工业、金属制品业工业、通用设备制造业、专用设备制造业、交通运输设备制造业、电气机械及器材制造业、电子及通信设备制造业、仪器仪表及文化办公机械制造业。因 2017 年、2018 年很多省份没发布规上企业销售产值数据,而利用年均增长率算出来的数据与部分公布数据差距较大,在此采用了 2016 年数据,见表 7-2。

表 7-2　2001—2016 年黄河经济带上中下游各行业比重变动情况

地区	行业规模以上企业销售总值占经济带比重增加百分比	行业数量
黄河经济带下游	石油加工及炼焦业(19.7%)、化学原料及化学制品制造业(13.0%)、医药制造业(18.3%)、化学纤维制造业(0.8%)、黑色金属冶炼及压延加工业(8.1%)、有色金属冶炼及压延加工业(20.4%)、交通运输设备制造业(5.3%)、仪器仪表及文化办公机械制造业(1.2%)	8
黄河经济带中游	石油和天然气开采业(4%)、有色金属矿采选业(8.6%)、食品加工工业(7.9%)、食品制造业(13.3%)、饮料制造业(19.7%)、纺织业(6.0%)、造纸及纸制品业(2.9%)、非金属矿物制品业(13.1%)、金属制品业工业(4.5%)、普通机械制造业(3.0%)、专用设备制造业(7.1%)、电气机械及器材制造业(17.1%)、电子及通信设备制造业(16.3%)和仪器仪表及文化办公机械制造业(4.6%)	14
黄河经济带上游	煤炭采选业(18.1%)、石油和天然气开采业(26.6%)、黑色金属矿采选业(30.4%)、有色金属矿采选业(4.2%)、食品加工工业(4.6%)、饮料制造业(0.1%)、烟草加工业(11.9%)、电气机械及器材制造业(2.5%)	8

　　分析黄河经济带这 24 个行业 2001—2016 年地区分布情况,从表 7-2 可以看出,与长江经济带中西部地区工业占比增长数量相近且远大于东部地区不同,黄河经济带中部地区工业增长最快。黄河经济带中游占整个经济带比重超过 10 个百分点的行业是食品制造业、饮料制造业、非金属矿物制品业、电气机械及器材制造业和电子及通信设备制造业,前三个行业主要依托中游地区农业和矿产资源发展,后两个行业主要以成熟工艺制造为主。后两个行业大幅增加可以说明黄河经济带中游地区承接了大量相关产业转移。上游地区增加的主要是资源型开采和利用行业;下游地区资源利用行业增长较大,如石油加工及炼焦业、化学原料及化学制品制造业、有色金属冶炼及压延加工业等,医药制造业增量也较大,大多数为工业消费品或中间产品,这在建设现代化经济体系中占有重要地位,但仪器仪表及文化办公机械制造业等对精密度和材料要求较高的行业增长较小。未来,中游和下游地区应警惕产业替代或成本上升等造成新

的产业转移,防止因成熟产业衰退而造成区域经济衰退。下游地区要更加注重塑造区域竞争优势环境,引导产业从生产管理环节、供应商环节、分销环节、客户反馈环节及个性化、定制化生产等领域系统塑造产业竞争优势。

与长江经济带相比,2001 年以来,中西部地区比重增大的行业数量相对较少,且除了部分资源开采型行业在上游地区比重增加外,加工制造类行业比重增加的情况主要发生在上游和下游。这说明,黄河经济带工业经济向中部扩散取得了一定成果,但上游地区吸纳工业经济的能力还较弱。与长江经济带主要分布于亚热带地区相比,黄河经济带中上游地区处于我国半干旱甚至干旱气候区,植被稀少,缺水严重,生态脆弱,高原、丘陵、山地、平川、河谷、沙漠、戈壁等复杂地貌较多,地理地形阻碍交通运输通道建设和很多工业行业发展。

3. 工业技术创新

产业竞争优势分为低层次竞争优势和高层次竞争优势。低层次竞争优势包括特殊资源优势和成本优势,高层次竞争优势主要是技术优势。区域产业优势塑造也基本如此。特殊资源优势和成本优势随消费、产业和外界环境变化,具有一定脆弱性,而技术优势,尤其是能获得技术创新是工业发展的最根本动力,技术创新能力是地区未来工业乃至综合经济发展潜力的象征。在工业领域,新产品的销售情况不仅反映技术创新能力,还反映企业生产新产品、销售等的综合能力。2012 年,黄河经济带新产品销售收入占全国比重达到最高点15.65%,之后持续下降,2018 年降至 13.07%。这说明,黄河经济带企业技术创新能力相对其他地区减弱,不利于扭转黄河经济带经济总量占全国比重下降的趋势,如图 7-12 所示。

从黄河经济带上中下游情况来看,工业企业新技术发展严重不均衡。黄河经济带下游即山东省工业企业新产品销售收入占整个经济带的 60%;中游地区陕晋豫三省工业企业新产品销售收入占比自 2013 年的 36.77% 降至 2016 年的31.66%,2017 年以来略有回升,2018 年约为 33.85%;上游地区青宁甘蒙四个

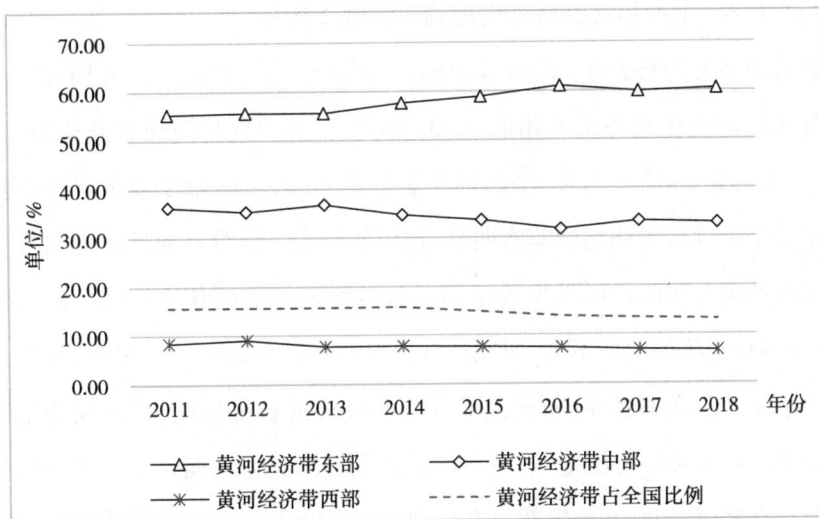

图7-12　黄河经济带规模以上工业企业新产品销售收入占全国的比重

资料来源:根据国家统计局数据整理。

省区工业企业新产品销售收入占比不到10%,且2012年以来呈下降趋势,至2018年仅为6.67%。可以看出,黄河中游和上游地区工业技术创新较落后。

六、黄河经济带对外开放

进入新时代,塑造产业的国际竞争优势,成为我国区域经济发展的战略重点。根据波特的竞争优势理论,开拓国际市场、增强与国际市场的联系是提高国际竞争力的必要条件。而塑造全球竞争优势须从嵌入国际产业链开始。

采用经济外向度(进出口总值/地区生产总值)指标分析黄河经济带对外经济情况。从整体来看,黄河经济带经济外向度低于全国平均水平,2019年,黄河经济带经济外向度为9.14%,低于全国8.42个百分点。黄河经济带上中下游经济外向度差距较大,下游地区经济外向度最高,曾于2007年达到最大值25.81%,2019年为15.79%;中游和上游地区外向程度较低,2008年以前,中游地区和上游地区经济外向度仅为5%左右,2019年,中游地区经济外向度波动增加到 6.66% ,上游地区经济外向度则下降到 2.08% 。

随时间演变趋势方面,2010 年以前,黄河经济带及各段经济外向度与全国经济外向度的变化趋势基本相似:2006 年之前,外向度呈波动上升趋势,2007 年之后,尤其是 2009 年当年,受国际金融危机影响,下降幅度较大。黄河经济带经济受金融危机影响仍然非常明显,这可能因为一部分外向经济通过外省商贸公司等渠道与国际市场发生关系同时区域经济与国内其他外向经济密切联系,即便本身经济外向度不高,但间接外向度依然比较高。一般来说,越靠近国际品牌成品端利润率越高,与直接参与外向经济的省份相比,黄河经济带区域尤其是黄河经济带中上游地区,参与国际产业链的企业可能处在产业链的低利润环节。在经历了 2010 年短暂上升反弹后,从 2011 年起,全国、黄河经济带下游及整个黄河经济带经济外向度降低,黄河经济带中游地区经济外向度升高。可以看出,黄河经济带下游地区经济外向度变化受全国经济形势影响较大。2010 年以后,上游地区变化不大。

与长江经济带相比,黄河经济带经济外向度较低,不到长江经济带(2019 年为 32.17%)的一半,如图 7-13 所示。

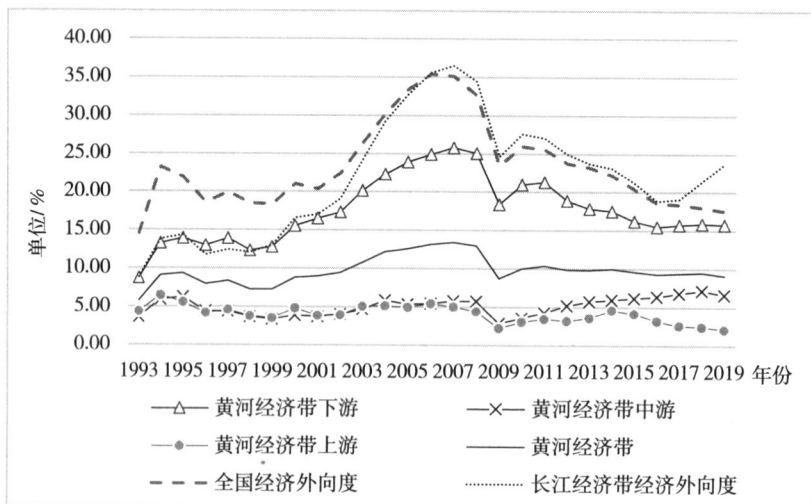

图 7-13　黄河经济带与全国经济外向度的情况

资料来源:根据“EPS 数据平台”数据整理。

七、黄河经济带发展的政策建议

从本书对黄河经济带的时空发展演变分析来看,黄河经济带发展的时空演变特点及其与长江经济带的主要异同如下。

首先,黄河经济带发展受历史事件影响较大,各项指标剧烈变动发生在改革开放、西部大开发、我国加入世贸组织及世界经济危机时间点附近。2011年以来,黄河经济带经济实力、工业发展变化及经济外向度等明显变化,标志着黄河经济带发展进入经济新常态。从2020年发展速度看,黄河经济带可能比长江经济带受新冠肺炎疫情影响大,国家扶持政策应注意扶持黄河经济带。

其次,黄河经济带区域间发展差异大。黄河经济带下游、中游和上游地区发展在经济总量、工业发展、技术创新、城市经济和对外开放度等各方面梯度差异明显。承认梯度、认识梯度、利用梯度加快发展,是黄河经济带发展的重要任务。

再次,黄河经济带在经济总量、地区间和城乡之间均衡性、工业向中西部地区扩散、城市经济、对外开放、技术创新等多方面落后于长江经济带,且多数指标增长率降低,未来与长江经济带差距可能进一步拉大。

最后,黄河经济带气候干旱、水资源短缺,还存在高原、沙漠等地理条件复杂恶劣的地区,交通运输业和工业发展不利。同时,随着工业发展,生态安全及污染防治成为突出问题。

针对以上问题,提出以下建议。

第一,培育、发展地理上和经济部门增长极。根据交通通达性、地理环境和资源禀赋,在不同河段重点建设能够带动周边地区发展的增长极。发展下游山东半岛城市群、中游中原城市群、关中平原城市群、青海东部城市群及甘肃兰州、宁夏沿黄城市群、呼包鄂榆城市群。在城市群发展尚不充分的情况下,重点发展城市群内某些城市及不同地区重点产业部门,如青海旅游业、甘肃绿色农业及食品产业。争取每个省份至少有两个经济实力较强的地理增长极和产业增长部门。有效利用"一带一路"等国家优惠政策,促进黄河流域与国内国际双循环融合。

第二,提高生态保护能力和水平。大力建设黄河中上游蓄水、节水、调水设施,建立黄河流域水利设施和生态保护法,建立水利设施征地补偿机制,多措并举,提高水利设施的有效性。创新生态保护环境新机制,提升节水、蓄水、用水技术和生态保护技术。相对长江流域,黄河流域发展面临的缺水问题较突出,水污染和土壤污染更难稀释和分解。建议探索将排污口强制放在城市上游等环保机制,增大黄河中上游地区排污面临的压力,逼迫其提高环保水平和管理意识。探索设立各类环境治理实验区,提高生态恢复技术水平,改善黄河中上游自然环境。制定黄河流域国土空间发展规划,精确地识别各类土地用途。

第三,开拓思路,有效挖掘、利用优势条件,发展特色经济。有效利用伴随干旱而来的大量光能和易干燥等条件,大力发展太阳能发电,引进耗水量小的循环工业以及需要干燥环境的产业或产业环节。未来,干旱地区循环产业的发展技术仍然可以形成特色产业,向"一带一路"沿线国家输出。依托独特的自然条件,发展特色农业,提高农产品的品牌运营能力。以开拓创新的思维,挖掘本地优势。例如,青海省因交通条件限制,吸引到的旅游人群主要是中高收入者,这些游客在青海省内分布比较集中。而在平原地区,这些游客是很多广告商需耗费大量精力和资源去筛选才能准确定位的客户群,而且一般情况下这群人分布较分散。那么,青海省可以利用大量密集的中高端游客发展广告展览、展示和电商服务业,甚至厕所、游客服务区等公共设施可以利用广告商的力量去建设和维护,一方面解决基础设施建设资金不足问题,另一方面解决产业发展问题。基础设施不便的地区发展产业,可从引进产业的某些环节开始打造产业链,比如,初始发展电子器件等制造或组装环节不需要很高技术且成品不需要很高运输成本的产业,随着经济实力提升和产业活跃,进一步提高基础设施建设水平,扩大产业体量,延伸产业链。初始阶段不追求自身做全做好,而争取嵌套进发达地区或全球产业链。比如,西部地区地形地貌特色明显,但服务能力、服务水平及设计能力不足,黄河上游地区可利用本地优势特色旅游资源嵌套进环球、全国旅游、摄影高端服务业环节中,从"摄影套餐"的某个环节逐步打造本地高端旅游服务链。另外,西北地区独特市场需求是培育特色产业的机会。比如,可以把西北地区生态治理技术与设备专利化和产业化,形成治理干旱地区生态环境的特色优势产业,未来可向"一带一路"沿线国家输出产品和服务,获取经济利润。

第四,设立非发达地区区域协调发展试验区。在当前区域经济差异不断拉大的情况下,在短期内实现落后地区和发达地区区域均等化发展比较困难。但在黄河中游和上游地区,很多地区资源相似、文化相近、人文相亲、经济社会发展差异小,且公共服务均等化带来的财政压力相对较小。因此,可以选择部分地区试行非发达地区公共服务均等化,为全国公共服务均等化作铺垫。

第五,积极争取乡村振兴政策优惠条件,分类实施乡村振兴战略,探索黄河流域乡村振兴发展路径。黄河经济带城市经济比重仅占整个经济带比重的一半,要带动经济发展须进一步加强城市建设。但乡村发展是黄河经济带发展不可避免的环节,而且广袤的乡村地区发展是国土安全的重要保障。这一阶段,在乡村城市均等化发展困难的情况下,要注意发展乡村公共服务尤其是教育,避免乡村人口发展能力与城市人口发展能力的鸿沟。黄河上中下游地区城市经济比重差异大,意味着其农村发展差异较大,应摸清当前各地区乡村人口、土地、地形地貌及区位等特点,探索聚集提升、城郊融合、特色保护、搬迁撤并类和乡镇中心重点建设等不同类型村庄联合发展,将巩固脱贫攻坚成果和乡村振兴结合起来,借鉴脱贫攻坚工作体系和框架,整合原有各级脱贫攻坚力量,因地制宜地制定乡村振兴重点任务,发展黄河经济带乡村经济。

第六,促进黄河中上游地区与相对发达地区合作。黄河中上游地区要加强推介本地资源,加强与国内相对发达地区甚至国际发达地区广告设计、品牌运营商、新产品生产商等沟通,通过资金合作、品牌运营、产业链嵌入等多种办法,使相对发达地区带动黄河经济带中上游地区。加强我国东部地区与黄河中上游地区对口支援与合作,对口支援除基本的送钱、送物、建设、教育机会、人才培训等,还可以经济合作,鼓励各地区合作发展飞地园区。飞地园区建设地区不要局限于黄河本地或合作地区,可以另行选择有利于产业发展的地区,形成三方合作。

第七,因地制宜借鉴长江经济带生态保护和经济发展各项政策措施。考察、探索长江经济带发展过程中实验试点和资金借贷等政策在黄河经济带实施的可行性。

第八章　京津冀协同发展
战略和空间布局

京津冀协同发展,有着深刻的地理和历史背景。通过历史和地理角度,系统研究与梳理,能够勾勒出京津冀本源的地理基础和深厚的文化渊源,为构建京津冀区域经济体系与开发治理结构提供指引。

一、京津冀协同发展的经济地理格局

1. 资源环境基础

京津冀地区范围包括北京市、天津市、河北省全部。河北省共有石家庄、唐山、保定、廊坊、邯郸、邢台、秦皇岛、张家口、承德、沧州、衡水等 11 个地级市。京津冀地区共计土地 21.8 万平方千米,人口 1.1 亿(2017 年)。

从总体自然格局来看,京津冀地区两面环山,一面临海,另一面与黄淮海平原相连。京津冀的自然基底为协同发展提供了基础。京津冀地区自然地理范围与海河水系地理范围基本一致,其中,京津冀平原地区由古代黄河与海河共同冲积而成。京津冀区域自然地理地貌具有一定整体性,但内部存在地理亚区差异性,而每个亚区的边界基本上是稳定的。

京津冀地区近年来成为世界雾霾问题最突出和最高发的地区之一,主要原因是该区域工业化、城镇化快速推进,同时,华北地区大气环境相应地变化,多种污染物共生。污染最集中的地区在南部邯郸、邢台等地,在一定气候条件下,会大面积影响京津。

历史上,京津冀是多水地区。北京周边、天津地区、白洋淀地区、黑龙港地区等地,由于地势低洼,都曾经是河湖纵横、水量丰沛之地。由于人口增加和开发过度,加上气候变化,当前,京津冀地区是国内水资源最紧张、供需缺口最大的区域之一。河北省各市承担了京津冀地区 70% 以上的地表水资源保护区、水土保持区、自然保护区、蓄洪滞洪区等生态功能服务区,承担着京津两个特大城市生态安全保障任务。其中,张家口和承德两市作为京津冀北方生态屏障,肩负着北京、天津水源地重大职责。北京与张家口共同筹备冬奥会以来,该地区生态功能更加重要,生态环境改善很大。

水资源短缺是京津冀地区最核心的生态性问题之一。当前,区域水资源承载能力已经远远超过警戒线,对工农业生产造成的风险十分突出。近 40 多年来,由于农业发展迅速,城镇人口不断翻番,加上兴修大型水库、气候变化等原因,该地区地下水位持续下降、漏斗面积不断增加,地表河流干涸、断流,地表湖泊不断退化、萎缩。伴随人口增加,区域人均水资源量已经远远小于 300 立方米/年,不到全国人口平均水平的 1/7。

2. 协同发展的历程

由于地理和历史上的联系,自古以来,京津冀地区相生相伴、相辅相成。中华人民共和国成立后,北京成为国家首都,再次成为国家政治中心,京津冀发展与合作始终以保障北京为核心要务。在这个基础上,不同时期,京津冀发展表现出不同特点。

行政区划调整对京津冀地区发展产生了深远影响。中华人民共和国的首都设在北京,天津是北方商业和工业中心。1968 年,在重新成为直辖市之前,天津是河北省省会城市。"文化大革命"初期,天津直辖,受政治局势影响,河北省选择了石家庄作为省会。因此,当前京津冀区域行政分割,是由新中国成立后行政区划调整形成的。

从中华人民共和国成立到改革开放的 28 年中,在高度计划经济管理体制下,行政分割的态势主导了京津冀经济发展与区域合作。中华人民共和国成立初期,由于人、财、物严重不足,城市主要围绕工业有重点、有步骤地建设与发展。1958—1967 年,天津市作为河北省省会期间,从带动全省工业发展这个目标出发,一批钢铁、制药、纺织、胶片等行业的工厂迁出,为河北省打下了一定工业基础,在一定程度上造成了天津市与河北省产业同构。20 世纪 70 年代,北京市从建立自成体系的工业体系出发,投资建设了燕山石化等大型化工企业,扩建了石景山钢铁厂等大型项目,与天津市及河北省产业逐步趋于雷同,最严重时,产业结构的相似系数①超过 90%。各地之间经常争投资、争能源、争项目。

20 世纪 80 年代,改革开放初期,顺应经济发展的需要,京津冀地区开始探寻从竞争走向合作的途径。由于经济体制改革和市场经济确立,省、市、县等地方行政区成为经济发展的主体,各地区之间关系更多地表现为区域竞争关系。这种区域经济竞争一方面促进了地方经济发展,另一方面使地方保护主义逐渐抬头。从区域经济发展目标出发,克服区域竞争带来的弊端、走区域合作的道路就成为历史性选择。

1980 年代初,京津冀地区成立了全国最早的区域协作组织——华北地区经济技术协作会。协作会主要通过高层会商以物资交流作为主要协作内容调剂地区间物资,并鼓励企业之间横向经济联合。例如,北京与河北环京地市合作

---

① 1979 年,联合国工业发展组织(UNIDO)国际工业研究中心提出了结构相似系数,用该系数测定了各国产业结构相似度,以此来衡量产业的同构程度。其表达式如下。

$$S_{ij} = \sum_{k=1}^{n} (X_{ik} X_{jk}) / \sqrt{\sum_{k=1}^{n} X_{ik}^2 \sum_{k=1}^{n} X_{jk}^2}$$

其中,S_{ij} 是 i 区域和 j 区域的结构相似系数,i 和 j 是两个相比较的区域;X_{ik} 是 i 区域 k 产业占整个产业的比重,X_{jk} 是 j 区域 k 产业占整个产业的比重。S_{ij} 的值在 0 和 1 之间变动。如果其值为 0,表示两个相比较地区的产业结构完全不同;如果其值为 1,说明两个地区间产业结构完全相同。也就是说,S_{ij} 的值越大,两个相比较地区间产业同构度越大;反之,同构程度越低。

建立了肉蛋菜等生活资料供应基地和纯碱、生铁等生产资料基地。地方政府通过项目合作,达到互通有无的目的。

20世纪80—90年代,全国区域合作在中央反对地方保护主义政策指引下如火如荼地展开。北京、天津、河北三地最先启动了京津冀汽车制造业"横向经济联合",以汽车制造业作为最早的切入点。然而由于地方利益的竞争,没有进入到实质性联合。

1988年,北京与河北环京地区保定、廊坊、唐山、秦皇岛、张家口、承德6省市组建了环京经济协作区,定位为"北京市、河北省政府指导下,以中心城市为依托的开放式、网络型区域组织",建立了市长、专员联席会议制度,设立了日常工作机构。该协作区以推进行业联合为突破口、以商品交易为主要内容相继创办了农副产品交易市场、工业品批发交易市场,组建了信息网络、科技网络、供销社联合会等行业协作组织,建立起地区企业间的广泛联系。在当时,京津冀处于区域合作第一阶段,即商品合作阶段,确实卓有成效地推进了区域经济合作。

基础设施合作是区域合作迈向第三阶段的主要标志。2000年,北京和天津机场实现了首次中国民航跨区域联合。2002年,北京与天津港口直通,实现了港口功能一体化。2004年,在国家发改委组织、协调下,京津冀三省市就推进区域合作和发展达成了"廊坊共识"。2005年,国务院批准在曹妃甸建设具有国际先进水平的钢铁联合企业作为首钢搬迁的载体及京津冀都市圈乃至全国重化工基地和能源枢纽港。"十一五"前期,京津冀区域合作取得了长足进步。

2005年,天津滨海新区开发、开放加速,天津市在推进与环渤海地区各省市区域合作中,出台了若干具体政策。2008年,京津城际列车开通,京津同城化进入到新的实施阶段,为京津区域合作向新的领域推进创造了条件。

在"十二五"规划当中,"首都圈"概念与京津冀都市圈同时出现。一些学者认为,首都圈的任务是解决北京城市发展中各种重要问题尤其是资源环境问题,从这个角度讲,首都圈就是北京加上北京周边几个河北地级市;一些学者认为,还应该像以前直隶省一样,包括整个京津冀;另一些学者认为,首都圈范围应该更大,把内蒙古、山西都包括进去,因为这些地方为首都提供一些上游的能源、水源等。这样,内圈、中圈、外圈首都圈概念形成。2010 年,随着北京建设"世界城市"提法成为当时中心概念,首都圈概念逐步淡化,最后归于沉寂。

党的十八大召开以来,以习近平同志为核心的党中央高度重视和强力发展京津冀一体化。习近平总书记做出了一系列重要讲话和指示,突出强调京津冀地区要加强顶层设计,建立起科学的长效机制;要自觉打破自家"一亩三分地"思维定式,唱好京津"双城记",要走出一条目标同向、措施一体、作用互补、利益相连的路子来。

2014 年 2 月 26 日,习近平总书记在北京考察并发表重要讲话,提出京津冀协同发展战略。同年,国务院成立京津冀协同发展领导小组,为京津冀协同发展提供了组织保障。2015 年 4 月底,中共中央政治局审议通过《京津冀协同发展规划纲要》,明确了京津冀整体和京津冀三地各自发展定位,明确了布局思路和空间骨架,明确了以有序疏解北京非首都功能为京津冀协同发展战略核心,以交通、生态环保、产业为率先突破的重点领域,提出促进基本公共服务均等化是推动京津冀协同发展不可或缺的重要内容,初步完成顶层设计。2016 年 3 月,"十三五"规划指出:"要以区域发展总体战略为基础,以'一带一路'建设、京津冀协同发展、长江经济带发展为引领构建我国区域发展新格局。"

在《京津冀协同发展规划纲要》引领下,2014 年,各级政府相继出台了一系列不同层次、不同领域专项规划,形成了层次清晰、范围全面、相互连接的规划体系。规划体系包含了资源、生态环境、医疗卫生、基础设施等各方面,同时,也包括京津冀城际铁路网规划、北京新机场临空经济区规划等更为具体的规划。规划体系保证了京津冀协同发展战略在实施过程中有章可循,保证了具体推进过程中可以统一布局、相互配合,保证了京津冀协同发展战略可以健康、有序落实。

以规划体系为指导,三地在多领域合作进一步深化,完成了规划的落实工作细则,签署了合作的框架协议,出台了合作的政策文件,为京津冀协同发展战略从顶层设计宏伟蓝图到实施落地丰硕成果搭建了桥梁；同时，设立各级相关政府机构如京津冀协同发展领导小组办公室和各市推进京津冀协同发展工作领导小组、搭建各种联系机构和平台如京津冀协同办主任联席会议制度和有关部门联席会商制度，为京津冀协同发展提供了组织和制度上的保障。

二、京津冀协同发展战略带来新机遇

京津冀协同发展的新方位来自共识，包括学术共识、政策共识和行动共识。早在 20 世纪 80 年代，关于京津冀协同发展的学术研究就已经开始，在学术共识的基础上形成各种观点；2014 年 2 月 26 日，习近平总书记在北京主持、召开座谈会，明确提出京津冀协同发展的重要意义、基本原则与重要任务，对京津冀协同发展做出重要部署，政策共识已经明确；京津冀协同发展成为事关中国经济未来走势的重大国家战略，京津冀区域发展迎来了新的机遇，京津冀各地政府已经行动起来，通过行动共识，为实现协同发展共同奋斗。

1. 机遇与规划原则

应当看到，就北京、天津和河北而言，京津冀协同发展都是机遇大于挑战。机遇主要来自以下几方面。

（1）城市功能疏解

北京疏解非首都核心功能是北京城市减负的主要手段。实际上，北京在协同发展几年前，就有疏解冗余功能的做法，但收效甚微。关键是错综复杂的关系使任何一个疏解行动都面临巨大阻力。而京津冀协同发展是一把"尚方宝剑"，京津冀协同发展时，疏解非首都核心功能的阻力比任何时候都小，所以必须抓住这一良机，壮士断腕，把那些非首都核心功能都疏解出去。

北京城市功能疏解的目标是优化资源配置。把资源优化出来用到发展城市核心功能上,使首都北京重新获得发展动力。这就要求在疏解中坚持城市发展定位,优化产业结构,巩固核心功能,抑制一般功能,疏解非核心功能。提高空间效率,有机改造城区,丰富发展郊区。我们要准确识别哪些是非核心功能,防止"误删"而影响北京长远发展。

(2)产业转移持续加速

进一步推动产业在京津冀地区有序转移和优化配置,是京津冀协同发展的主要任务之一,也是先期启动的切入点。随着产业价值链不断分解和区域专业化分工加深,中心城市很多拥有知识、技术、人才等高端要素资源的创新集聚区将更加专注于发展高端产业,制造业、部分生产性服务业、部分陆路物流等产业将北靠和南移,为环京津地区产业发展增加新的内容。

加快产业转移,目的是让主要城市产业结构更加优化、企业更好地发展。如果产业因为转移而做死了,就背离了产业转移的目的。那么,企业如何才能不"做死"?首先,要完善对企业转移的政策保护,鼓励转移,加强服务,解决转移中碰到的问题;其次,供给资源,保障土地、能源、用工等,使企业生产成本降低;最后,营造发展环境,在同类企业聚集在同一个地域的前提下,加强企业的生产联系,使企业相互协作。

产业转移的重要机遇在于这种转移将促进产业集群化发展。北京和天津企业向周边河北相关市县转移过程中,形成产业集群、构建新的产业园区是必然要求。其实,这方面已经有很好案例,固安"产业新城",就是很好的选择。

(3)推动交通建设和大气治理一体化

将交通一体化作为京津冀协同发展先行领域,强调加快构建快速、便捷、高效、安全、大容量、低成本的互联互通综合交通网络。将交通基础设施建设作为京津冀协同发展的突破口,加快建设和衔接高速公路、高铁和轨道交通,服务三地之间要素流动的大趋势,是京津冀协同发展的最大机遇之一。

加强生态环境保护合作,启动大气污染联防联控机制。大面积雾霾天气治理给京津冀协同发展提出了最紧迫的课题,生态环境的共享性和不可分割性决定了雾霾天气等环境污染问题治理必须加强区域合作。以大气污染联合治理为契机,京津冀应加强水资源保护和治理、清洁能源使用等领域合作,为京津冀发展提供坚实的生态保障。

当前,京津冀协同发展已经具备了共同基础。但是,如何实现京津冀协同发展,是对我们国家治理能力和城市建设能力的巨大考验。我们要抓住机遇,迎接挑战。京津冀协同发展规划的基本原则如下。

①坚持顶层设计。京津冀地区的历史文化、经济发展和生态环境都具有独特性,京津冀协同发展的顶层设计,首先,实现京津冀区域认同,把京津冀世界级城市群作为区域全体人民的共同认同;其次,明确京津冀地区在全国区域发展总体规划中的角色定位和区位优势,以此为依据确定京津冀协同发展的战略目标、重点任务和实施路径;最后,进行多层次、多维度协同发展改革试点实践经验总结,逐步丰富协同发展的内容。

②协调地区利益。建立和完善京津冀区域利益协调机制,具体包括:一是制定生态环境改善建设和补偿机制,强调区域援助,特别是对河北北部生态涵养区和水源汇集区区域援助应当提上日程;二是推进财政和金融体制改革,把已经比较成熟的转移支付政策应用到京津冀区域内贫困地区扶助中来;三是加快完善公共服务体系,通过区域内市场开放,取消公共服务的省市分割,逐步实现均衡配置;四是解决农民工市民化问题,制定政策优惠,解决城镇化的难题。

③调整空间关系。随着京津冀区域分工程度加深,空间上合理布局成为下一阶段的重点。多年来,地方保护主义影响须彻底根除,建立和谐区域关系需三地共同努力。和谐空间关系调整,涉及基础设施共建共享、重点城市—产业带构建、主要经济增长极选择、人力资源在区域内自由流动等,都是协同发展战略的重点内容。我们要建立一种柔性的、有利于消融地区矛盾的、同时互相带动发展的空间关系,这是实现协同发展的重要标志之一。

④统一产业规划。在市场化改革中,打破行政分割的地方政府治理模式得

到广泛认同,目前,京津冀协同发展严重依靠规划协调。因此,资源配置、协调产业、协调项目是未来一段时间主要任务。要使京津冀区域经济有强大的生命力和强劲的发展势头,就必须从自身比较优势和竞争力出发,统一制定适合本地区特点的产业发展规划,优化京津冀区域产业结构。具体分工是,北京集中发展高端服务业和高新技术产业,天津集中发展高端制造业和生产性服务业,河北集中发展基础制造业和交通物流业。

寻找京津冀协同发展的新方位,具体做法如下。

第一,城市功能疏解要立足人口资源环境的减法和经济发展质量的加法。应当把北京市16 400平方千米当作一个区域看待,在市域范围内疏解效果会更好。例如,怀柔可以就势改造为首都对外交往副中心。同时,怀柔科技城成为与中关村并行的创新中心。随着北京新机场建设,在空港附近集中建设中央办公区也是很好的选择。

第二,推进产业转移,按照中部地区模式设立承接产业转移示范区。产业转移的重要机遇在于这种转移将促进产业集群化发展。北京企业向周边河北相关市县转移过程中,形成产业集群、构建新的产业园区是必然要求。首先是正确选择转移的产业,资本的逐利性是转移的根本动力;其次是保障土地、能源、用工等,帮助企业降低生产成本;再次是营造发展环境,在同类企业聚集在同一个地域的前提下,使企业加强生产联系,相互协作。

第三,推动交通建设和大气治理一体化是中央政府和地方政府的共同责任。交通建设和大气治理一体化是协同发展的切入点。由于京津冀地区以及行政区分割,以省市为单位的行动比较容易,三地联合共同建设和治理比较困难。因此,协同发展要求在中央政府的牵头下,三地地方政府放下地方利益,从京津冀整体利益出发,参与到交通与环境的规划制定与项目建设中来。

京津冀区域合作起源于20世纪80年代,经过30多年演进,京津冀区域协同发展呈现出以要素一体化和贸易一体化为主兼有政策一体化内容基本特征。之所以现在启动京津冀协同发展国家战略,有以下三点重要原因。

第一,大范围雾霾凸显京津冀协同发展的重要性。尽管地区生产总值是分区域考核的,但是资源环境尤其大气环境是共享共有的。进入 21 世纪第二个十年以来,京津冀地区大范围雾霾天气凸显整个京津冀区域城市人口过度集中、机动车增长过快、产业结构不合理、重化工业比重过高的弊端。解决资源环境问题,重新启动经济增长,区域协同发展已经刻不容缓。

第二,北京"大城市病"严重阻碍了国际化大都市建设和国家发展战略。北京城市发展中人口非理性增长、交通拥堵、水资源短缺、空气污染严重、房价虚高不下,北京服务中央和国家战略的能力下降,城市生活质量下降。目前,北京人均 GDP 只有 15 000 美元,仅为纽约、东京、伦敦等城市的三分之一。我们离发展的目标还很远,但发展的资源几乎被耗竭了。解决北京"大城市病",使北京放下沉重发展包袱,重新获得发展动力,是北京发展的需要,也是国家发展战略的需要。

第三,京津冀地区作为中国经济发展"三大引擎"之一,其本身发展受到各方面制约。目前,京津冀地区存在的问题:一是行政分割严重,缺少协同发展机制体制,政策上在交通、银行、通信、食品安全、住房等方面缺少协同;二是定位不清晰,内部发展差距很大,例如,从人均 GDP 来看,天津是河北的 2.53 倍,北京是河北的 2.41 倍;三是中心城市辐射带动能力弱,京津两大城市对周边地区资源存在虹吸效应,使河北省环绕京津区域还有 20 多个贫困县、200 多万贫困人口。加快整个京津冀地区发展,直至赶上东部地区发展水平,没有京津冀协同发展是达不到的。

2. 战略定位与主要任务

(1)京津冀协同发展问题与主要任务

如上文所分析的,京津冀协同发展要解决的主要问题:一是京津冀行政分割严重,缺少协同发展机制体制;二是京津冀三地定位不清晰,发展差距大;三是京津冀城市发展不协调,中心城市辐射带动能力弱;四是京津冀资源环境问题严重,特别是水资源短缺、空气污染严重;五是北京患上了"大城市病"。

为解决这些问题,必须完成以下任务。

①统一制定区域规划。加强京津冀世界级城市群产业发展规划协调,包括协调产业结构,协调项目安排等是未来一段时间主要任务。要使京津冀区域经济有强大的生命力和强劲的发展势头,就必须从自身比较优势和竞争力出发,统一制定适合本地区特点的区域产业发展规划。

②尽快建立区域利益协调机制。建立和完善京津冀区域利益协调机制,重要的是信息沟通反馈机制、规划编制合作机制与共同市场机制。这些机制包括市场开放、政策优惠、区域援助、转移支付等。其中,制订京津冀生态环境改善建设和补偿方案,保护生态环境,是目前建立区域利益协调的长效机制的当务之急。

③不断调整区域空间关系。随着京津冀区域分工程度加深,空间上合理布局成为下一阶段的重点。构建京津冀区域内重点城市—产业带,选择主要经济增长极,构建首都经济圈,一体化发展渤海西部经济带,建设从北京经石家庄到邯郸的沿京广高铁经济带等,都是需要研究的。

（2）京津冀协同发展的功能定位

调整京津冀区域经济结构和区域空间结构,实现区域协同发展,要明确三方的区域功能定位,才能避免区域无序竞争,促进区域合作,实现区域协同发展战略目标。

京津冀协同发展已成为重大国家战略,把京津冀地区打造成具有中国政治、文化、科教、国际交往中心的世界级城市群,关键是在产业发展上形成优化的区域分工:形成中国高端制造业和现代服务业集聚区、科技创新和技术进步示范区、北方经济发展核心区。为了实现上述目标,须明确京津冀三地功能定位。

①北京功能定位。北京作为首都,中央的定位是"政治中心、文化中心、国

际交往中心、科技中心"四个中心。为建设"四个中心",其主要途径是疏解非首都核心功能,缓解日益严重的"大城市病"。在产业层面,发挥现代服务业和高新技术产业的比较优势,应该把生产制造业、批发零售等低端产业逐渐向周边转移。

疏解北京非首都功能,并不是淡化北京经济功能。北京经济结构以现代服务业为主,科技、人才、市场、信息与文化优势明显,金融保险、科技开发和信息服务、文化会展、旅游等现代服务业,电子信息、汽车整车、光机电一体化、生物工程与新医药、环保等现代制造业和高新技术产业发展势头良好。然而,北京发展经济的要素资源已经十分紧张,以腾笼换鸟方式集中资源发展优势产业,是"减量发展"的必然选择。

强化北京"四个中心"定位,吸引国际国内高端要素聚集、提升国际地位和功能,优化区域资源配置,引领京津冀城市群实现全面协调可持续发展。

②天津功能定位。天津是全国最大的城市之一,拥有北方最大综合性港口和先进的制造业基础,在京津冀协同发展中,天津的定位是"三区一基地":国际航运核心区、金融创新示范区、改革开放先行区和全国先进制造研发基地。

天津是中国北方经济中心城市,这种地位是天津作为中国近代工业发祥地就已经形成的。作为国际航运核心区,天津市是北方最大国际港口之一,整合渤海湾港口群,形成北方最大国际航运核心区,由天津牵头是当之无愧的。作为金融创新示范区,天津依托本地优势领域金融、信息、商务、会展等高端服务业方面发展潜力很大,特别是依托港口、背靠滨海新区来发展离岸金融,是其主要优势所在。作为改革开放先行区,天津在滨海新区改革试验室取得成功,为国家改革事业做出了巨大贡献。作为全国先进制造研发基地,天津有港口贸易、生产性科技研发、现代制造、物流等方面优良条件,具有独特的优势,又具有带动周边沧州、廊坊、唐山等城市发展的空间条件。天津在化工和电子信息产业、机械装备、汽车、现代生物医药、石油及海洋化工、新能源与新材料、都市型工业等现代制造业和高新技术产业领域科技研发转化优势十分突出,加上金融保险、高端物流、国际商贸、现代房地产等服务业配套,是有条件率先建设成为全国先进制造业研发基地的。

在京津冀协同发展区域定位中,天津在京津冀城市体系中是发展较为成熟的中心城市,应当发挥其对河北特别是冀东地区辐射带动作用;另外,天津由于独特的港口条件,拥有承接北京非首都功能疏解部分功能的有利基础,应当在京津冀协同发展中起着更大作用。

③河北功能定位。河北作为京津腹地,发展方向是依托京津辐射,加快自身发展。因此,其功能定位为非首都功能疏解的主要承接地,全国现代商贸物流基地,产业转型升级试验区,新型城镇化与城乡统筹示范区,京津冀生态环境支撑区。从产业发展来看,其首要任务是与京津转移的产业对接,重点承接北京疏解的首都非核心功能,大力发展先进制造业,积极发展与京津配套的现代服务业。

石家庄是京津冀区域中心城市,发挥北连京津、辐射中原区位优势,力争成为京津冀世界级城市群的主要中心城市。目前,石家庄已经成为华北地区最大商业贸易和流通中心,医药和物流是两大支柱产业。石家庄一方面承接北京、天津辐射,集聚周围资源要素,加快壮大自身;另一方面,面向冀南地区地理位置,承担起向京津冀南部地区加强辐射任务。作为京津冀区域仅次于京津的第三大城市,石家庄发展程度对京津冀协同发展十分关键,向冀中南地区邢台、邯郸及衡水辐射,对带动冀中南地区发展十分重要。

石家庄产业发展主要以医药、纺织、商贸物流等产业为主,根据河北省发展规划,石家庄在京津冀协同发展战略中,要重点提升和拓展医药、纺织、服装等传统优势产业,特别是医药产业,要提高加工深度,推进中药现代化,大力发展生物制药;在与北京加强科技合作的基础上,围绕电子信息、生物技术与新医药、新材料、新能源与高效节能技术、环保产业、现代农业等领域加快发展。此外,在供给侧结构性改革的过程中,要加快转移和淘汰石家庄市区范围内钢铁、焦化等污染产业。

总之,石家庄依托省会优势,在转型发展和提升城市经济能级方面,发展和提升空间较大。

三、京津冀协同发展的空间布局

经济区优化离不开空间布局。空间布局一般指区域内部各部分在整个区域空间中所处的位置地位和在区域发展中扮演的角色。空间布局优化是一个综合概念,包括区域经济协调、产业分布合理化、城乡分布合理化和空间管理体制扁平化。

京津冀空间结构由一省两市构成的三个一级行政区结构,本区域在经济、文化、地理上是一个不可分割的整体。京津冀协同发展的核心要求就是,在空间格局优化中淡化行政区划影响,从促进区域经济发展角度合理规划和布局各种生产要素。

按照《京津冀协同发展规划纲要》(以下简称《纲要》),京津冀区域空间布局,以构建京津冀世界级城市群、实现区域经济一体化为最终目标,形成"一核、双城、三轴、四区、多节点"区域发展总格局。在此基础上,构建大中小城市和城镇相结合,网络型、多层次、开放性城市体系。

1. 构建多中心网络化空间格局

实现京津冀协同发展的空间目标,以构建多中心网络化空间格局为途径。具体实施以下五个步骤。

（1）巩固"一核"

北京是京津冀世界级城市群当之无愧的核心,有序疏解非首都功能、优化提升核心功能、致力解决"大城市病"。其中,疏解北京非首都功能是京津冀协同发展的首要任务。

（2）发展"双城"

北京和天津两个超大城市市中心相距 120 千米,包括位于两市中间的河北廊坊,人口近 4 000 万,土地 30 000 多平方千米,是超级"巨型城市"架构,完全可以媲美日本东京都市圈。"双城"是京津冀协同发展的主要引擎,实现同城化发展对京津意义重大,对整个京津冀地区起到发挥高端引领和强劲辐射带动作用。

（3）打造"三轴"

所谓"三轴"是指京—津、京—保—石、京—唐—秦三个发展轴,是沿铁路、高速公路等形成的带状产业发展和城镇聚集带,也是支撑京津冀协同发展的主要空间骨架。

（4）形成"四区"

在《纲要》中提出要形成中部核心功能区、东部滨海发展区、南部功能拓展区和西北部生态涵养区四个功能区,并按照每个功能区的特点规定其发展方向和主导产业。

（5）建设"多节点"

京津冀区域面积较大,人口超过 1 亿,需京津之外区域性中心城市作为区域经济发展支撑。这些城市包括石家庄、唐山、保定、邯郸、张家口、承德、廊坊、秦皇岛、沧州、邢台、衡水等。

京津冀协同发展的空间总体布局就是,在这五个方面的结合之上调整区域空间格局、培育不同规模等级中心城市、打造城镇体系。立足本地自然资源、交通条件和经济发展基础,统筹规划区域发展,突出区域特色,强化区域重点,提升区域发展实力和竞争力,形成以京津为核心的多级多点的网络化都市圈格局。

多级是指建设北京、天津、石家庄、唐山、保定等一级和二级中心城市,形成多中心发展格局;多点是指在京津冀广大区域,设计更多区域经济增长点,包括地区中心城市、强大的县级城市、较强的开发区和人口聚集区(如燕郊镇)等;"网络化"是指以基础设施为依托,借助区域人流、物流、信息流、资金流流动,将区域发展多中心特征从形态上延伸到功能上。其中,要突出建设联系京津与河北主要城市市域之间的城际快速轨道交通,真正把京津冀都市圈建设成为"轨道上的京津冀"。

2. 辐射全域的四大发展轴

京津冀协同发展中,"三轴"是区域空间的骨架。能否建设这些轴带,是京津冀能否真正协同发展的主要标志。《纲要》中规划的"三轴",指的是京—津发展轴、京—保—石发展轴、京—唐—秦发展轴三个产业发展带和城镇聚集带,是京津冀地区产业和城镇最密集的带状发展区域,是人流、物流、交通流主要集聚地带,也是京津冀区域内最有发展基础和潜力的地区,更是由北京向京津冀全区域扩散的主要方向。鉴于北京和张家口 2022 年共同举办的冬季奥运会,国家已经大举建设京张之间交通等基础设施,产业向张家口聚集的趋势比较明显。由此可知,在"三轴"的基础上拓展"京—张发展轴",形成四条发展轴串联带动作用,对京津冀协同发展会形成新的带动性作用,可以促进协同发展。

(1)京—津发展轴

京—津发展轴是"四轴"的核心,以北京为起点,经廊坊、天津等节点,至天津滨海新区到达渤海。京—津发展轴与京津"双城"在空间上有所重合,在带动作用上有所分工:从辐射带动上讲,推动北京、廊坊和天津交通沿线主要城镇加快发展,打造京津冀地区科技研发转化基地,实现现代服务业和高端制造业在空间上的完美结合。同时,京—津发展轴是京津冀地区沟通和辐射带动渤海海洋经济的主要载体,是海洋经济增长的重要支撑平台。另外,人才、科技、信息、资金等要素以此轴为依托,在物理和虚拟层面上快速流动,推动着区域经济高端、快速发展。此轴城镇化发展日趋成熟,基础设施建设逐渐完备,城市管理水平较高,社会发展在整个京津冀地区起着示范和带动作用。

(2)京—保—石发展轴

京—保—石发展轴是指以北京为起点,沿京广高铁和高速公路,涵盖保定、石家庄,延伸至辐射邢台和邯郸等城市,以交通网络吸引主要城镇聚集的南北向经济带。京—保—石发展轴是非首都功能疏解的重点承接区域,也是京津冀地区重要的先进制造业和城镇聚集区。其中,保定毗邻京津,处于首都一小时经济圈内,以雄安新区为中心,是北京功能疏解的理想承接地区;石家庄作为河北省会,经济实力比较强,与京津形成三足鼎立局面,有利于支撑京津冀协同发展空间布局。由于京—保—石发展轴位于京广综合交通干线上,向京津冀南部地区辐射的趋势明显。从长远来看,最后形成"北京—保定—石家庄—邢台—邯郸"内陆城市发展轴,将对京津冀全局协同发展产生重大的带动作用。

(3)京—唐—秦发展轴

冀东地区发展,同样需经济中心带动。京—唐—秦发展轴,可以承担起这样的任务。京—唐—秦发展轴重工业基础雄厚,港口综合优势明显,面临产业转型升级紧迫任务。从带动整个冀东区域发展出发,整合产业功能,打造先进制造业基地,发展海洋经济,打造国际滨海旅游区,是未来几个重要任务。

(4)京—张发展轴

培育京—张发展轴的主要理由是:第一,京张申冬奥成功后,京张区域经济发展一体化趋势十分明显,公众对京张一体化认同要高于其他地区。第二,为迎接奥运会,交通先行,京张高铁、高速公路、信息网络等已经形成或者即将完成,未来京张之间经济和社会联系必将进一步增强。此外,京—张发展轴向西北延伸,乌兰察布、大同、呼和浩特、包头等都可纳入其中,拓展空间巨大。第三,京张之间产业合作发展很快,互联网、大数据、新能源等产业合作方面尤其突出。因此,京张发展轴的有利条件很多,国家应给予更多关注和支持。

3. 区域空间总体格局

根据《纲要》,京津冀区域空间格局将形成"四区":中部核心功能区,包括北京、天津北部、保定、廊坊等;东部滨海发展区,包括渤海湾沿岸秦皇岛、唐山、天津滨海新区、沧州等;南部功能拓展区,包括石家庄、邢台、邯郸、衡水等;西北部生态涵养区,包括承德、张家口。

(1)中部核心功能区

中部核心功能区由北京市平原地区、天津市平原地区、廊坊和保定市平原地区组成,这里高端要素资源聚集,科技产品生产集中,科研和创新能力很强,是引领京津冀协同发展的核心区域。

目前,中部核心功能区是京津冀区域发展基础最好、交通条件最便利、经济实力最强的地区。北京城市发展目标,首先是非首都功能疏解,以科技教育优势资源为依托,实现减量发展,打造高精尖经济结构,建设服务全国、辐射世界的京津冀世界级城市群核心城市。天津作为北方经济中心,做大、做强先进制造业,加强创新能力建设和发展现代服务业目标,同时,加快天津向河北周边地区产业转移,实现区域协同发展。保定经过多年发展形成了汽车制造和新能源等支柱产业,机电、纺织、食品、建筑建材和信息产业发展也有一定优势产业。

因此,中部核心功能区发展主要以服务业为主,在牵住北京非首都功能疏解牛鼻子的前提下,各城市发展定位应当优势互补,继续保持和提升区域经济中心地位,增强辐射和带动整个区域发展能力。

目前,中部核心功能区社会发展水在全区域平均最高,但地处开发程度已经较高的区域,面临人口密度大、土地资源短缺、交通拥堵日趋严重、空气污染等问题,区域内人口、资源、环境和发展之间的矛盾是比较尖锐的。所以,该区域发展要以调整优化提升为主,逐步疏解部分产业和人口,以服务业为主,强调优势互补,实现区域之间协同发展。

（2）东部滨海发展区

东部滨海发展区是京津冀协同发展的重点区域,具体包括天津滨海新区和河北沿海各地市。东部滨海发展区区域优势是拥有对外开放的地理优势,发展空间比较广阔,该区以天津为核心,整合京津冀沿海地区港口资源,是国内港口资源最集中的区域之一。同时,土地资源丰富,海水淡化潜力大,环境承载力较强,传统的煤铁等资源十分丰富。目前,面临国家要求严格保护自然岸线资源任务。

该区是京津冀区域中经济发展潜力最大的区域。2006年7月,国务院明确了天津国际港口城市、北方经济中心和生态城市定位。随着推进滨海新区开发、开放,滨海新区经济发展十分迅速,成为北方制造业中心之一。唐山市北依燕山,南临渤海,东界秦皇岛,西与北京、天津毗邻。长期以来,唐山与京津一起被称为"京津唐",是公认的北方经济发展前景最好的区域之一,也是核心区域中的核心地域。唐山市自身优势十分突出,在目前的基础上,构筑高端产业高地,做大、做强先进制造业,推动服务业大发展和加快建设现代农业是几个主要目标。东部滨海发展区是国家综合配套改革的先行区和示范区。该区从北到南依次分布有北戴河新区、曹妃甸新区、天津滨海新区、渤海新区等新增长地区,已经是京津冀地区产业发展的重要支撑点,在装备制造业、化工产业、钢铁产业等转型升级方面和依托港口发展物流产业方面及战略性新兴产业聚集方面,空间和发展潜力都较大。

未来京津冀区域经济重心将逐步向沿海转移,东部滨海发展区将成为京津冀发展中最具活力的地区。以港口为依托,积极发展临港产业,整合对外交通和物流能力,充分发挥北方对外开放门户作用,作为现代制造业和研发转化基地,形成与生态保护相协调的沿海型产业聚集和城镇发展区。

（3）南部功能拓展区

南部功能拓展区具体包括石家庄、邯郸、邢台市平原地区以及衡水,是京津冀协同发展的战略腹地、产业发展的重要后备区域、城乡统筹的重要示范区。该区的特点是发展基础良好、自然资源丰富、增长潜力较大,发展方向为重点承担农副产品供给、科技成果产业化和高新技术产业发展功能。

石家庄是河北省会,是与京津三足鼎立的一个重要中心城市,也是重要工业城市,以医药、纺织、现代制造业等工业为主;邯郸地处四省交界,交通枢纽地位明显,是国家重要工业中心城市,钢铁、煤炭、制造业等十分发达;邢台紧邻省会,已经形成装备制造、煤化工、新能源、汽车工业、新型建材等主导产业,也是国家重要的工业城市;衡水地处冀东南,是京九铁路经济增长带的节点城市,食品、轻纺等产业发达,是沿海开放区腹地,开发空间广阔。

石家庄是南部功能拓展区区域性中心城市,邯郸、邢台、衡水未来发展定位是以新型工业为主的工业城市,在京津冀协同发展中承担粮食生产、原材料供应、科技成果产业化、高新技术产业和现代制造业发展功能,是对京津冀协同发展起着产业支撑和空间保障作用的区域。

(4)西北部生态涵养区

西北部生态涵养区具体包括北京市山区、天津市山区、河北张家口、承德地区以及其他山区,是京津冀协同发展的生态保障区域,也是抵御内陆沙尘暴等的重要屏障,具有生态保障,水源涵养、旅游休闲、绿色产品供给等功能。

西北部生态涵养区地理区位特殊,区域生态系统较为完整,生态系统脆弱,经济发展相对滞后。由于该区域与京津地区在生态环境上联系极其紧密,水资源比较丰富,是京津地区生态屏障及主要水源地,对整个京津冀区域生态环境改善和可持续发展至关重要。近年来,随着京张顺利合作筹备冬奥会,加上交通能源等基础设施项目上马和京津水源保护力度不断加大,张家口、承德地区获得了少有的发展机遇:一批高科技项目特别是大数据项目和金融后台项目落户张承地区,该地区经济发展环境和产业结构有所优化。

当前,西北部生态涵养区相对京津冀其他地区海拔较高且位居内陆,以草地和林地为主,开发程度较低,人口和经济密度都远低于京津冀平均水平,社会经济发展较为落后。在加快发展的同时,建立合理的生态补偿机制,对促进该区发展及提升其发展水平至关重要。

4.培育五大产业集群

促进京津冀产业协同发展,重要的途径是实现产业集群化发展,要使市场配置资源基础性作用和政府统筹协调功能相结合,加快培育发展符合京津冀区域比较优势和发展要求的战略性产业集群,建设以高新技术产业集群为龙头、以先进制造业产业集群为重点、以资源加工产业集群为支撑的区域产业集群体系,实现区域内分工协作和产业空间配置优化,从而带动产业结构优化升级,促进经济社会协同发展。

(1)电子信息产业集群

北京要充分发挥电子信息研发能力强这个优势,确立研发中心地位,着力开发拥有自主知识产权的电子信息技术及产品。天津则应利用制造业基础好这个优势,发展成为电子信息产品的制造基地。廊坊应着力发展零部件配套产业基地,形成京津廊电子信息产业集群。

(2)汽车产业集群

在汽车制造业从分散走向集中大趋势下,京津冀地区应加强彼此的分工与合作:北京以非首都功能疏解为目标,推动汽车产业向高端化发展;天津重点发展经济型轿车,建设出口型轿车生产基地;河北承接北京汽车产业功能疏解,围绕京津汽车整车制造发展零部件制造业和专用汽车制造;形成涵盖北京、天津、保定、廊坊四地的汽车产业集群。

(3)装备制造产业集群

近年来,我国装备制造产业面临的发展机遇良好,京津冀地区产业基础良好,领域自主开发和创新能力更有优势,在运输设备、印刷机械、工程机械、数控机床、环保机械、电力、造船等产品研发和制造方面优势较大。目前,国内制造业行业最多、产业链最长、范围最大、带动能力最强的产业集群已经形成。

（4）冶金产业集群

京津冀地区是我国乃至世界最大冶金产业集聚区，形成了北唐山和南邯郸两大集聚区。京津冀这种钢铁工业生产格局，对国家产业布局影响很大，两大集聚区是京津冀各城市发展制造业和建筑业的原材料基地。目前，钢铁工业产业集中度高，协调发展态势好。今后任务不是继续扩大产业规模，而是在现有的基础上通过技术改造提高生产附加值水平，提升产品层次，提高产业效益。

（5）石油化工产业集群

京津冀石油化工产业主要集中在北京、天津和沧州，其中，北京非首都功能疏解使燕山石化企业面临疏解。天津和河北沧州化工产业基础好，临近大港油田和华北油田，又临近港口，便于进口石油资源，而且可以利用大片荒地，环境空间容量较大。京津冀区域石化产业逐步向天津和沧州方向转移，重点打造以天津和沧州为核心的石油化工产业集群是大势所趋。

5.形成多层级空间结构

区域空间结构是地区之间经济发展关系的空间映射，同时，也直接影响区域经济发展水平和效率。遵循城市发展的一般规律，京津冀区域形成多层级空间格局，是区域协同发展的需要。

（1）内核：从"单一中心"向"双城驱动"转变

多年来，北京作为单一中心，对京津冀区域空间结构起着支配作用。然而，由于北京单核带动能力局限，京津冀区域发展程度和均衡程度一直落后于长三角和珠三角。优化京津冀空间结构，第一步就是推进京津冀空间结构由"单一中心"结构向"双城驱动"结构转变。其目标是，近期在疏解北京非首都功能取得明显进展的前提下，力争在交通一体化、生态环境保护一体化和产业升级转移常态化等领域取得重大突破，协同发展。

具体途径是，北京依靠非首都功能疏解来实现自身减量化发展，在缓解"大城市病"的同时辐射带动环京地区发展；天津通过产业转移策略，构筑以渤海港口群为核心的现代综合交通网络，以京津城铁等快速交通通道为联系轴线形成京津"双城联动"模式，培育一批集聚能力较强产业在节点城市聚集，推动"双城联动"向"双城驱动"转变。另外，推动京津相关产业向邻近河北省节点城市转移，在实现自身产业转型提升的同时，带动河北省产业发展。

（2）外围：形成"三轴四区"大格局

形成京津冀空间结构"三轴四区"大格局。如前所述，"三轴"指的是京—津发展轴、京—保—石发展轴、京—唐—秦发展轴三个产业发展—城镇聚集轴带。"四区"分别是中部核心功能区、东部滨海发展区、南部功能拓展区和西北部生态涵养区，每个功能区都有明确的空间范围、发展定位和发展重点。

通过形成三条发展轴和四大功能区，京津冀总体区域空间结构初步显现。"三轴四区"可以把区域内重要节点城市通过交通干线连接起来，有效促进要素对接对流和产业互补互促，提高区域资源优化配置能力，通过轴带辐射带动区域发展。2020 年，力争区域一体化交通网络基本形成，生态环境质量得到改善，产业联动发展取得重大进展。

（3）空间："多节点网络"高级形态形成

推进京津冀空间结构向"多中心网络"发展。远期到 2030 年，北京非首都核心疏解初步完成，首都功能更加优化，基本确立"高精尖"经济结构；天津完成产业结构转型，制造业工业中心进一步巩固，现代科技和现代服务产业比重较大；整个京津冀区域一体化格局基本形成，区域经济结构更加合理，生态环境质量总体良好，公共服务水平趋于均衡，成为具有较强国际竞争力和影响力的重要区域，在引领和支撑全国经济社会发展中发挥更大作用。此时，京津冀"多节点网络"高级空间形态构建完成，以重要城市为支点、以战略性功能区平台为载体、以交通干线、生态廊道为纽带的立体化网络形成。"多中心网络"包括北京和天津两大中心(廊坊已经融入京津),雄安新区、石家庄、唐山三大支点,秦皇岛、承德、张家口、保定、衡水、邢台、邯郸、沧州八大区域性中心城市,通过中小城市合理布局与分工,产生区域溢出效应,打造具有国际竞争力的世界级城市群。

第九章　新时代长三角高质量一体化的时空演进特征与战略框架

　　长江三角洲(简称"长三角")是中国经济与人口密度最大、创新活力最旺盛、对内对外开放程度最高的地区之一。20世纪90年代以来,随着上海浦东新区开发上升为国家战略,长三角跃升为中国改革开放新高地。21世纪,处于中国海岸线中段的长三角已成为拉动国家社会经济发展的核心增长极,与沿海发展战略相呼应,塑造了"江海一体"立体化空间格局。2012年中共十八大以来,中央围绕区域协调发展理论与实践展开了一系列探索:继京津冀协同发展、长江经济带建设、粤港澳大湾区建设等国家战略相继出台,2018年11月,习近平总书记在首届中国国际进口博览会上明确表示支持长三角一体化上升为国家战略,这引发了政界、学界热烈讨论。同年年底,中央经济工作会议指出,"世界面临百年未有之大变局,变局中危和机同生并存",特别是2020年以来,在新冠肺炎疫情全球大流行背景下,为在变局中开新局、在危机中育新机,社会经济综合实力最为强劲的长三角正日益成长为国民经济高质量发展的塔尖区域,对转变发展方式、优化经济结构、转换增长动力意义深远。

　　界定长三角地域范围是展开后续研究的关键前提。根据城市间的联系强度,长三角可以划分为三级空间尺度,即泛长三角、大长三角以及小长三角。其中,泛长三角涵盖上海、江苏、浙江、安徽三省一市,面积达35.9万平方千米,截至2019年底,汇聚人口2.27亿,2019年,创造了地区生产总值23.73万亿元,分别占全国的3.74%、16.22%、23.94%;大长三角包括上海,江苏南京、无锡、常州、苏州、南通、盐城、扬州、镇江、泰州共 9 座城市,浙江杭州、宁波、嘉兴、湖州、绍兴、金华、舟山、台州共 8 座城市,安徽合肥、芜湖、马鞍山、铜陵、安庆、滁州、池州、宣城共 8 座城市,面积约为 21.3 万平方千米,2019 年,人口规模与经济规模分别达 1.48 亿、19.73 万亿元,依次占到全国的 2.22%、10.60%、19.92%;小长三角包括上海,江苏南京、无锡、常州、苏州、南通、扬州、镇江、泰州共 8 座城市,浙江杭州、宁波、嘉兴、湖州、绍兴、舟山、台州共 7 座城市,面积约为 11.3 万平方千米,2019 年,人口多达 1.06 亿,实现地区生产总值 16.33 万亿元,分别占全国的 1.18%、7.60%、16.48%。

本章将立足 2020 年 7 月习近平总书记提出的新发展格局理论,根据 2019 年 12 月颁行的《长江三角洲区域一体化发展规划纲要》,在阐明新时代长三角高质量发展与一体化发展辩证关系的基础上,从经济增长、产业实力、绿色发展、普惠共赢、创新能力、对外开放六个方面切入,分析包括三省一市(江苏、浙江、安徽、上海)在内的泛长三角高质量一体化发展时空分异特征及其背后原因,剖析新时代长三角高质量一体化发展的内在机理,在此基础上构建新时代长三角高质量一体化发展的战略框架。

一、新时代长三角高质量发展与一体化发展的关系

区域一体化是若干经济主体为谋求共同利益而促使生产要素在区域间流动与重新组合的过程,这一过程能够起到从密度、距离和分割等维度重塑经济地理空间作用。作为中国区域一体化的先行示范窗口,长三角近三十年来取得了举世瞩目的历史性成就。然而,随着国民经济逐渐由高速增长转向高质量发展阶段,长三角一体化面临全新的机遇与挑战。2020 年 8 月,习近平总书记在合肥主持召开扎实推进长三角一体化发展座谈会,强调长三角须紧扣一体化和高质量两个关键词抓好重点工作,与 2019 年 12 月印发的《长江三角洲区域一体化发展规划纲要》呼应,共同为长三角要素一体化、政策一体化向纵深迈进指

明了方向,成为处理长三角资源共享问题、利益共得问题与行为约束问题的基本准则。

新时代长三角高质量发展与一体化发展的辩证关系,主要表现在以下三个方面。

第一,一体化发展是加快长三角资本、人才、技术等各类优质要素高速、高效、高质量聚合的必然选择。区域合作是一体化发展的前提条件。通常来讲,区域合作须在市场与行政的双重导向下展开,涵盖资本合作、技术合作、人才合作、信息合作等方面,其目的在于构建联系紧密、分工合理、发展协同多边网络体系。长三角一体化的政策实践由来已久:纵观2008年颁行的《关于进一步推进长江三角洲地区改革开放和经济社会发展的指导意见》、2010年实施的《长江三角洲地区区域规划》、2016年发布的《长江三角洲城市群发展规划》,无一例外地将大范围、大空间、跨行政区合作定位为长三角互利共赢的必由之路,为长三角一体化模式创新提供了重要价值参考。2018年以来,长三角一体化与京津冀协同发展、长江经济带、粤港澳大湾区、黄河生态经济带等新型国家空间战略相配合,高度一体化的区域经济格局不断巩固。面向即将到来的"十四五"时期,长三角亟待进一步打破三省一市行政区边界,深化苏锡常、杭绍甬同城化发展,探索集区域合作政策、区域合作组织、区域合作章程、区域合作项目、区域合作绩效考核于一体的五维制度框架,通过市场机制、互助机制、扶持机制、激励机制催化教育、就业、卫生、文旅资源全域有序流动,完成"商品贸易合作—生产要素自由流动—区域政策趋同化—区域经济一体化"四步进阶,助力"十四五"时期国民经济本真复兴。

第二,高质量发展是提升长三角社会经济综合竞争力以满足人民日益增长的美好生活需要的永续路径。从经济学的本源上讲,质量是产品能够满足动态变化的实际需要的使用价值特性。基于上述界定,现阶段高质量发展的经济学内涵可被概括为能够更好地满足人民日益增长的物质和精神需要的经济发展方式、结构和动力状态。21世纪以来,片面追求经济增长速度的发展模式诱发了经济增长下行压力加大、产业实力不足、科技成果转化困难、对外开放不确定性加剧、资源环境约束趋紧等一系列问题,引起了社会公众对经济发展质量的广泛思考。2017 年 10 月,党的十九大首次明确将高质量发展正式升华至国家战略层面,赋予高质量发展以理论研究与政策指引双重科学价值。目前,中国经济正处在增速放缓、结构调整、政策消化转型阵痛期,长三角发展所面临的宏观环境、依托微观基础已发生了很大变化,完成由高速增长向高质量发展阶段转换成为当前背景下的必然路径。相较于全国其他地区,长三角在经济增长、产业实力、绿色发展、普惠共赢、创新能力、对外开放等方面均处于领先地位,同时,长三角人民对产业兴旺、科技创新、生态环境、共享互惠、全面开放的诉求更加旺盛。因此,向更高质量发展迈进,成为新时代长三角的宏伟蓝图。唯实现长三角高质量发展,才能更好地带动长江经济带与沿海经济带高质量发展,最终助推整个国家高质量发展,有利于解决我国不平衡不充分发展的社会主要矛盾。

第三,新时代一体化发展与高质量发展是相互渗透的战略组合。推动长三角完成"一体化发展—高质量发展—高质量一体化发展—更高质量一体化发展"战略演进,是强化竞争优势、加快适应新发展格局的技术路线。近年来,中国宏观经济面临下行压力,加之中美贸易摩擦频繁、贸易保护主义和单边主义、新冠肺炎疫情全球肆虐,塑造以国内大循环为主体、国内国际双循环相互促进的新发展格局时不我待,为长三角高质量一体化发展提出了新的、更高的要求。长三角地处长江经济带与"一带一路"倡议交汇点,不仅是国内大循环的动力引擎,也是参与国际大循环的重要窗口。在此背景下,新时代长三角一体化实践须秉持发挥优势、分工协作、效率与公平兼顾、依托城市、服务企业等一般性准则,着力彰显高质量发展的多维特征,保障经济增长、产业实力、绿色发展、普惠共赢、创新能力、对外开放等多领域协同并进,与创新、协调、绿色、开放、共享五大理念一脉相承,驱动新时代区域协调发展战略理论深化与实践创新。

二、新时代长三角高质量一体化发展的时空演进特征

党的十八大以来,随着中国特色社会主义建设步入新时代,长三角一体化日益朝着高质量方向迈进,具体表现为经济增长、产业实力、绿色发展、普惠共赢、创新能力、对外开放六个方面高度协同。

1. 经济增长

确保经济中高速增长是长三角高质量一体化发展的首要前提,是长三角充分参与国内国际双循环的物质基石。长三角地区生产总值由 2012 年 12.61 万亿元攀升至 2019 年 23.73 万亿元,相应地,对中国国民经济的贡献率从 21.87% 增加至 23.94%。与此同时,长三角人均地区生产总值自 2012 年 57 945.01 元提高到 2019 年 104 451.94 元,同中等发达经济体基本持平。

若进一步细化空间尺度,不难发现,长三角域内经济增长活力旺盛,高质量一体化特征明显:其一,从总量上看,上海、江苏、浙江、安徽地区生产总值分别从 2012 年 20 181.72 亿元、54 058.22 亿元、34 665.33 亿元、17 212.05 亿元增长到 2019 年 38 155.32 亿元、99 631.52 亿元、62 351.74 亿元、37 113.98 亿元,其中,江苏、浙江地区生产总值长期位列全国第 2 位与第 4 位,上海、安徽地区生产总值稳居全国中上游,这与上海、苏州、杭州、南京、宁波、无锡 6 座万亿级地区生产总值城市增长极作用密不可分;其二,从均量上看,上海、江苏、浙江人均地区生产总值分列全国第 2、第 4、第 5 位,早在 2012 年就已突破 10 000 美元大关,成功跨越中等收入陷阱,但后期归入长三角地域范围的安徽人均地区生产总值水平偏低。2019 年,人均地区生产总值依然不及上海、江苏、浙江 2012 年的水平,提升空间较大;其三,从增速上看,上海、江苏、浙江、安徽地区生产总值年均增长率分别是 9.53%、9.13%、8.75%、11.60%,人均地区生产总

值年均增长率依次为 9.12%、8.83%、7.86%、10.66%,增速均超过全国平均增速或同全国平均增速相当,如图 9-1 所示。在国内大循环面临结构性调整、国际大循环充斥不确定性宏观背景下,长三角三省一市高度一体化经济增长无疑为国民经济高质量发展打下了坚实基础。

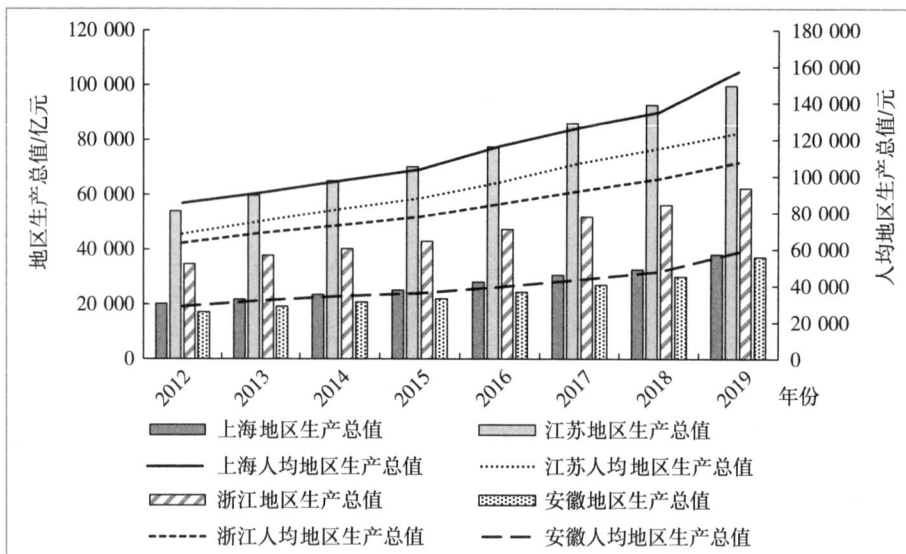

图 9-1　2012—2019 年长三角各省市生产总值与人均 GDP

数据来源:作者根据 EPS 数据库计算所得。

2. 产业实力

提振产业国际竞争力是长三角高质量一体化发展的必然要求,将引导长三角成长为引领国内大循环的关键节点。库兹涅茨研究发现,产业全要素生产率差异会导致收益率不同,各类生产要素将沿着“初级产品生产部门—制造业部门—服务业部门”路径转移,服务业产值和从业人数最终会呈增加态势,产业结构趋向高度化。中国经济结构变动与上述规律大致吻合,第三产业增加值占比已由 1978 年的 24.50% 上升至 2019 年的 53.92%,长三角这一趋势更为明显:上海、江苏、浙江、安徽第三产业增加值占比在 2019 年依次达到 72.74%、

51.25%、54.03%、50.82%,比2012年分别增加了12.29、7.75、8.79、18.12个百分点,释放出巨大结构红利,助推国民经济高质量发展,确保国内大循环良性运转。进一步比较发现,上海服务业增加值发展水平要明显领先于江苏、浙江、安徽三省区,2012年,第三产业对区域经济发展的贡献率比江浙皖三省2019年还要高,这充分说明,在长三角高质量一体化进程中,要最大限度地发挥上海的引领示范作用,见表9-1。

表9-1　2012—2019年长三角各省市三次产业增加值占比

单位:%

省市	行业	2012	2013	2014	2015	2016	2017	2018	2019
上海	第一产业	0.63	0.60	0.53	0.44	0.39	0.36	0.32	0.27
	第二产业	38.92	37.16	34.66	31.81	29.83	30.46	29.78	26.99
	第三产业	60.45	62.24	64.82	67.76	69.78	69.18	69.90	72.74
江苏	第一产业	6.32	6.16	5.58	5.68	5.27	4.71	4.47	4.31
	第二产业	50.17	49.18	47.40	45.70	44.73	45.02	44.55	44.43
	第三产业	43.50	44.66	47.01	48.61	50.00	50.27	50.98	51.25
浙江	第一产业	4.81	4.75	4.42	4.27	4.16	3.74	3.50	3.36
	第二产业	49.95	49.10	47.73	45.96	44.86	42.95	41.83	42.61
	第三产业	45.24	46.15	47.85	49.76	50.99	53.32	54.67	54.03
安徽	第一产业	12.66	12.33	11.47	11.16	10.52	9.56	8.79	7.86
	第二产业	54.64	54.65	53.13	49.75	48.43	47.52	46.13	41.33
	第三产业	32.70	33.02	35.39	39.09	41.05	42.92	45.08	50.82

数据来源:作者根据EPS数据库计算所得。

　　然而,高质量发展单靠现代服务业远远不够。经济发达国家和地区经验表明,先进制造业与现代服务业"双轮驱动"是高质量发展的不二法门,第二产业增加值占比下降并不代表其在国民经济高质量发展进程中地位下降。从国际上看,全球制造业中心在20世纪50—70年代经历了"欧美—日本—亚洲四小龙和中国东部沿海地区"空间转移。纵观上述转移趋势,以美国波士华地区、美国加利福尼亚地区、欧洲伦敦—巴黎—法兰克福三角地区、日本"三湾一海"为代表的世界制造业中心,均无一例外地布局在沿海地区。从国内来看,在改革开放长期实践中,沪宁杭与辽中南、京津唐、珠三角共同构成了国家制造业中心,极大地满足了国内市场生产生活需要。步入新时代,出于高质量一体化现实需要,智能制造、绿色制造、服务型制造逐步成长为长三角三省一市战略性新兴产业,为夯实长三角国家制造业中心地位营造了良好环境,进而向着国际大循环"微笑曲线"两端迈进。进一步计算长三角高端制造业区位商后发现,上海、江苏、浙江、安徽超过半数的高端制造业区位商高于1,其中,上海汽车制造业、江苏仪器仪表制造业的区位商更是突破了2,集聚经济效应得到了最大限度地释放。在发挥高端制造业正外部性的同时,在高质量一体化发展进程中,长三角三省一市始终坚持生产性服务业与生活性服务业并重,联合打造集现代金融、电子商务、现代物流、文化创意、智慧康养于一体的高质量服务业集聚区,在此过程中,不断融入新业态、新技术,助力长三角现代服务业在满足国内市场需要,同时,面向国际市场成为国内国际双循环的引航标,见表9-2。

表9-2 2016年长三角高端制造业区位商

产业/省市	上海	江苏	浙江	安徽
通用设备制造业	1.79	1.30	1.48	1.26
专用设备制造业	1.03	1.19	—	1.12
汽车制造业	2.55	—	—	1.01
铁路、船舶、航空航天和其他运输设备制造业	1.29	1.29	1.18	—
电气机械及器材制造业	—	1.61	1.48	1.85
计算机、通信和其他电子设备制造业	1.82	1.33	—	—
仪器仪表制造业	1.29	2.73	1.41	—
医药制造业	—	—	—	—

数据来源:作者根据 EPS 数据库计算所得。

3. 绿色发展

　　生态环境与社会经济系统和谐共生是长三角高质量一体化的战略愿景,是国内大循环可持续运转的拉力。多年来,改良以高污染、高消耗、低效益为代价的发展路径,杜绝发展中生态破坏、环境污染、资源枯竭等问题,一直是社会经济高度发达的长三角的努力方向。2005 年 8 月,时任浙江省委书记的习近平同志提出"两山"理念,成为长三角高质量一体化建设的风向标。为进一步规范国土空间利用,全国主体功能区规划于 2010 年正式颁行,其中,江浙沪被划定为优化开发区域,江淮地区被圈定为重点开发区域,成为长三角高质量一体化的具体实践依据。步入新时代,长三角秉承"两山"理念以及主体功能区规划部署,根据三省一市资源环境承载力,将长江生态廊道、淮河生态廊道作为轴带,贯通苏北平原区、浙西南—皖南山区、皖西大别山区,绿色清洁生产与低碳环保生活并济,高质量一体化防治域内水体、大气、固体废弃物污染。

　　受此影响,长三角单位产出的"三废"排放量呈下降态势,"两山"理念被真正贯彻落实到高质量一体化点滴进程中。统计发现,2012—2017 年,长三角三省一市单位产出的"三废"排放量与产生量均呈下降态势。从相对变动来看,在废水排放量方面,上海、江苏、浙江、安徽下降幅度依次是 3.94 吨/万元、4.37 吨/万元、3.37 吨/万元、6.12 吨/万元;在废气排放量方面,上海、江苏、浙江、安徽 SO_2 下降幅度分别为 10.70 吨/亿元、13.57 吨/亿元、14.37 吨/亿元、21.47 吨/亿元,NO_x 下降幅度依次是 13.57 吨/亿元、16.81 吨/亿元、14.99 吨/亿元、35.39 吨/亿元,烟粉尘下降幅度分别为 2.78 吨/亿元、3.65 吨/亿元、4.36 吨/亿元、16.45 吨/亿元;在废渣产生量方面,上海、江苏、浙江、安徽下降幅度依次为 557.24 吨/亿元、493.62 吨/亿元、420.58 吨/亿元、2 542.56 吨/亿元。从绝对数值来看,上海三类污染物排放量最低,安徽三类污染物排放量最高,江浙两省区处于中游水平,但浙江绿色减排水平略高于江苏,见表 9-3。

表 9-3　2012—2017 年长三角单位产出污染物排放量与产生量

三废	指标	省市	2012	2013	2014	2015	2016	2017
废水	单位产出废水排放量（吨/万元）	上海	10.86	10.22	9.38	8.92	7.83	6.92
		江苏	11.07	9.95	9.24	8.86	7.97	6.70
		浙江	12.14	11.10	10.41	10.12	9.12	8.77
		安徽	14.78	13.85	13.06	12.75	9.86	8.65
废气	单位产出 SO_2 排放量（吨/亿元）	上海	11.31	9.89	7.98	6.80	2.63	0.60
		江苏	18.35	15.76	13.90	11.91	7.37	4.78
		浙江	18.05	15.72	14.29	12.54	5.68	3.68
		安徽	30.19	26.07	23.65	21.82	11.54	8.71
	单位产出 NO_x 排放量（吨/亿元）	上海	19.90	17.43	14.12	11.97	5.90	6.33
		江苏	27.37	22.39	18.94	15.23	12.02	10.57
		浙江	23.33	19.94	17.12	14.17	8.05	8.35
		安徽	53.52	44.91	38.72	32.76	20.80	18.14
	单位产出烟粉尘排放量（吨/亿元）	上海	4.32	3.71	6.01	4.80	2.82	1.54
		江苏	8.20	8.37	11.73	9.33	6.10	4.55
		浙江	7.33	8.47	9.45	7.70	3.86	2.96
		安徽	26.85	21.77	31.31	24.81	13.16	10.39
废渣	单位产出固体废弃物产生量（吨/亿元）	上海	1 089.51	941.64	816.71	743.53	596.23	532.26
		江苏	1 891.38	1 816.78	1 678.45	1 526.18	1 505.21	1 397.76
		浙江	1 287.00	1 138.76	1 130.54	1 046.02	902.11	866.42
		安徽	6 984.84	6 207.57	5 755.74	5 934.37	5 183.84	4 442.28

数据来源：作者根据 EPS 数据库计算所得。

4. 普惠共赢

　　普惠共赢的终极目标，是实现改革发展成果由人民共享，集中力量解决人民日益增长的美好生活需要和不平衡不充分的发展之间的矛盾。为在高质量一体化进程中促进社会公平、正义,长三角要在教育、就业、卫生、文化、旅游、基础设施等社会基本公共服务领域不断取得新突破,保证人民在国内大循环中拥有更多获得感和满足感。

党的十八大以来,为满足人民日益增长的美好生活需要,长三角逐步建立起高质量、一体化、便利化社会公共服务体系,比历史上任何时期都接近"幼有所育、学有所教、劳有所得、病有所医、老有所养、住有所居"大同目标。

此外,长三角在文旅、基础设施建设高质量一体化实践中也取得了丰硕成果。具体来说:

①在文旅领域,长三角兼具江南水乡文化、红色革命文化厚重底蕴,三省一市通过开发文化联展一站通、全域旅游一卡通等系列产品真正实现了文旅资源跨区联动共享。

②在基础设施领域,为最大限度降低物流成本,长三角已建成包括铁路、公路、轨道交通、港口、机场、管道在内的高质量一体化现代运输体系,方便了有形要素流动。此外,三省一市还广泛使用物联网、大数据、人工智能等现代信息技术,通过消除数字鸿沟,引导无形要素跨区域共享。

5. 创新能力

完成由技术引进向自主创新转型是长三角高质量一体化的关键一环,是提升长三角在国内国际双循环中位势的制胜法宝。改革开放之初,上海是长三角唯一的创新极点,这种"一头独大"局面维持了近十年。20世纪80年代末期,在科技部"火炬计划"引领下,创新试验区项目如雨后春笋在长三角拔地而起,苏南、浙东相继成为高质量一体化重要空间单元。长三角三省一市共拥有5家国家级自主创新示范区(上海张江国家自主创新示范区、苏南国家自主创新示范区、杭州国家自主创新示范区、合芜蚌国家自主创新示范区、宁温国家自主创新示范区)、33家国家级高新区、35家国家级大学科技园。长三角以创新试验区项目为载体,汇聚了全国30.31%的R&D经费、29.30%的R&D人员,创造了全国三成多的有效专利数,比长三角经济规模所占份额还要高,科技创新的规模经济效应与空间外溢效应得到了充分释放。分省市来看,上海、江苏、浙江、安徽研发人员分别自2012年的20.88万人、54.92万人、37.73万人、15.63万人增加至2018年的27.12万人、79.41万人、62.73万人、23.27万人,研发经费依次由2012年的725.58亿元、1 332.64亿元、762.31亿元、302.15亿元增加至2018年的1 466.46亿元、2 605.51亿元、1 646.88亿元、676.99亿元,优质创新要素集聚外部性正源源不断地释放,如图9-2所示。

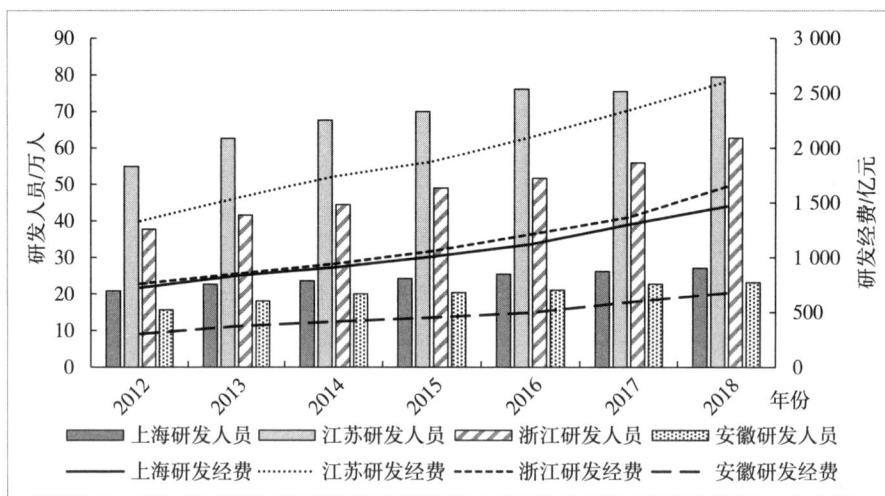

图 9-2 2012—2018 年长三角各省市创新投入情况

数据来源:作者根据 EPS 数据库计算所得。

凭借丰裕的创新要素赋存,长三角正努力朝着创新能力一体化高质量前沿迈进。尤其是新时代以来,长三角依托上海张江、苏南、杭州、合芜蚌、温甬等国家级自主创新示范区,为创新型企业提供高产、高效、优质的共性技术研发平台,高质量共建一体化创新创业基地,应对国际大循环系统性风险的能力显著增强。统计发现,2019年,上海、江苏、浙江、安徽专利申请分别为17.36万件、59.42万件、43.59万件、16.69万件,分别是2012年的2.10倍、1.26倍、1.75倍、2.23倍;专利授权依次达10.06万件、31.44万件、28.53万件、8.25万件,分别是 2012 年的 1.95 倍、1.16 倍、1.51 倍、1.90 倍,如图 9-3 所示。

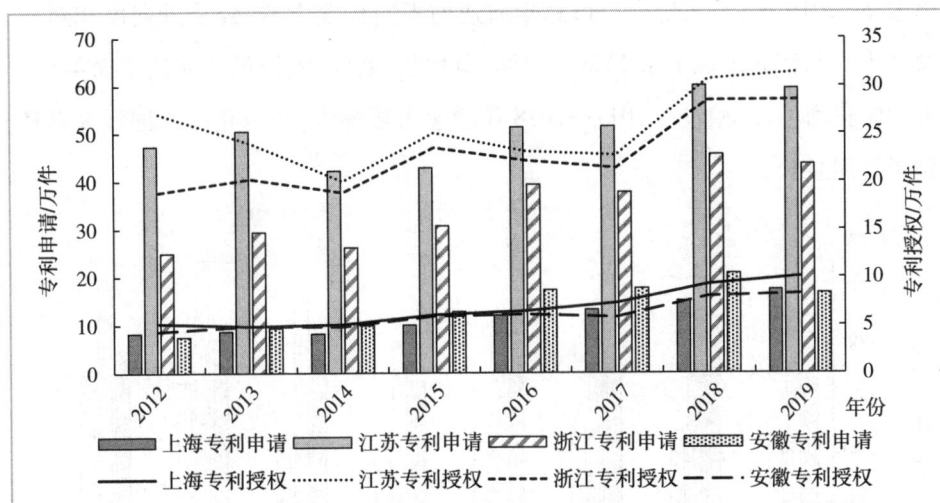

图 9-3 2012—2019 年长三角各省市创新产出情况

数据来源:作者根据 EPS 数据库计算所得。

6. 对外开放

坚持高质量对外开放是长三角一体化的应时之策,是应对国际大循环中逆全球化潮流的明智之举。1990 年,伴随着浦东开发与开放,长三角逐步上升为同珠三角并驾齐驱的开放型经济战略高地。从空间维度上看,经过近三十年开放实践,2019 年,上海、江苏、浙江、安徽进出口贸易总额分别达 4 939.05 亿美元、6 295.16 亿美元、4 472.25 亿美元、687.30 亿美元,分别占到全国进出口总额的 10.79%、13.75%、9.77%、1.50%,如图 9-4 所示。从时间维度上看,2016 年,27 个国家和地区先后对中国发起 119 起贸易救济调查案件,加之国际新兴经济体市场和发达国家市场全面回落,长三角三省一市进出口总额不同程度下滑,上海、江苏、浙江、安徽进出口总额降幅依次是 3.44%、6.65%、2.94%、7.17%,融入国际大循环道阻且长。但随着自由贸易区试点红利逐步释放,2017—2018 年,长三角进出口总额强势反弹,江苏、浙江、安徽经济增长率分别保持在 14.17%、13.34%、18.95% 高位。但是,2018 年 6 月起,美国特朗普政府先后多次向中国出口美国的商品并加征关税,中美贸易摩擦愈演愈烈。在此背景下,2019 年,长三角进出口总额增速均不同程度下滑,经济外向度相对较高的上海与江苏出现了 4.22%、5.18% 负增长,浙江、安徽虽然完成了 3.44%、9.37% 正增长,但相较于 2017—2018 年增速大幅跳水,长三角嵌入国际大循环链条道阻且长。

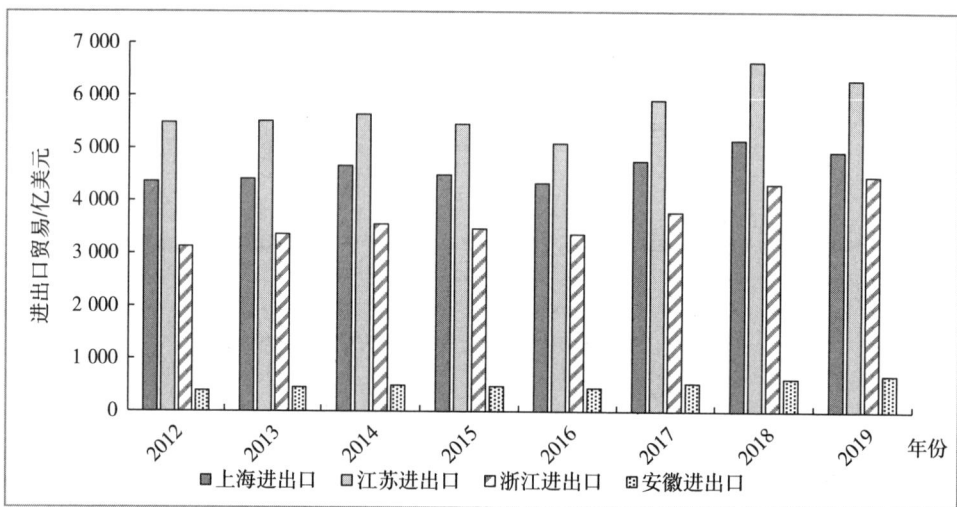

图 9-4   2012—2019 年长三角各省市进出口贸易总额

数据来源:作者根据 EPS 数据库计算所得。

在壮大进出口贸易的同时,长三角三省一市以自由贸易区为载体,大力推行"负面清单"制度,同其他国家资金往来更为密切、技术合作迅速深化,成为生动的高质量一体化实践案例。2013 年 9 月,乘借"一带一路"东风,上海获批设立中国首个自由贸易区,坚持以进出口产品结构高级化培育外贸竞争优势。2015 年以来,自由贸易区试点如雨后春笋般拔地而起,浙江、江苏、安徽分别于 2017 年 3 月、2019 年 8 月、2020 年 9 月获批设立自由贸易区。为释放外资对高质量一体化发展驱动作用,2018 年起,中国实施了统一化负面清单制度,削弱了外商投资与对外投资政策壁垒,长三角"引进来"与"走出去"达到了新的历史性高度。统计发现,上海、江苏、浙江、安徽外商投资总额分别自 2012 年的 4 137.68 亿美元、6 250 亿美元、2 178.10 亿美元、399.62 亿美元缓慢爬升至

2019 年的 9 552. 29 亿美元、11 735. 15 亿美元、5 006. 93 亿美元、1 656. 43 亿
美元,对外投资总额依次由 2012 年的 33. 16 亿美元、31. 31 亿美元、23. 60 亿美
元、7. 10 亿美元波动增加到 2017 年的 129. 90 亿美元、43. 58 亿美元、106. 60 亿
美元、18. 62 亿美元,"引进来"与"走出去"层次稳步提升,同世界其他国家经济
关联更加密切,日趋成为国际大循环链条上不可或缺的一环,如图 9-5 所示。

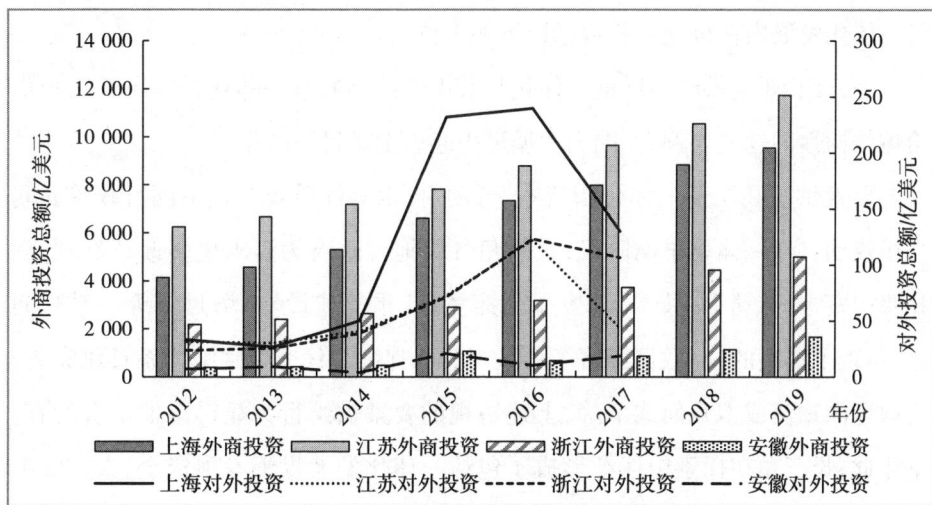

图 9-5　2012—2019 年长三角各省市"引进来"与"走出去"

数据来源:作者根据 EPS 数据库计算所得。

2020 年,为应对中美贸易摩擦和新冠肺炎疫情冲击,长三角地区通过整合
虹桥进口商品展示交易中心、虹桥海外贸易中心,形成了虹桥国际开放枢纽等,
辐射上海、南京、苏州、无锡、杭州、宁波、义乌、合肥跨境电子商务综合试验区,
通过高质量一体化对外开放全面融入国际大循环网络,筑牢了大变局之下中国
宏观经济韧性。

综上所述,新时代长三角一体化顺应了以国内大循环为主体、国内国际双
循环相互促进时代潮流,已经初步具备高质量发展的多维特征:绿色发展与普
惠共赢是国内大循环的引擎,创新能力与对外开放是国际大循环的抓手,而经
济增长与产业实力则处在国内国际双循环战略交汇点。

三、新时代长三角高质量一体化发展的内在机理

在未来相当长的一段时间内,一体化与高质量将成为长三角的政策发力点,为内在机理分析与战略框架设计提供重要的参考价值。新时代长三角高质量一体化发展内在机理主要包括以下两个方面。

一方面,要素供给高质量一体化与政策供给高质量一体化是解决长三角供给侧结构性问题的要领,在国内大循环中起着纲举目张的作用。

要素供给高质量一体化指资本、劳动、技术等优质要素在不同行政单元间自由流动。在一体化早期阶段,长三角各级地方政府为谋求更多改革红利,竞相吸引资本、劳动力、技术,诱发了无序竞争、重复建设、市场封锁等一系列问题,出现了典型的"行政区经济"现象。然而,伴随现代交通网络体系日臻完善,行政区间物流成本几何式下降,上述短视的要素供给行为显得愈发不合时宜。基于此,长三角在探索中逐渐形成了包括一体化发展投资专项资金、人力资本统一开放市场、技术创新成果交易平台在内的三维组合,极大地增强了优质资本、高素质劳动力、前沿技术的流动性,江浙沪高质量要素可同时被相对欠发达的安徽享有,江浙沪成为推进国内大循环的轴心地带。尤其近年来,长三角一体化在经济增长、产业实力、绿色发展、普惠共赢、创新能力、对外开放等领域取得了历史性的成就,高质量发展势头良好,江浙沪皖要素供给优势互补成为可能。所谓政策供给高质量一体化,是指各行政区财税分享、投资融资、土地利用、环境保护政策良性耦合。为正确处理长三角内部资源共享、利益共得与行为约束问题,江浙沪皖通过决策层、协调层、执行层三级磋商机制,统筹考虑整个长三角共性特征以及各省市具体实际,携手优化各类政策供给,破除域内政策壁垒,由单一治理向协同治理蜕变,以高质量一体化保证国内大循环稳定运行。需要强调的是,作为国家级顶层设计,长三角在实现三省一市内部要素供给高质量一体化、政策供给高质量一体化的同时,更须着眼于更宏大的空间尺

度,同京津冀协同发展、长江经济带、粤港澳大湾区等新时代区域协调发展战略对接,注重与整个沿海经济带和长江经济带政策相融,盘活整个国内大循环分工网络。

另一方面,稳步扩大国内国际市场需求是完成长三角高质量一体化战略任务的着眼点,将对国内国际双循环并进发挥提纲挈领作用。

在当前经济全球化遭遇逆流严峻的环境下,中国旺盛的国内市场需求成为高质量发展的重要支撑,经济体现出强劲的韧性。地处长江经济带龙头,长三角提供的各类产品与服务辐射全国,保障了国民经济日常生产生活需要。当前,世界经济复苏充满不确定性,国际市场需求波动较大,长三角亟待以内需扩张深化高质量发展实践,构建面向全国一体化生产服务体系,保证"生产—分配—交换—消费"国内大循环链条的稳定性和延续性。另外,更高水平的对外开放是长三角占据国际分工价值链高端的必然抉择。20世纪80—90年代,长三角沿袭亚洲四小龙的模式,在人口红利驱动下,承接国际产业梯度转移,对外输出服装、小型零部件等劳动密集型产品,通过满足中低端国际市场需求嵌入国际大循环分工网络。进入21世纪,随着刘易斯拐点到来,长三角受劳动力供给不足、资源约束趋紧、土地价格上涨等多重因素制约,加之以美国为代表的西方国家贸易保护主义抬头,向"微笑曲线"两端迁移成为最为迫切的任务。在此之际,长三角以高质量一体化为指导,充分利用三省一市比较优势,依靠近年来在产业升级、自主创新等领域取得的重大突破,乘着自由贸易区东风,加速移动互联网、超级计算机、新能源汽车等高附加值产品进驻国际市场的步伐,逐步登上国际大循环战略制高点。

剖析内在机理不难发现,正确处理要素供给、政策供给与国内需求、国际需求之间的关系是新时代长三角高质量一体化的战略重心。

四、新时代长三角高质量一体化发展的战略框架

面向即将到来的"十四五"时期,站在全面建成小康社会最前沿的长三角应

从要素和政策供给端发力,以经济增长、产业实力、绿色发展、普惠共赢、创新能力、对外开放一体化为统领,保持社会总供给与总需求动态平衡,在国内国际双循环驱动下让高质量一体化行稳致远。

第一,长三角应依托中心城市与节点城市,培育中心增长极,确保区域经济高质量一体化运行。

长三角地区是中国经济密度最大的区域之一,首位城市上海周边分布苏锡常、杭绍甬等大城市,市域间交通路网密度极高,为高质量一体化发展提供了现实可能性。为加快长三角"普遍沸腾"步伐,"十四五"时期,国家可将上海作为核心都市圈,增进上海同南京、苏州、无锡、杭州、宁波、合肥六大次级中心城市经济活动往来。在此基础上,将南京都市圈、苏锡常都市圈、杭州都市圈、宁波都市圈、合肥都市圈定位为中心增长极,塑造高质量一体化新格局,继续保持经济中高速增长良好态势。与此同时,积极同北翼镇江、扬州、南通,南翼嘉兴、绍兴、台州,后翼芜湖、马鞍山等节点城市相协调,联合苏北、浙西、皖北,形成"优势集中"大中心区,向着建设世界级城市群目标迈进,成为搞活国内大循环、深入国际大循环的热点区域。

第二,长三角要把握新基建政策窗口期,推进产业分工协作,形成高质量一体化产业集群。

根据规划纲要对域内各地市的发展定位,理性分析长三角各等级城市优势条件,错位扶持主导产业,优化产业空间布局,为高质量一体化注入新动能,占据国内国际大循环战略制高点。具体而言,一方面,以上海为中心,协同苏南、浙东积极拓展总部经济、研发设计等核心产业链环节,积极向以大数据、物联网、人工智能、集成电路、大飞机为代表的国际产业技术前沿靠拢,成为具有全球竞争力的高质量一体化产业创新高地。另一方面,充分利用苏北、浙西、皖北粮食主产区综合优势,大力发展农产品加工、大健康、文化旅游等特色产业及配套产业。此外,长三角三省一市应当逐步完善土地供给、筹资融资等配套政策支持,有序引导符合环保标准的轻工食品、纺织服装等劳动密集型制造业向皖北承接产业转移示范区搬迁,待条件成熟后,还可沿长江经济带向中西部省市进一步转移,通过改善生产力空间布局实现国内大循环顺利运转。

第三,长三角应打造生态环境一体化治理平台,合力助推生态优势向经济社会发展优势高质量转化。

出于生产空间高效集约、生活空间宜居舒适战略考虑,长三角需齐抓共管水体、大气、固体废弃物污染防治三个方面,促进高质量一体化发展,保证国内大循环可持续性。对于水体治理而言,江浙沪皖水网密布,拥有长江、京杭运河、巢湖、太湖等跨行政区大型水域,必须按照一体化标准对废水无害化处理,着力改善全域水体水质。对于大气与固体废弃物治理而言,长三角要追根溯源,适时联动淘汰落后产能,释放环境规制的约束效应,从源头上遏制废气、废渣排放。值得注意的是,在生态环境一体化治理进程中,开发地区、受益地区与受保护地区分化必然出现,这就须以系统优化思想为指导,健全高质量的跨区域生态补偿机制。

第四,长三角在加大基本公共服务高质量供给力度的同时,要着力推动基本公共服务高质量一体化。

为使高质量一体化成果惠及全体人民,长三角应以高品质教育、就业、医疗、基础设施资源共享和文化旅游合作发展为驱动,形成公平、包容的社会环境,进而嵌入国内大循环网络。在将基本公共服务"蛋糕"做大的同时,合理分配基本公共服务"蛋糕"也是长三角高质量一体化面临的关键议题。幼儿养育、科学教育、收入分配、医疗卫生、基础设施、养老与住房保障均等化并不意味着基本公共服务绝对平均。一般而言,可支配收入相对较低的群体往往更须依靠优质的基本公共服务提升生活质量。因此,在扩大基本公共服务供给时,长三角要注重向弱势群体倾斜。特别需要指出的是,长三角作为人口净流入地,外来务工人员的整体收入水平低于本地人口,因此,在满足户籍人口日常生活需要的同时,还要确保外来人口享受同等福利。为此,可探索构建长三角基本公共服务高质量一体化平台,让居民跨省市便捷享受基本公共服务,维系社会资源平衡分布、科学配置。

第五,长三角须坚持市场化导向,铸成以企业为主体、产学研相融的高质量一体化创新体系。

要破除发达国家的技术封锁、在国际大循环中增强话语权,长三角必须加快由技术引进向自主创新高质量转轨。按照上述逻辑,长三角三省一市要依托复旦大学、南京大学、浙江大学、中国科学技术大学等"双一流"高校及科研院所,携手共建一体化国家级科技成果孵化基地,力求在"卡脖子"核心技术领域取得重大突破,稳步朝着国际领先水平高质量迈进。然而,要驱动原始创新成果向现实生产力高质量转化,单靠高校与科研院所还远远不够,还须打破行政区边界,同域内全行业创新型企业建立联动机制,开发符合高端市场需要的专利产品。在自主创新过程中,注重发挥上海、南京、杭州、宁波、合肥等城市科研资源优势,强化苏南、浙东、皖东同苏北、浙西、皖南、皖北创新关联,通过科技创新高质量一体化让长三角在国际大循环中立于不败之地。

第六,长三角需完善自由贸易区一体化制度设计,高质量融入国际大循环网络。

长三角高质量一体化发展同对外开放水平休戚相关,对巩固全方位、宽领域、多层次对外开放格局尤为关键,是成功抵御国际大循环的外在风险利器。自 2013 年起,上海、浙江、江苏、安徽相继获批设立自由贸易区,片区总面积达 480.5 平方千米,极大地拓展了开放型经济的广度与深度。处在高质量发展的新时代,在贯彻"单一窗口""负面清单"等制度的基础上,长三角可率先在上海自由贸易区探索、推行大宗商品、数字贸易、金融服务等国际贸易新模式,促进资金流动自由、人员从业自由、技术合作自由,不断改善营商环境,并逐步在浙江、江苏、安徽等自由贸易区推广,最终达成长三角对外开放高质量一体化战略目标。

第十章 粤港澳大湾区的演化历程与重点建设任务

改革开放以来,广东充分发挥毗邻港澳区位优势,与香港、澳门跨区域合作,湾区经济初具规模,取得了举世瞩目的成就。粤港澳大湾区总面积仅为5.6万平方千米,但2019年地区生产总值已超过10万亿元,经济密度极高,是我国经济的重要增长极。粤港澳大湾区经济腾飞与改革开放初期实行沿海发展战略密不可分,然而,随着中国经济发展步入新常态,区域协调发展战略取代向沿海倾斜战略,成为新的历史性课题,这对粤港澳大湾区建设提出了新要求。

建设粤港澳大湾区设想最早出现在2017年3月政府工作报告中,报告强调,要进一步深化粤港澳三地合作,粤港澳大湾区发展规划制定工作被纳入工作日程。在中央政府大力推动下,粤港澳大湾区建设正式上升为国家战略:2017年7月1日,在习近平总书记的见证下,国家发改委、广东省政府、香港特别行政区政府和澳门特别行政区政府联合签发《深化粤港澳合作 推进大湾区建设框架协议》,明确了合作宗旨、目标与原则,圈定了七大重点合作领域,驱动建设国际一流湾区和世界级城市群。2018年4月,博鳌亚洲论坛召开,会议设"粤港澳大湾区"分论坛,粤港澳三方代表就各自优势展开热烈讨论,指出粤港澳大湾区集纽约湾区金融中心角色、东京湾区制造业水准、旧金山湾区创新能力于一体,一致认为深化粤港澳合作是强化大湾区实力的不二法门。经过近两年的酝酿,万众瞩目的《粤港澳大湾区发展规划纲要》于2019年2月18日发布,纲要共11章41节,进一步明确了大湾区建设的总体要求,结合中央关于区域协调发展文件精神，纲要围绕大湾区空间布局、创新能力、基础设施建设、产业体系、生态环境、人民生活、对外开放、区域合作八个方面，为大湾区日后发展指明方向。面向百年未有之大变局，作为与"一带一路"对接交融的支撑区，粤港澳大湾区建设与"一带一路"、京津冀一体化、长江经济带建设相配合，共同构成新时代区域协调发展战略的基本内容，是在变局中开新局、在危机中育新机的关键支撑，对塑造以国内大循环为主体、国内国际双循环相互促进的新发展格局具有承前启后的重要意义。

在国家战略引领下，粤港澳大湾区问题日渐成为学界研究的热点问题，在明晰大湾区建设战略构想的基础上，从空间结构、产业发展、区际交通等多方面入手，分析大湾区时空演化规律。与此同时，从国际湾区建设成功案例中汲取经验，为粤港澳大湾区永续发展提供智力支持。步入区域协调发展新时代，伴随《粤港澳大湾区发展规划纲要》（以下简称《纲要》）的出台，结合《纲要》内容，展开新一轮研究很有必要。

本章将基于纲要具体内容，围绕粤港澳大湾区经济活力和与其紧密相关产业发展、城市实力、对外开放三个方面，从时间和空间两个维度入手，探寻大湾区演化历程，总结现实和纲要愿景间的差距，在此基础上，提出新时期大湾区重点建设任务。

一、粤港澳大湾区的经济活力

1. 经济总量与增长速度

《纲要》首章指出，粤港澳大湾区经济实力雄厚，2017 年末，大湾区经济总量达 10 万亿元，综合考虑大湾区区位优势明显、创新要素集聚、国际化水平领先、合作基础良好等现实条件，《纲要》在第二章确立了大湾区经济发展目标：

2022 年,大湾区综合实力显著增强;2035 年,大湾区经济实力大幅跃升。前者是大湾区经济发展的中短期目标,后者属于长期目标,从"增强"到"跃升",饱含着中央对大湾区建设的坚定信心和无限期许,为建设富有活力和国际竞争力的一流湾区和世界级城市群提出了新的、更高的要求。

改革开放之初,地处南海之滨的广东是典型的农业大省,第一产业增加值占比高达 29.76%,经济发展水平与一河之隔的港澳差距悬殊。1978 年,广东GDP 仅为 185.85 亿元,是香港的 60.45%,单位总面积生产总值差距更为悬殊。1980 年,中央设立了四个经济特区,地处改革开放前沿的广东独占三席。借助制度创新试点,广东积极同港澳合作,形成了"三来一补"跨区域合作模式,粤港澳大湾区经济已初具雏形,为湾区经济腾飞提供了物质基础。

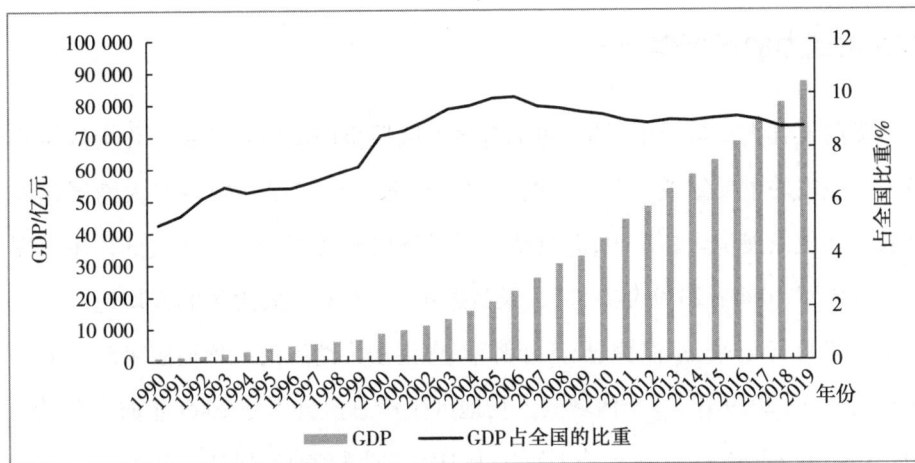

图 10-1　1990—2019 年粤港澳大湾区生产总值及其占全国的比重

数据来源:《广东统计年鉴(1991—2020)》。

图 10-1 反映了 1990—2019 年粤港澳大湾区生产总值及其占全国的比重。从大湾区地区生产总值总量来看,1990 年,大湾区地区生产总值为964.55 亿元,2000 年达到了 8 471.28 亿元,2010 年攀升至 38 028.65 亿元,分别是 1990 年的 8.78 倍、39.43 倍。从大湾区地区生产总值增速来看,大湾区 1990—2010 年地区生产总值平均增长 20.17%,比同期全国平均水平高出

3.50 个百分点,当之无愧地成为"经济增长奇迹中的奇迹"。进入 21 世纪第二个十年,在我国经济由高速增长转为中高速增长背景下,大湾区 2010—2019 年地区生产总值年均增长 9.62%,增速减缓为原来的一半,但仍略高于全国平均水平。

从大湾区地区生产总值占全国的比重来看,大湾区地区生产总值占比大体呈现"上升—下降—上升—下降"变动轨迹:由 1990 年的 5.11% 上升至 2006 年的 9.88%,接着降至 2012 年的 8.90%,2013—2016 年缓慢提升,随后,小幅减少到 2019 年的 8.77%,变化规律和地区生产总值增长率基本一致。上述 1990 年、2006 年、2012 年三个转折点和社会主义市场经济体制确立、大湾区普遍用工荒、经济发展步入新常态等重大事件在时间上吻合或稍滞后。

2.经济活力的区域差距

党的十九大报告提出"建立更加有效的区域协调发展新机制",作为区域协调发展战略的重要组成部分,京津冀一体化、长江经济带与粤港澳大湾区建设使我国区域发展步入新阶段,对重塑我国经济格局发挥着不可替代的作用。图 10-2 反映了 2000—2019 年京津冀、长江经济带、粤港澳大湾区的人均地区生产总值。2000 年以来,京津冀、长江经济带、粤港澳大湾区的人均地区生产总值均井喷式增加,2019 年,三个区域的人均地区生产总值分别是 2000 年的 7.34 倍、10.31 倍、6.83 倍,经受住经济下行压力加大的严峻考验,保持了强劲的增长态势,为实现区域协调发展奠定坚实的物质基础。

三者虽同为区域协调发展战略的重要组成部分,经济实力强劲,但自然与社会经济区位条件差异显著,决不能按照同样的思路组织实施工作,三者的发展规划纲要也深刻表明了这一点。2000 年,大湾区人均地区生产总值为 19 747.60 元,分别比京津冀和长江经济带人均地区生产总值高出 9 561.20 元、12 374.71 元,到 2019 年,该差距扩大到 59 991.56 元和 58 752.19 元。粤港澳大湾区与京津冀、长江经济带 2000—2019 年人均地区生产总值的年均增速依次是 11.06%, 13.07%, 10.64%, 差距不明显, 因此, 大湾区人均地区生产总值将继续保持领先地位。

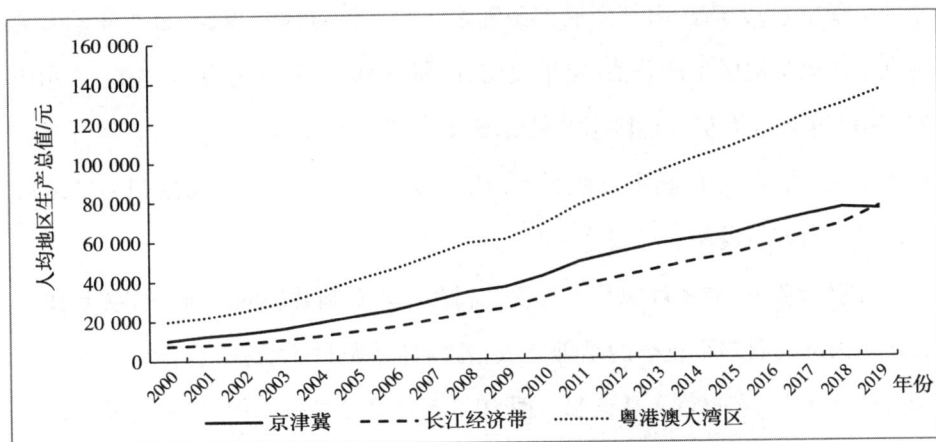

图 10-2　2000—2019 年京津冀、长三角、粤港澳大湾区人均地区生产总值

数据来源:《广东统计年鉴(2001—2020)》、EPS 数据库。

　　京津冀、长江经济带、粤港澳大湾区虽同为新时代区域协调发展战略的组成部分, 但涉及的空间尺度不尽相同。京津冀包括京、津两个直辖市和河北省 11 个地级市, 总面积为 21.8 万平方千米, 内部存在明显发展差距, 目前,"环京津贫困带"仍存在贫困人口上百万, 这阻碍了域内人均地区生产总值的提升。长江经济带将长江沿岸九省两市共 205 万平方千米土地纳入战略框架, 呈现上、中、下游三级梯度发展格局, 内部差距更为悬殊, 人均地区生产总值排在三个区域的末位。相比之下, 粤港澳大湾区经济的内聚性更强, 在 5.6 万平方千米的土地上, 人均 GDP 保持了绝对领先地位, 经济密度高, 为实现《纲要》关于大湾区短、中、长期发展目标提供了现实的可能性。

　　从总体上看, 粤港澳大湾区经济实力强, 区域协同度高于京津冀和长江经济带, 但内部差距却是客观存在的。在分析大湾区建设面临的挑战时,《纲要》明确提到"大湾区内部发展差距依然较大, 协同性、包容性有待加强, 部分地区和领域还存在同质化竞争和资源错配现象"。大湾区虽然是改革开放前沿阵地, 但是各地级市获得的制度创新进入权不尽相同。处于大湾区轴心地带的广州、深圳成长最为迅速,占区域生产总值的比例由 1990 年的 47.22% 增至 2019 年的 58.18%,对优质人才、资金、技术产生强大的虹吸效应,成为大湾区经济要素的集聚中心,大湾区内部发展差距随之产生。针对这一现象,聚类分析大湾区九个地级市地区生产总值,结果表明,广州、深圳经济最为发达,先后于 2010 年、2011 年加入万亿级地区生产总值城市,归为一级城市;佛山、东莞经济发展水平不及广、深二市,属于二级城市;珠海、惠州、中山、江门、肇庆归为三级城市。以下内容将遵循上述划分标准。

《纲要》强调,要不断深化粤港澳互利合作。互利共赢的区域合作关系建立在区域内部发展差距较小的基础之上,若内部差距过于悬殊,合作将变为单向帮扶,"互利"二字也就无从谈起。图 10-3 反映了 2000—2019 年粤港澳大湾区及各等级城市的人均地区生产总值。2000—2019 年,粤港澳大湾区三类城市的人均地区生产总值均呈增加态势,其中,一级城市人均地区生产总值由 2000 年的 27 857.72 元增至 2019 年的 175 878.29 元,增加了 5.31 倍,二、三级城市人均地区生产总值虽然居于大湾区平均水平以下,但也有不同程度的提升,2019 年分别比 2000 年增加了 6.67 倍、5.36 倍。尽管珠三角九市与港澳人均地区生产总值绝对差距依然较大,但相对差距正逐渐缩小。以香港和广州为例,2000 年,广州的人均地区生产总值是香港的 11.81%,2019 年,该比例提升至

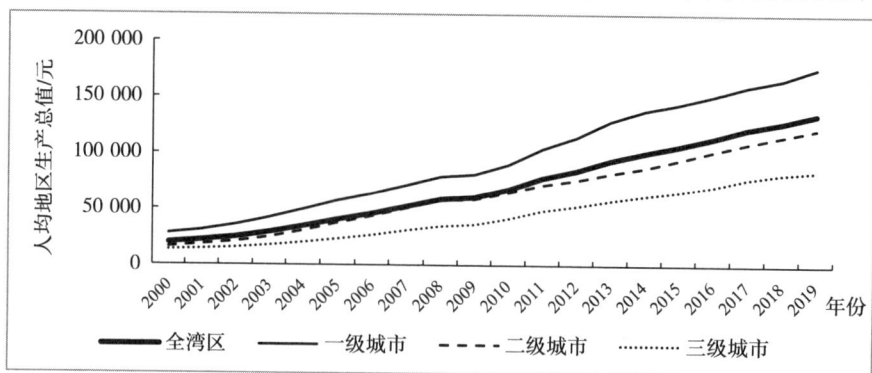

图 10-3　2000—2019 年粤港澳大湾区及各等级城市的人均地区生产总值

数据来源:《广东统计年鉴(2001—2020)》、EPS 数据库。

45.36%,珠三角九市与港澳间的位势差趋于缩小,大湾区城市体系实现了由顺序—规模分布向多中心分布转变,为大湾区的互利合作创造了可行条件。

二、粤港澳大湾区产业发展

1.产业发展的整体情况

(1)产业结构

在明确粤港澳大湾区"建成世界新兴产业、先进制造业和现代服务业基地"战略定位的基础上,《纲要》将产业结构优化与精力充沛、创新能力突出、要素流动顺畅、生态环境优美作为国际一流湾区应当具备的特征,并将此纳入2022年中短期建设目标。除此之外,《纲要》第六章更是围绕"构建具有国际竞争力的现代产业体系"展开,就先进制造业、战略性新兴产业、现代服务业、海洋经济发展进行全局性、系统性规划。"现代化产业体系"重点在"体系"二字上,在做大、做强各产业门类、实现总量扩大的同时,还要注重结构优化,实现产业间良性耦合,从而增强现代产业体系的国际竞争力。

根据库兹涅茨法则,产业发展遵循由第一产业向第二、第三产业梯度演进的一般规律。在经济总量扩大的同时,粤港澳大湾区产业结构趋向高度化和合理化。图10-4反映了1990—2019年粤港澳大湾区三次产业增加值的占比。其中,第一产业占比显著下降,由1990年的18.20%降至2019年的1.64%,平均每年降低0.57个百分点;第二产业占比变动大致可分为两个阶段,1990年以来,第二产业占比呈上升态势,2006年达到峰值51.22%,随后,第二产业占比缓慢下降至2019年的41.26%,总体相对稳定,保持在40%~55%;第三产业占比上扬势头强劲,2002年,首次突破50%大关。2012年以来,始终稳居50%以上,成为拉动区域经济发展的关键引擎。三次产业从业人数占比变动与增加值占比变动规律一致,再次印证了大湾区产业结构趋向高度化的态势。

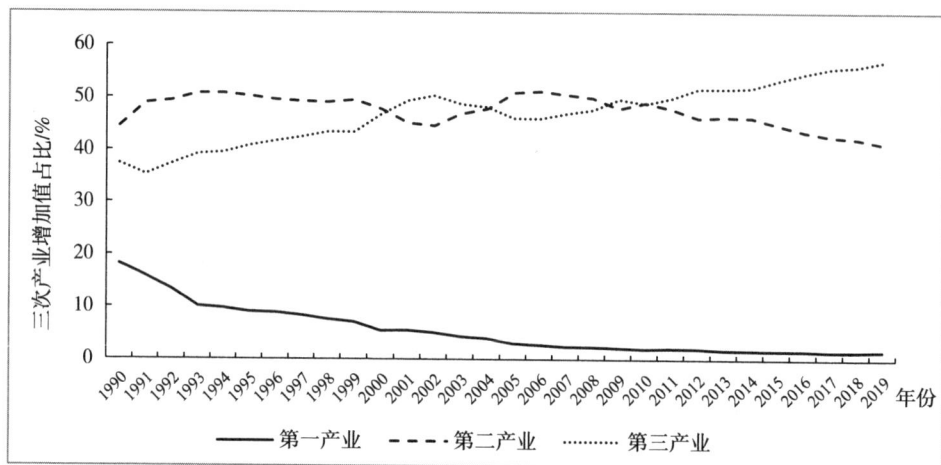

图 10-4 1990—2019 年粤港澳大湾区三次产业增加值的占比

数据来源:《广东统计年鉴(1991—2020)》。

产业结构优化是历久弥新的话题,是区域协调发展战略的重要组成部分。不仅《纲要》将产业结构优化作为重点任务,京津冀和长江经济带规划纲要也对产业结构调整予以高度重视。虽然产业结构升级是京津冀、长江经济带、粤港澳大湾区共同发力点,但由于空间异质性,三地产业优势各不相同,这决定了三地产业结构调整应走不同路径。

图 10-5 反映了 1990—2019 年粤港澳大湾区与京津冀、长江经济带三次产业增加值占比的差值。在第一产业方面,通过对比粤港澳大湾区、京津冀和长江经济带发现,1992 年以来,大湾区第一产业占比始终低于京津冀和长江经济带,非农产业占有绝对优势地位。在第二、第三产业方面,相对于京津冀而言,大湾区第二产业优势突出,除 1990 年和 2001—2004 年以外,其余年份均高于京津冀第二产业占比,在 2019 年达到峰值 12.55%;大湾区第三产业占比在近半数年份低于京津冀,优势不够明显。当将比较对象由京津冀置换为长江经济带后,大湾区产业优势发生变化:大湾区与长江经济带第二产业占比差值呈现"正—负—正—负—正"的变化规律,总体上趋于收敛,大湾区第二产业的优势不再明显;大湾区第三产业占比始终高于长江经济带,于 2002 年达到峰值

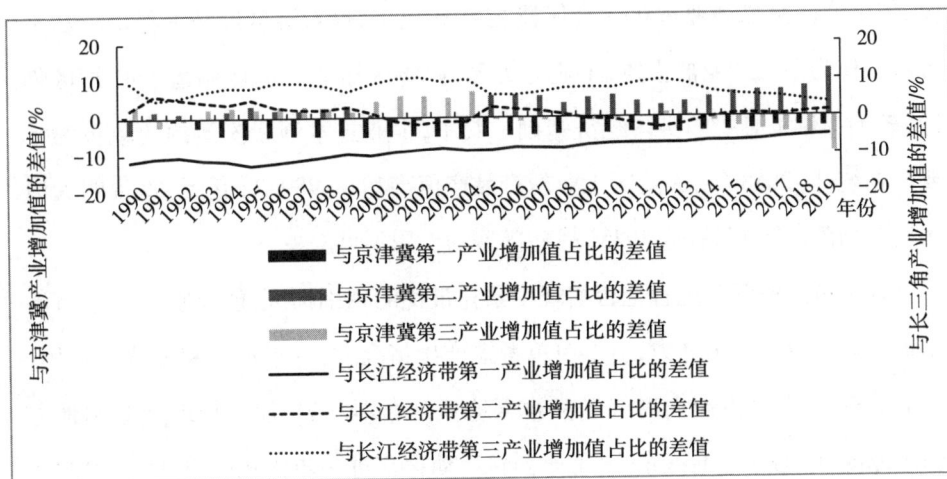

图 10-5　1990—2019 年粤港澳大湾区与京津冀、长三角三次产业增加值占比的差值

数据来源:《广东统计年鉴(1991—2020)》、EPS 数据库、国家统计局官网。

10.79%,但差距呈缩小态势,自差值由 1990 年的 9.45% 下降至 2019 年的 3.61%。

　　上述分析表明,21 世纪第一个十年是三区域三次产业占比差额的转折点,这与粤港澳大湾区产业结构演化历程相一致。20 世纪 90 年代,大湾区沿袭了亚洲四小龙的发展模式,在人口红利驱动下,通过承接国际产业转移,服装、玩具、家电等轻型制造业成为支柱产业,不论与京津冀还是与长江经济带相比,大湾区第二产业优势地位都非常明显。21 世纪以来,大湾区用工荒初见端倪,加之知识经济时代的到来,现代服务业成为重点发展对象,在广东省及大湾区各地级市五年规划纲要和本次纲要中多次提及,以科技服务、专业服务、商贸会展、旅游服务为代表的一批新兴产业被带动并繁荣发展,第三产业日益成长为大湾区主导产业,产业结构进一步优化,取代第二产业成为大湾区最具优势的产业。

　　（2）工业创新活动

　　纲要强调,要着力提升粤港澳大湾区国家新型工业化产业示范基地的发展水平。虽然粤港澳大湾区第三产业已经超过第二产业,成为大湾区第一大产业,但大湾区第二产业占比一直保持在 40% 以上,这对湾区经济平稳增长功不可没。作为第二产业的主体,工业为实现由"湾区加工""湾区制造"向"湾区创造"转型提供了必要的实体经济基础。其中,工业技术创新扮演的角色极为重要。据统计,2018 年,大湾区工业新产品产值高达 36 989.22 亿元,这说明大湾区对贯彻落实"中国制造 2025"战略部署的作用不可忽视。

效率是经济资源配置是否实现帕累托最优的判别标准,能反映工业创新活动最合理的投入产出能力,但不单单考虑产出情况,具有指示标和复位器作用。前面分析表明,粤港澳大湾区经济要素地理分布不均匀,加上行政壁垒和地方保护原因,市场竞争不够充分,工业创新活动存在进一步优化的空间,技术效率亦受规模效率制约,工业综合创新效率升级受到影响。鉴于此,本章选用考虑决策单元规模变动的 DEA—BCC 模型,探究大湾区工业创新效率的变动规律。图 10-6 反映了 2001—2018 年粤港澳大湾区工业创新效率。2001—2018 年,粤港澳大湾区工业创新活动综合效率呈波动上升态势,在 2004 年、2010 年出现波峰,在 2007 年、2012—2014 年出现波谷。进一步分析发现,大湾区技术效率变化规律大体上和综合效率一致,波峰、波谷出现的时段与综合效率相同;2001 年以来,大湾区规模效率稳步提升,工业创新活动规模经济效应逐渐释放。

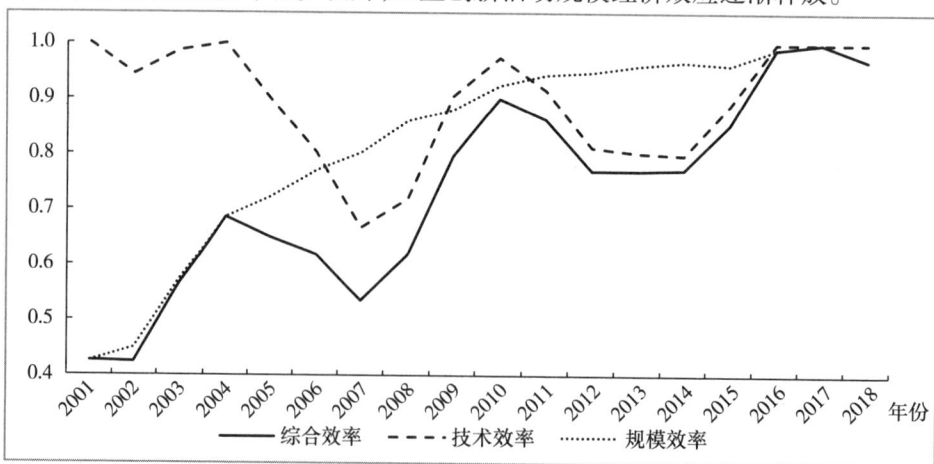

图 10-6　2001—2018 年粤港澳大湾区工业创新效率

大湾区工业技术创新效率优化和各级政府重视创新密不可分:自《国家中长期科学和技术发展规划纲要(2006—2020)》颁布实施以来,创新成为国家科技工作的中心。2008 年,位于粤港澳大湾区的深圳成为首个创新型城市试点单位,大湾区掀起了一股研发创新热潮:一方面,大湾区技术研发有效投入增加,先进的生产技术被运用到工业实际生产活动之中,工业技术效率得到优化;另一方面,随着先进装备制造产业带、配套产业区建设进程加快,工业创新活动的集聚经济效应显著,规模效率稳步增进。截至 2018 年底,全湾区深圳、广州、佛山、东莞四个地级市入围国家级创新型城市,与创新实力同样强劲的香港相互配合,湾区工业创新效率在未来还将进一步提升。

2. 产业发展的区域差异

《纲要》在"9+2"战略布局下,明确定位了香港、澳门、广州、深圳四个中心城市和珠海、佛山、惠州、东莞、中山、江门、肇庆八个节点城市的产业优势,在分述制造业、战略性新兴产业、现代服务业的发展方略时,从实现各地级市产业优势最大化角度出发,构建了大湾区产业发展的宏伟蓝图。

图 10-7 反映了 1990—2019 年粤港澳大湾区各等级城市产业结构高度化指数。从绝对数值来看,1990—2019 年,粤港澳大湾区内各等级城市产业结构高度化指数均在波动中提升,2019 年,一、二、三级城市产业结构高度化指数分别提升为 1990 年的 1. 11 倍、1. 16 倍、1. 23 倍;从相对差距来看,大湾区产业结构呈现梯度发展格局,高度化指数由一级城市向三级城市递减,与人均 GDP 实际情况相互印证,这表明产业结构优化和增强经济活力之间存在显著的正向关联。因此,进一步调整大湾区产业结构功在当代,利在千秋,具有深刻的现实意义。

《纲要》第六章第一节将"优化制造业布局"作为加快发展先进制造业的政策抓手,根据各地市制造业的实际发展情况,提出"以珠海、佛山为龙头建设珠江西岸先进装备制造产业带,以深圳、东莞为核心在珠江东岸打造具有全球影响力和竞争力的电子信息等世界级先进制造业产业集群",明确了大湾区各地级市在增强制造业核心竞争力中的角色。表 10-1 将整个湾区作为标准区域,分别计算了各等级城市制造业区位商。"十一五"以来,三级城市制造业区位商一直大于 1,专业化程度较高;2003—2012 年,二级城市制造业区位商小于 1,2013 年以来,制造业专业化水平实现质的飞跃;一级城市制造业区位商一直处在 1 以下。

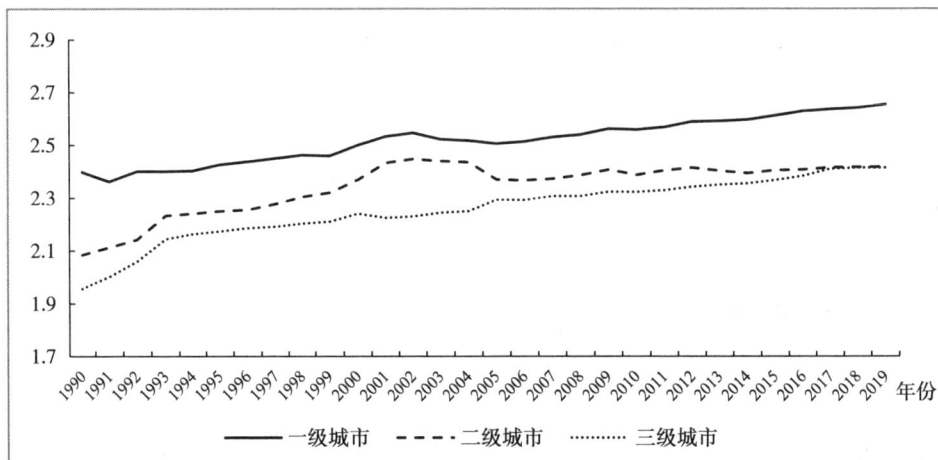

图 10-7　1990—2019 年粤港澳大湾区各等级城市产业结构高度化指数

数据来源:《广东统计年鉴(1991—2020)》。

上述现象能从《纲要》关于大湾区 11 个城市定位中找到依据。作为国家中心城市和综合性门户城市,广州肩负着商贸、交通、科教、文化等多重功能;作为首个国家级创新型城市,深圳的战略目标是建成具有世界影响力的创新、创意之都。在此城市定位下,以航运物流、文化创意、旅游服务为代表的现代第三产业成为广州和深圳 21 世纪主导产业,智能机器人、3D 打印、5G 网络、北斗卫星成为重点产业项目。此外,由于资源约束趋紧、土地价格上涨,一级城市第二产业外溢效应显著,居于大湾区外沿的二、三级城市凭借地缘优势,承接中心城市制造业转移,加上先进制造业培育速度提升,二、三级城市制造业内部结构趋于优化,专业化程度稳步提升。

在明确先进制造业和战略性新兴产业发展方向的基础上,《纲要》第六章第三节提出"构建现代服务业体系",重点分析了现代金融业的发展路径,指出生产性服务业要向专业化和价值链高端延伸发展,生活性服务业要向精细和高品质转变。表10-1还反映了2003—2019年粤港澳大湾区各等级城市生产性与生活性服务业区位商。其中,一级城市两类服务业区位商基本维持在1以上,专业化水平较高;二、三级城市两类服务业区位商整体上落后于一级城市,专业化程度提升空间较大。

《纲要》指出,要实现粤港澳大湾区产业间的优势互补、紧密协作、联动发展。进一步计算制造业和两类服务业发展的协同度发现,一级城市区位商的几何平均数高于1,二、三级均低于1,这说明除港澳和广深外,大湾区多数地区尚未形成联动产业体系。

表10-1 2003—2019年粤港澳大湾区各等级城市制造业、生产性与生活性服务业区位商

年份	制造业			生产性服务业			生活性服务业		
	一级城市	二级城市	三级城市	一级城市	二级城市	三级城市	一级城市	二级城市	三级城市
2003	0.895	0.983	1.199	1.246	0.862	0.605	1.007	1.134	0.935
2004	0.899	0.946	1.213	1.265	0.875	0.544	1.003	1.159	0.933
2005	0.867	0.919	1.269	1.301	0.838	0.508	1.008	1.225	0.907
2006	0.881	0.911	1.252	1.301	0.810	0.505	0.996	1.282	0.910
2007	0.871	0.901	1.271	1.321	0.801	0.474	1.007	1.331	0.875
2008	0.875	0.914	1.267	1.318	0.729	0.489	1.003	1.309	0.888
2009	0.876	0.922	1.271	1.307	0.712	0.493	0.994	1.345	0.894
2010	0.884	0.874	1.277	1.308	0.710	0.465	0.980	1.441	0.898
2011	0.883	0.878	1.287	1.286	0.762	0.466	1.002	1.420	0.862
2012	0.876	0.956	1.289	1.280	0.727	0.467	1.005	1.320	0.884
2013	0.794	1.323	1.067	1.501	0.413	0.596	1.113	0.690	1.125
2014	0.792	1.326	1.074	1.496	0.406	0.609	1.125	0.688	1.091
2015	0.775	1.347	1.096	1.499	0.407	0.581	1.127	0.674	1.098

续表

年份	制造业			生产性服务业			生活性服务业		
	一级城市	二级城市	三级城市	一级城市	二级城市	三级城市	一级城市	二级城市	三级城市
2016	0.752	1.379	1.109	1.502	0.412	0.570	1.136	0.659	1.097
2017	0.748	1.384	1.116	1.478	0.434	0.585	1.119	0.686	1.103
2018	0.727	1.438	1.130	1.458	0.416	0.601	1.107	0.692	1.109
2019	0.715	1.437	1.168	1.400	0.513	0.603	1.087	0.761	1.085

数据来源:EPS 数据库、《广东统计年鉴(2004—2020)》。

三、粤港澳大湾区城市实力

1. 城市实力

自改革开放以来,我国城市发展步入快车道,巨大的经济增长潜力迸发而出。截至 2019 年底,连同港澳在内,我国共 19 座城市入围万亿级城市俱乐部,粤港澳大湾区独占三席,这为我国 GDP 跃居百万亿元做出了不可磨灭的贡献。《纲要》中充分认识到城市能激发整个湾区的经济活力,在第三章开篇语中提出要遵循极点带动、轴带支撑、辐射周边三项原则,塑造结构科学、集约高效的城镇体系,辐射带动泛珠三角经济发展。

城市凭借更优越的资源禀赋,成为人才、资金、技术等优质要素的集聚地,创造出更丰富的物质和精神财富。图 10-8 反映了 1994—2018 年粤港澳大湾区市辖区地区生产总值及其占比。1994 年,粤港澳大湾区市辖区地区生产总值为 1 953.58 亿元,2018 年,达到 77 184.44 亿元,是 1994 年的 39.51 倍,占全湾区地区生产总值的比例上升了 31.66% ,平均每年上升 1.32 个百分点。与之相适应,大湾区城市化率稳步提升,由 2000 年的 69.50% 上升至 2019 年的

86.28%,比全国同期水平高出 25.68 个百分点。

值得注意的是,1999—2005 年,大湾区市辖区地区生产总值占比上升最为迅速,平均每年提高 4.53 个百分点。这一现象可从我国撤县设区的做法中得到解释:2000 年之前,被撤并的县级行政单位较少,21 世纪以来,2000—2004年、2014—2015 年出现了两波撤并高潮,在第一波高潮中,大湾区广州、珠海、佛山、惠州和江门 5 个地级市加入了撤县设区队伍,市辖区地区生产总值占比上升。其中,佛山市辖区地区生产总值异动程度最大,由 2001 年的 169.62 亿元增加至 2002 年的 1 175.92 亿元,增加了 5.93 倍,这是由于 2002 年佛山下属县级南海市、顺德市、三水市、高明市升格为市辖区。一方面,撤县设区使地级市一级政府更充分地享受地方经济发展带来的红利,促进区域经济增长;另一方面,撤县设区将原先不计算在内的县域经济产值纳入统计范畴,市辖区地区生产总值占比机械提升。因此,要辩证地看待大湾区市辖区地区生产总值占比在1999—2005 年间迅速提升。

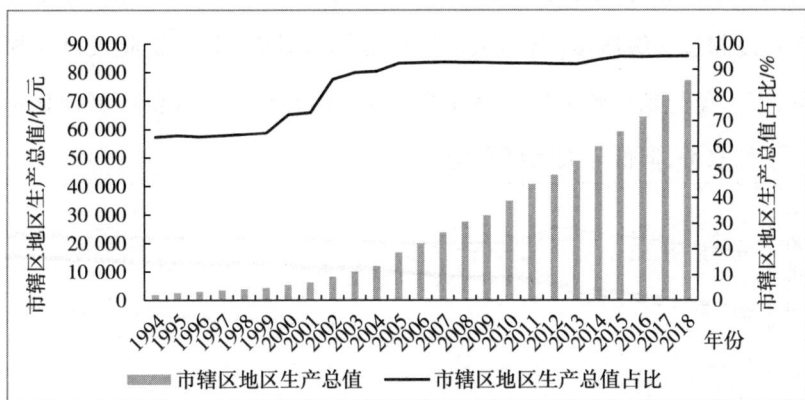

图 10-8 1994—2018 年粤港澳大湾区市辖区地区生产总值及其占比

数据来源:中经网统计数据库、EPS 数据库。

城市化是人类社会文明进步的重要标志。《纲要》第三章第二节中提到,要全面提高城镇化发展质量和水平,建设具有岭南特色的宜居城乡,与《国家新型城镇化发展规划(2014—2020 年)》呼应。改革开放以来,广东城市化轨迹大致呈现为拉平的 S 曲线:1978 年,广东城市化率为 16.26%,约为世界同期水平的一半,处于城市化初期阶段,与城市化率高达 100% 的港澳差距悬殊;20 世纪 80 年代以来,广东城市化步入快车道,2000 年,城市化率达到 54.83%;截至 2019 年底,广东城市化率超过 70% 关口,达到 71.40%,相当于中等发达国家水平。作为广东经济发展的龙头,粤港澳大湾区城市化成绩更为突出。图 10-9 反映了 2000—2019 年粤港澳大湾区及各等级城市城市化率。2000 年,全湾区城市化率达 69.50%,已经和全省 2017 年城市化率(69.85%)基本持平,步入后城市化社会,城市化率稳中有进,在 2019 年末,湾区城市化率提升至 86.28%,超过美、英、德、法等发达国家,与我国香港、澳门地区差距逐步缩小,单一强中心模式不复存在,粤港澳网络化的城市空间结构初步形成。

具体到大湾区各等级城市,一级城市城市化率 2000—2005 年处于绝对领先地位,在 2002 年突破 90%,之后一直保持在 90% ~ 93%。二级城市 2000—2005 年居于大湾区平均水平以下,在 2006 年跃升至 87.82%,城市化率逐渐接近甚至一度超过一级城市,这与大湾区产业结构升级、非农就业人口增加是分不开的,但不免受到行政区划调整等外部因素的影响。三级城市城市化率略高于全国平均水平,但低于大湾区平均水平。

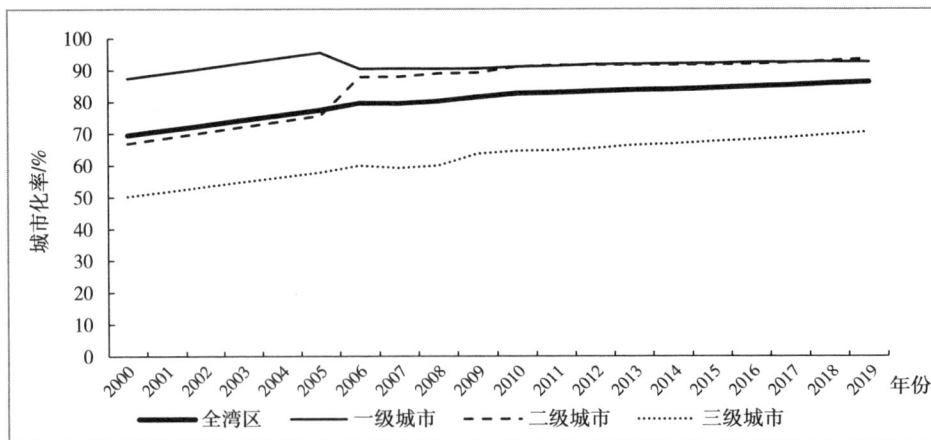

图 10-9 2000—2019 年粤港澳大湾区及各等级城市城市化率

数据来源:EPS 数据库、《广东统计年鉴(2018)》,2001—2004 年缺失值用线性插值法补齐。

　　针对大湾区内城市化水平空间分异，《纲要》中勾画出粤港澳大湾区城市群和城镇体系战略蓝图：在确立香港、澳门、广州、深圳中心城市地位的同时，建设珠海、佛山、惠州、东莞、中山、江门、肇庆等节点城市。由于大湾区各等级城市经济活力、产业发展情况不尽相同，在城市化建设过程中，各地要发挥各自优势，真正将大湾区建设成为具有活力的国际一流湾区。

2. 城市互动强度

　　《纲要》第三章将构建粤港澳大湾区城市网络化空间格局战略构想总结为"极点带动、轴带支撑"，为建设结构科学、集约高效的城市群指明了方向。不同等级城市在特定空间尺度内聚集，以一个或多个中心城市为核心，通过交通运输、信息网络等，辐射带动节点城市，这样的完整集合体为城市群。在城市群内部，人才、资金、技术、信息等要素在城市间流动，即所谓的城市流。表 10-2 反映了 2003—2019 年粤港澳大湾区城市流强度。除珠海外，大湾区内各地级市城市流强度均呈上升态势，与外部经济联系加强。大湾区各城市中，广州和深圳城市流迅速增强，2019 年城市流强度分别是 2003 年的 21.44 倍、8.23 倍，中心城市地位进一步巩固，和同为中心城市的港澳地区良性互动。在大湾区其他节点城市中，佛山和惠州城市流强度总体水平较高，其他 5 个节点城市相对较弱，与前文聚类分析相印证。

　　粤港澳大湾区城市经济实力强、城市化水平高，大湾区能够发挥辐射引领作用。为此，《纲要》第五章围绕加快基础设施互联互通，指出要加快建设以快速交通网络、港口群、机场群为核心的综合交通运输体系，实现资金、人才等有形生产要素自由流动。同时，还要优化信息基础设施，实现信息、技术等无形生产要素跨区域配置。在此政策背景下，大湾区 11 个城市间互联互通程度将进一步提高，对外经济联系能力会持续增强。

表 10-2　2003—2019 年粤港澳大湾区城市流强度

年份	广州	深圳	珠海	佛山	东莞	惠州	中山	江门	肇庆
2003	267.69	178.36	89.52	42.20	108.04	130.71	51.46	23.84	46.04
2004	378.94	253.58	119.45	50.61	117.05	176.53	73.21	33.27	64.65
2005	531.87	274.25	129.84	83.21	183.71	297.37	110.24	49.36	68.74
2006	637.80	316.37	142.52	134.23	200.69	407.16	143.80	49.53	82.33
2007	675.73	432.75	161.50	198.03	265.54	563.18	154.36	66.51	105.09
2008	778.86	503.68	181.61	186.77	305.91	729.65	151.29	52.48	113.88
2009	937.63	499.79	190.05	291.80	333.35	647.63	184.08	81.02	136.73
2010	1 188.73	602.75	227.81	470.23	408.87	854.50	225.63	103.23	164.31
2011	1 089.68	812.04	291.27	482.67	488.08	933.50	249.91	69.52	185.46
2012	1 195.27	999.20	282.56	507.54	527.69	1 070.29	250.36	150.14	176.38
2013	3 848.15	479.93	10.76	927.50	263.11	1 323.37	420.72	148.03	233.42
2014	4 321.58	620.47	11.94	952.48	312.15	1 453.90	432.62	150.56	249.81
2015	4 716.43	932.10	8.66	1 112.59	387.74	1 602.39	444.49	174.75	253.90
2016	5 009.72	1 205.66	28.56	1 346.27	478.63	1 820.55	489.90	177.75	284.28
2017	5 247.43	1 364.97	3.50	1 304.32	596.98	2027.52	496.59	235.95	356.81
2018	5 416.95	1 743.74	34.77	1 568.99	659.94	2 339.80	565.57	243.52	393.42
2019	5 738.58	1 468.22	55.66	1 244.67	676.86	2 388.21	562.31	280.79	462.14

数据来源:EPS 数据库、《广东统计年鉴(2004—2020)》。

四、粤港澳大湾区对外开放

作为新时代区域协调发展战略的关键组成部分,粤港澳大湾区建设与"一带一路"建设、京津冀一体化、长江经济带建设相互促进,共同为国家大政方针服务。《纲要》第九章将大湾区与"一带一路"建设相联系,支持粤港澳加强合作,携手推进对外开放,三地联动,共同建设"一带一路",成为在保护主义和单边主义盛行、新冠肺炎疫情肆虐的全球大环境下积极融入国际大循环的应时之举。

图 10-10 反映了 1994—2019 年粤港澳大湾区净出口总额及其占地区生产总值的比重。2004 年以前,粤港澳大湾区净出口总额较低,2005 年以来,大湾区净出口总额迅速提升,并在 2008 年突破千亿美元关口。随后,由于受到国际金融危机冲击,大湾区净出口总额在 2009 年有所下降,之后重新步入上升轨道,直至 2015 年达到峰值 2 423.07 亿美元,是 1994 年的 69.19 倍。此后,随着我国经济发展进入新常态,依靠投资、出口带动的传统经济增长方式变得不合时宜,各级政府逐渐将工作重心转移到扩大内需上。因此,2016—2018 年,净出口总额缓慢降低,但 2019 年出现回暖迹象。21 世纪以来,大湾区净出口额占地区生产总值比重的变化再次证明了上述规律:净出口占比分别在 2007 年、2015 年达到峰值,随后下降,这印证了我国经济动能转换。

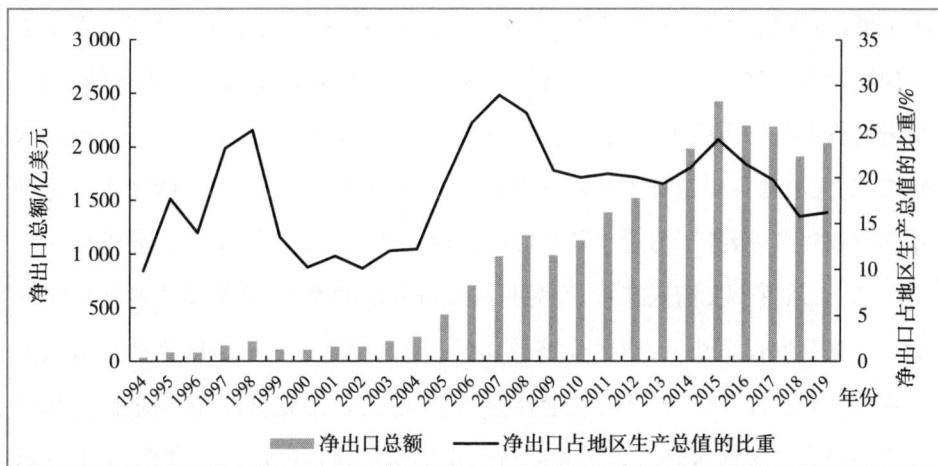

图 10-10　1994—2019 年粤港澳大湾区净出口总额及其占地区生产总值的比重

数据来源:EPS 数据库、《广东统计年鉴(1995—2020)》。

《纲要》认为,要积极构建和国际标准对接的市场规则体系,提升大湾区市场一体化水平,为打造全方位开放格局、构建高质量的开放型经济新体制注入动力。大湾区对外开放水平提升不仅体现在量上,更反映在质上。在 20 世纪

90 年代,借助毗邻港澳地缘优势,大湾区形成了"前店后厂"外贸发展模式,服装、玩具、小型零部件等劳动密集型产品一度成为大湾区九个地级市主要出口产品,处在全球价值链的底端。大湾区净出口总量虽有所提升,但贸易结构欠合理,对外开放质量提升空间较大。进入新世纪,中央和地方先后出台了一系列旨在推动战略性新兴产业发展的政策性文件,产业技术含量上升,国际竞争力增强。在此背景下,以高端新型电子信息、新能源汽车、半导体照明为代表的技术密集型产品在总贸易额中占比稳步增加,对外开放质量逐渐提升。

五、粤港澳大湾区重点建设任务

分析粤港澳大湾区经济活力、产业发展、城市实力、对外开放的演化历程,不难发现,第一,粤港澳大湾区经济活力、产业发展、城市实力、对外开放受重大历史事件影响显著。在 1990 年、2006 年、2008 年,大湾区部分统计指标发生了结构性突变,与社会主义市场经济体制确立、大湾区普遍出现劳动力短缺、国际金融危机等重要历史事件高度吻合。党的十八大以来,随着我国经济发展进入新常态,大湾区各项经济指标步入新的运行轨道,与"一带一路"国家级顶层合作倡议相对接,服务于习近平新时代中国特色社会主义经济建设的宏观大局。

第二,从整个大湾区来看,作为我国经济发展的龙头,粤港澳大湾区近年来保持了强劲增长态势,大湾区经济总体发展水平较高,人均地区生产总值领先于京津冀和长江经济带,在经济总体格局中,地位日益突出,与港澳地区间位势差逐渐消失。大湾区经济繁荣发展与产业结构日趋合理化和高度化、工业创新效率优化、城市经济活力提升、对外开放水平提高密不可分,对建设国际一流湾区和世界级城市群战略意义长远。

第三,具体到大湾区内部,从各项指标的绝对数值、相对比例与增长速度来看,粤港澳大湾区各等级城市在经济活力、产业发展、城市实力等方面存在空间分异:广州、深圳、香港、澳门处于领先地位,中心城市地位不断巩固;大湾区内其他7个节点城市与中心城市差距依然较大,不利于大湾区整体经济实力的增强。

第四,粤港澳大湾区建设中"中国现象"值得关注。大湾区总面积远小于京津冀和长江经济带,自然和社会经济条件空间分异较小,但是湾区内部发展差距却是客观存在的,这与湾区内不同区域制度创新的进入权不同有关,获得优先试点权的区域有能力获取更高潜在制度收益,在制度层面上拉大了大湾区内部区域差异。此外,在分权化体制下,地方政府官员出于政治升迁动机,可能化身为政治企业家,通过行政手段实现管辖区域范围内经济机械性增长,撤县设区就是一个典型例子。

基于上述发现,粤港澳大湾区要跻身国际一流湾区和世界级城市群,成为开拓以国内大循环为主体、国内国际双循环相互促进的新发展格局的排头兵,须完成以下重点建设任务。

第一,粤港澳三地联动,构筑现代化产业体系,增强产业的国际竞争力。产业国际竞争力是大湾区产业发展的生命力所在,须完成以下三项工作。

一是发挥粤港澳大湾区产业优势,进一步调整产业结构。就制造业而言,一方面,要继续发挥大湾区传统制造业既有优势,完善服装、家电等传统制造业的产业价值链,加快自主品牌建设,而并非一味取代;另一方面,积极运用先进技术和现代化管理模式,提升大湾区研发创新活动效率,大力发展以新能源汽车、高性能船舶为代表的新型制造业,推动政产学研一体化,实现规模收益递增。就服务业而言,坚持生产性服务业与生活性服务业并重,重点培育以金融、现代物流、会议展览、文化旅游为代表的生产性服务业和以旅游、商贸、居家养老为代表的生活性服务业,融入新模式、新技术,实现现代服务业集成化发展。在此基础上,内地和港澳特区政府出台的产业政策应一致,引导粤港澳三地制造业、生产性服务业、生活性服务业协同并进,构筑集纽约湾区金融中心角色、东京湾区制造业水准、旧金山湾区创新能力于一体的产业协作体系。

二是理性分析粤港澳大湾区各等级城市的优势条件,优化产业布局。根据湾区规划纲要对各地市发展定位,错位建立主导产业,实现制造业高级化,孵化战略性新兴产业。具体而言,以香港为中心,巩固并提升其国际金融中心地位;以广州、深圳为核心,形成珠江东岸电子信息产业集群;以珠海、佛山为龙头,打造珠江西岸先进制造业产业集群;以惠州为试点,加快石化基地建设。同一城市发展定位是多元的,因此,在产业布局过程中,还要发挥香港、澳门、广州、深圳的科研资源优势,推动信息技术、生物技术、高端装备制造、新材料产业高端化发展。

三是尽快建成改革开放以来粤港澳大湾区产业政策信息库。20世纪80—90年代,制造业是大湾区的支柱产业,凭借从中央获得的制度创新优先试点权,大湾区一级城市制造业发展获得了充足的财政、货币、人才政策支持。新世纪,随着现代服务业成为一级城市主导产业,相关政策随之变动。相比之下,大湾区内承接产业转移的二、三级城市从新政策中获得的潜在制度收益不及一级城市。因此,通过建立政策数据库,留存历史上实践结果相对较好的政策,为接受产业梯度转移的二、三级城市提供一级城市曾获得的政策支持。

第二,加快粤港澳大湾区现代城市体系构建,全面提升城市化水平。建设现代城市体系是一项艰巨任务,对将大湾区建设成为宜居、宜业、宜游的优质都市生活圈意义重大。因此,要做到以下三点。

一是加速推动产城融合,以具备国际竞争力的产业为引擎,激发粤港澳大湾区各等级城市经济活力。在各等级城市地域范围内尽可能多地发展《纲要》中提到的信息技术、生物技术、高端装备制造、新材料等新支柱产业,吸引更多优质人才服务于产业发展,避免大湾区出现产业空心化、人才瓶颈等问题,提升市辖区地区生产总值占比。此外,要理性看待市辖区地区生产总值占比机械性提升的"行政区经济"现象,在肯定行政区划调整对城市经济增长刺激作用的同时,防范地方官员通过区划调整提升政绩。

二是从数量和质量两个方面入手,引导粤港澳大湾区人口城市化高质量发展。对于香港、广州、深圳三座特大城市而言,人口城市化率已经和多数发达国家持平,在现有资源禀赋条件下,已经接近城市人口总量的"天花板",交通拥堵、住房紧张、环境污染等城市病显现。为保障大湾区人民生活福祉,要严格控制城市人口规模。惠州、中山、江门、肇庆等中等城市存在进一步吸纳人口向城镇集聚的剩余空间,因此,要秉承"有序放开落户限制"原则,进一步提高人口城市化率。在此基础上,要按照《纲要》要求,"三位一体"建设人文湾区、休闲湾区、健康湾区,实现基本公共服务均等化,增加当地居民的获得感。

三是完善粤港澳大湾区各项基础设施建设,为城市间资金、技术和信息流扩容提供必要的物质基础。一方面,要完善大湾区快速交通网络,将已建成的港珠澳大桥、广深港高速铁路和待建的大湾区城际铁路、深中通道纳入城市交通运输网。在此基础上,创新珠三角九市和港澳地区的通关模式,构筑 1 小时都市圈,实现优质人力、物力共享。另一方面,以大数据、云计算、物联网为支撑,实现大湾区城市群智能化发展,增强城市信息流。由于基础设施投资规模大、回收周期长等,私人部门往往不愿介入,政府须通过公共财政拨款加以推进。

第三,进一步完善区域内和跨区域合作框架机制,助力粤港澳大湾区经济又好又快地发展。无论产业发展,还是城市建设,都以区域合作为前提。为此,要做好以下三项工作。

一是以深圳前海、广州南沙、珠海横琴等合作平台为支撑,推动粤港澳三地产业深度融合,助力区域内合作。《纲要》第十章已明确提出上述三大合作平台建设构想。三个平台并非相互孤立,在金融、航运、信息技术、新材料、人工智能、海洋科技等行业领域或多或少地存在业务交集。因此,在发挥平台示范作用的同时,坚持全局性、系统性原则,实现各大合作平台功能互补,将各等级城市纳入同一建设框架下,避免重复建设。

二是完善粤港澳三地合作的制度设计,深化区域内合作。一方面,出台推进大湾区合作的法案或暂行办法,为粤港澳三地在商业贸易、文化交流过程中可能出现的各类冲突提供解决途径。需特别说明的是,与一般性区域内合作不同,粤港澳大湾区内存在着社会制度差异,因此,法案制定须充分考虑大陆法系和英美法系差异,为新时代"一国两制"理论与实践创新提供范本。另一方面,成立推动大湾区合作政府专属职能部门,改善大湾区政府职能划分不明晰现状,引导商界、学界和广大社会公众共谋大湾区发展。

三是寻求粤港澳大湾区与"一带一路"建设联结点,扩大对外开放,实现跨区域合作。一方面,根据纲要关于打造"一带一路"重要支撑区战略部署,以丝路基金、亚投行等"一带一路"相关项目为基石,将粤港澳作为联系沿线国家的窗口,在商业贸易、人文交流等多领域广泛开展跨区域合作。另一方面,将粤港澳联合创新区建设向纵深推进,吸引国际一流企业,通过跨区域合作学习先进生产经验,增强产品国际竞争力,改善大湾区贸易结构。

此外,要尽快形成统一的国民经济核算体系。由于港澳地区各类数据统计口径和内地严重不一致,在绘制相关图表时,本章将粤港澳大湾区内"珠三角九市"作为研究对象,在质性分析中尽可能多地考虑港澳的情况。大湾区统计口径一体化将为学界科学研判大湾区经济发展提供更为全面的数据支撑,让学术研究更好地为粤港澳大湾区建设和新时代区域协调发展战略服务。

第十一章 走向一体化发展的
成渝经济圈

一、成渝经济圈战略背景

当今,世界面临"百年未有之大变局",中国经济正走向"双循环"新结构。须构建更具稳定性、更具"回旋余地"的国家经济地理格局。成渝地区是中国内陆人口与经济重心,能通过"长江经济带"东西向联动沿海地区,经"陆海新通道"南北串联"一带一路",成渝机场可五小时覆盖亚太大多数城市。成渝地区双城经济圈建设是党和国家重大区域发展战略,是形成以国内大循环为主体、国内国际双循环相互促进新发展格局的重要举措。

随着我国工业化、城市化进程加速,在区域经济发展中,大城市中心地位与辐射带动功能日益突出,以大城市为中心的城市密集区成为我国经济增长速度最快、最富经济活力和增长潜能的区域。改革开放后,受区位影响,成渝现代化进程相对滞后于东部沿海省份。2008年后,在第二轮西部大开发政策驱动下,成渝经济后发提速明显,占全国经济比重逐渐提升。然而,西部地区发展相对落后局面并没改变,东西部地区差距仍然较大,为了加快西部地区经济发展,2020年,中央提出了新一轮西部大开发战略,2020年5月,中共中央、国务院印发了《关于新时代推进西部大开发形成新格局的指导意见》,提出贯彻新发展理念,形成大保护、大开放、高质量发展新格局。意见指出西部地区发展不平衡、不充分问题依然突出,巩固脱贫攻坚任务依然艰巨,与东部地区发展差距依然较大,维护民族团结、社会稳定、国家安全任务依然繁重,西部地区发展仍然是全面建成小康社会、实现社会主义现代化的短板和薄弱环节。成都和重庆是西部地区最大的两个城市,加快成渝地区经济一体化进程,在西部地区形成经济增长极,可带动西部地区加快发展,缩小东西部地区经济发展差距。另外,中央鼓励重庆、成都、西安等加快建设国际门户枢纽城市,进一步提升西部地区大城市对外开放水平,提高大城市对外开放水平,带动西部地区对外开放水平。

成渝地区双城经济圈建设是习近平总书记为川渝两地量身打造的重大发展战略,由于成都是隶属于四川省的副省级城市,重庆是中央直辖市,二者在经济发展方面存在着行政区划设定障碍,成渝经济圈建设根本上是中央政府行政协调促进区域经济一体化发展战略举措。为发挥重庆区位优势,发挥辐射西南,带动长江上游的作用;解决四川人口过多和行政区划过大给行政管理和发展带来的困难,解决三峡工程建设和移民问题,1997年,重庆从四川省分离出来成为直辖市,这是加快中西部地区经济和社会发展的一项重要举措。经实践发展证明,重庆成为直辖市,城市行政级别提高了,重庆地区经济发展极大加快。然而,重庆从四川分离加剧了四川省与重庆市行政割据,行政力量阻碍成为两个地区经济一体化进程的重大阻碍。因此,早在2007年11月,重庆市与四川省签订《关于推进川渝合作、共建成渝经济区的协议》,依照协议,双方依托良好资源条件和产业基础,以重庆、成都两个特大城市为龙头,以成都及绵阳等沿高速公路、快速铁路、黄金水道14个市和重庆"1小时经济圈"23个区县为载体,加强区域分工合作。协议特别强调,将在成渝经济区建立有利于人口合理流动的劳动力市场,取消就业户籍限制,建立流动人口"便参保、易转移"社保体系。重庆和四川开展科技方面交流合作,可充分发挥双方在经济和市场互补性强优势,充分整合两地科技资源,提升区域创新能力和经济发展水平。这标志着四川和重庆两地开始探索自主建立的行政协调机制,目的在于促进两地经济协调发展,尽量减少行政力量对区域协调发展的阻碍。

2011 年 5 月,国务院批复《成渝经济区区域规划》,其中指出,"成渝经济区自然禀赋优良,产业基础较好,城镇分布密集,交通体系完整,人力资源丰富,是我国重要的人口、城镇、产业集聚区,是引领西部地区加快发展、提升内陆开放水平、增强国家综合实力的重要支撑,在我国经济社会发展中具有重要战略地位。努力把成渝经济区建设成为西部地区重要经济中心、全国重要现代产业基地、深化内陆开放试验区、统筹城乡发展示范区和长江上游生态安全保障区,在带动西部地区发展和促进全国区域协调发展中发挥更重要的作用"。《成渝经济区区域规划》得到国务院批复,说明成渝地区经济的共同发展得到了中央政府重视,然而,仅仅依靠地方政府协调区域经济发展是不够的,地方政府作为地区利益代表,都以地方利益最大化为追求目标,区域经济合作与协调是难以达成的,因此,区域经济协调须中央政府行政协调,使得地方政府的行为符合国家整体利益。正是在这种落实协调发展新理念和高质量发展背景下,中央提出建设成渝经济圈区域协调发展战略。

2020 年 1 月,国家提出建设"成渝地区双城经济圈"目标,成渝地区发展得到更多关注,成为我国经济增长"第四极"。2020 年 10 月 16 日,中共中央政治局召开会议,审议《成渝地区双城经济圈建设规划纲要》,会议强调,要全面落实党中央决策部署,突出重庆、成都两个中心城市协同带动,注重体现区域优势和特色,使成渝地区成为具有全国影响力的重要经济中心、科技创新中心、改革开放新高地、高品质生活宜居地,打造带动全国高质量发展的重要增长极和新的动力源。联手打造内陆改革开放高地,共同建设高标准市场体系,营造一流营商环境,以共建"一带一路"为引领,建设西部陆海新通道,积极参与国内国际经济双循环。着力提升重庆主城和成都发展能级和综合竞争力,推动城市发展由外延扩张向内涵提升转变,以点带面、均衡发展,同周边市县形成一体化发展都市圈。2021 年 1 月,《中共重庆市委、中共四川省委、重庆市人民政府、四川省人民政府关于印发〈重庆四川两省市贯彻落实成渝地区双城经济圈建设规划纲要联合实施方案〉的通知》提出"牢固树立川渝一盘棋思维和一体化发展理念,打造区域协作高水平样板,着力深化社会公共服务供给侧结构性改革,推进两地公共服务政策协同"。成渝经济区密集出台一系列加强经济一体化政策,从国家角度看,成渝经济一体化有利于国家总体效益增进,有利于国家形成新的经济增长极。国家从全局角度布局成渝经济圈,就是要打破由于行政区划导致的地方利益藩篱,畅通国内经济大循环。成渝地区地理邻近,文化相似,两个城市之间却由于行政设置原因经济联系较少,两个城市市场整合空间还很大。

当前,我国经济发展的国内国际环境正在发生深刻、复杂变化,推动成渝地区双城经济圈建设,有利于形成优势互补、高质量发展区域经济布局,有利于拓展市场空间、优化和稳定产业链供应链,是构建以国内大循环为主体、国内国际双循环相互促进的新发展格局的一项重大举措。成渝经济圈是西部人口最为稠密、产业最为集中、城镇密度最高的区域。成渝经济区涵盖了重庆市 31 个区县和四川省 15 个市,总面积为 20.61 万平方千米,人口为 9 840.7 万人;以成渝高速公路为轴线,其北翼、中轴和南翼分布着成都、遂宁、南充、合川、简阳、资阳、内江、永川、自贡、宜宾、泸州、江津等市区,构成了成渝经济圈城市群及交通网络载体。

二、成渝经济圈建设的使命与挑战

1. 成渝经济圈建设的使命

从国家发展战略看,成渝崛起不仅仅是简单的区域发展问题,更是国家优化经济布局、增强经济安全稳定的全局性战略性问题。成渝经济圈承担的使命如下。第一,总体上要承载"高质量增长极""内陆开放战略高地"国家使命。通过"双城经济圈"建设,在国家开放开发新格局中承担相应职责。在产业上实现规模集聚和竞争力双重提升,功能上支撑内陆开放,夯实国际交往职能与多向开放联动职能。第二,打造"具有全国影响力的重要经济中心"。在新的经济发展环境中,实现成渝产业经济崛起,发挥区域引领作用、组织作用。路径上,要突出"科技创新""改革开放"发展,走高附加值、创新驱动发展道路,加快开放步伐、优化营商环境,在改革创新过程中不断探索。第三,打造"高品质生活宜居地",吸引人才,支撑经济高质量发展。打造优质的人居环境,增强对"人"的吸引力,把人力资源积累作为核心抓手,突出"人"在创新阶段的核心地位,从而支撑新时期产业发展、创新发展。

建设成渝地区双城经济圈,要探索的是冲破行政框架配置资源,随着工业化、城市化深入,特别是随着中国经济对外开放程度提升,在任何一个行政框架内,经济资源配置都无法完成。

当前,建设成渝经济圈的主要措施如下。一是政府行政协调,尤其是中央政府统筹协调。在跨行政区域经济区形成过程中,政府组织、规划、协调是必不可少的。因为行政区域界线可能导致行政要素和经济要素冲突,这种冲突只能通过政府之间协调来化解。地方政府代表本地利益,肯定具有追求本行政区范围内经济利益最大化强烈动机,在客观上,形成地方政府行为局部化、地方官员行为短期化倾向。二是成渝经济圈内各城市政府自组织充分发育,即通过经济活动在大城市之间、大城市与中小城市及更为广阔的经济腹地之间空间聚集与扩散,使中心城市与中小城镇和经济腹地之间不断交换物质与能量,实现结构调整、功能转换和空间形态变化,以适应环境变化和经济发展,实现要素的空间优化配置。

2. 成渝经济圈建设的挑战

西部大开发战略实施 20 多年来,成渝地区双城经济圈发展不断加速,但是,整体发展水平与京津冀、长三角和粤港澳大湾区等城市群相比差距还较大。国家将成渝地区双城经济圈定位为国家发展战略,使之成为我国经济新增长极和西部发展的重要核心。

成渝地区双城经济圈发展面临以下挑战。首先,成渝地处四川盆地,相比于沿海地区缺乏海运全球贸易条件,在沿海开放时期,处于劣势地位。为应对盆地封闭性地形制约,成渝两地应加强合作,发挥聚合作用,形成向西内陆开放的前沿地区,克服区域先天不足。因此,成渝地区须在推进国际化和全球化方面积极探索可行的新思路和模式。其次,成渝地区经济总量虽然在去年达到7万亿元,约占整个西部地区的1/3,但是经济总量与长三角、珠三角和京津冀等城市群相比,差距依然很大。因此,成渝地区双城经济圈须加快本地区经济发展,在城镇化和工业化方面加速,大力发展战略新兴产业来支撑新的经济发展阶段,通过创新驱动实现跨越式发展。最后,成渝地区产业同质化问题较为严重,在产业结构以及产品品类上均有体现,例如,成都和重庆在汽车制造行业存在着明显的竞争关系,成都和重庆都在谋求西南地区政治中心战略地位。所以,成渝两地要克服这些问题,合理分工与合作,最终达成成渝地区经济圈一体化发展。

在建设成渝经济圈方面,成都市以成渝地区双城经济圈建设为战略牵引,探索融入新发展格局路径,打造新时代推进西部大开发形成新格局的战略高地,加快形成优势互补、高质量发展的区域经济布局。四川省将营造放心、舒心消费环境,打造国际消费中心城市和区域消费中心,充分发挥成都新消费规模和潜力巨大的比较优势。坚持把建设成渝地区双城经济圈作为融入新发展格局的重大举措,牢固树立一盘棋思想和一体化发展理念,优化完善合作机制,以深化川渝合作为引领,以做强成都极核为带动,以扩大改革开放为动力,以促进全域发展为取向,不断增强经济承载和辐射带动功能、创新资源集聚转化功能、改革集成和开放门户功能、人口吸纳和综合服务功能,着力打造区域协作高水平样板。

重庆一直是西南地区和长江上游最大经济中心城市和重要交通枢纽,起着承东启西、沟通南北的重要作用,对长江经济带和西部地区有双重聚散功能。重庆市认为,加快建设成渝地区双城经济圈,使重庆战略地位凸显、战略空间拓展、战略潜能释放,带来诸多政策利好。相向发展重庆、成都都市圈,加快川渝毗邻地区融合发展,建设万达开川渝统筹发展示范区,一体化发展渝东北与川东北地区,融合发展渝西与川南地区,辐射带动川渝两省市全域。

三、成渝经济圈是优化区域经济布局和构建新发展格局的重要举措

目前,世界环境面临"百年未有之大变局",中国经济正走向"双循环"新结构,正在构建更具稳定性、更具"回旋余地"的国家经济地理格局。成渝地区是中国内陆人口与经济重心,能通过"长江经济带"东西向联动沿海地区,经"陆海新通道"南北串联"一带一路",成渝机场可在5小时联动亚太地区大多数城市,是天然的国际交往中心。成渝在国家双向开放的"H型"结构兼具"连横+合纵"价值,是中国调整经济布局的战略要地。推动双城经济圈建设是构建以国内大循环为主体、国内国际双循环相互促进新发展格局的重大举措,有利于加快形成优势互补、高质量发展区域经济布局,在服务全国构建新发展格局中展现新作为。

总体上,川渝地区要承载"高质量增长极"和"内陆开放战略高地"国家使命,建设"双城经济圈",在国家开放开发新格局中承担相应职责。近年来,随着"一带一路"深入推进和实施,我国西部地区开放水平大大提高,"渝新欧""蓉新欧"等班列为西部地区加强与国际社会贸易联系提供了便捷条件。成渝经济区战略加快了成渝地区市场整合,可避免大量资源重复建设和恶性竞争,加快成渝经济一体化进程,在产业上实现规模集聚和竞争力双重提升,功能上支撑内陆开放,夯实国际交往职能与多向开放联动职能。

成渝经济区战略的核心任务是打造"具有全国影响力的重要经济中心",在新的经济发展环境中实现成渝产业经济崛起,使得成渝地区发挥区域经济引领和组织作用。我国经济步入高质量发展阶段,经济发展更加注重质量,在新的发展阶段,一般认为,科技创新和制度环境建设是高质量发展的最为重要的两个因素。成渝经济一体化路径要突出"科技创新"和"改革开放",走高附加值、创

新驱动发展道路,加快开放步伐、优化营商环境,在改革创新过程中不断探索。

四、成渝经济圈空间结构

1. 成渝经济圈经济结构分布

　　成渝经济区范围包括重庆市和四川省成都、德阳、绵阳、眉山、资阳、遂宁、乐山、雅安、自贡、泸州、内江、南充、宜宾、达州、广安 15 个市。成渝经济圈建设是新时代党中央从全局的高度为重庆和四川量身定做的发展战略,具有深刻时代背景,从而为成渝经济区内各城市"十四五"时期经济社会发展提供战略指引,在"十四五"规划中,成渝经济区内各城市建设的主要内容见表 11-1。总体来看,成都和重庆相向发展已经形成共识,除成都和重庆以外,各地级市发挥各自比较优势,积极融入成都都市圈和重庆都市圈,成都和重庆作为成渝经济区内两个特大型城市,在成渝经济一体化过程中起着决定性作用。

表 11-1　成渝区各城市市委"十四五"规划建议中关于成渝经济区建设的主要内容

城市	关于成渝经济圈建设的主要内容
四川省	以成渝地区双城经济圈建设为战略牵引,探索融入新发展格局的路径,打造新时代推进西部大开发形成新格局的战略高地,推动加快形成优势互补、高质量发展的区域经济布局。坚持把推动成渝地区双城经济圈建设作为融入新发展格局的重大举措,牢固树立一盘棋思想和一体化发展理念,优化完善合作机制,以深化川渝合作为引领,以做强成都极核为带动,以扩大改革开放为动力,以促进全域发展为取向,不断增强经济承载和辐射带动功能、创新资源集聚转化功能、改革集成和开放门户功能、人口吸纳和综合服务功能,着力打造区域协作高水平样板
重庆市	聚焦"两中心两地"战略定位,构建双城经济圈发展新格局。坚持双核引领、区域联动,形成特色鲜明、布局合理、集约高效的城市群发展格局。编制实施重庆都市圈发展规划,培育发展现代化都市圈,带动周边地市和区县加快发展。相向发展重庆、成都都市圈,加快融合发展川渝毗邻地区,建设万达开川渝统筹发展示范区,一体化发展渝东北与川东北地区,融合发展渝西与川南地区,辐射带动川渝两省市全域

续表

城市	关于成渝经济圈建设的主要内容
成都市	形成成渝相向发展新格局。坚定不移发展成都跨越龙泉山,发挥成都东部新区及淮州新城、简阳城区等协同区在成德眉资同城化中产业协作引领作用,带动川南和川东北地区共同发展。协同建设现代产业体系,合力打造数字产业新高地和西部金融中心。共建协同创新体系,实施成渝科技创新合作计划,打造"一带一路"科技创新合作区和国际技术转移中心,合力打造科技创新高地。共建开放合作体系,合力建设西部陆海新通道,依托成都国际铁路港经济开发区打造"一带一路"进出口商品集散中心、对外交往中心。强化公共服务共建、共享,共建巴蜀文化旅游走廊。有序建设引大济岷、沱江团结枢纽重大水利工程。合力建设现代基础设施网络。 　　形成成德眉资同城化发展新格局。坚持以体制机制创新为突破,探索行政区与经济区适度分离,创建成德眉资同城化综合试验区,加快建设经济发达、生态优良、生活幸福的现代化都市圈。加快交通网络同城化,构建区域空港物流、轨道交通、高快速路"三张网"。协同建设产业生态圈,加快发展"三区三带",区域内产业供需适配和本地配套。有序推进公共服务共享,按常住人口规模和布局均衡配置公共服务。功能平台相互开放,发挥国家级新区旗舰作用,联动共建国际铁路港、国际空港、总部商务区等合作平台和大科学装置、重大公共技术平台
德阳市	以成渝地区双城经济圈建设为战略牵引,做强支撑成都都市圈高质量发展的重要功能板块。全面融入成都极核。全方位对标成都、学习成都、融入成都,协同成都"北改",建设凯州新城成都东部新区产业协作区,构筑成都都市圈北部增长极。公共交通同城同网,加快建设一批轨道交通项目,畅通都市圈高快速路网,提高公共交通服务水平,打造成都都市圈通勤最佳城市。产业协同共兴,打造成德临港经济产业协作带,培育上下成链、左右配套、优势互补、集群发展的产业生态圈,共建乡村振兴示范走廊。建设成都国际高端要素集聚运筹中心的功能配套区,建强现代产业体系,为成都优质资源集聚转化提供应用场景,提升德阳在装备制造、数字经济、文化旅游等特色领域优质资源的集聚配置功能。建设成都国际物流枢纽功能协作区
绵阳市	着力打造成渝地区双城经济圈创新高地,建设具有全国影响力的科技创新先行示范区。深度参与成渝地区双城经济圈建设。把深度参与成渝地区双城经济圈建设作为融入新发展格局的重大举措,充分发挥自身优势,紧扣"一极两中心两地"战略目标找结合、求协作、谋发展,加快推动把国家战略势能转化为绵阳发展动能。立足四个发展定位,聚焦四个主攻方向,深入实施八大行动,强化与成都、重庆协同联动,开展跨区域合作,全面增强城市经济承载、人口吸纳和综合服务功能,把绵阳加快建成市场主体高层次、经济聚集高强度、城市发展高能级的成渝地区副中心城市,持续提升绵阳经济影响力、区域带动力和全局贡献力

续表

城市	关于成渝经济圈建设的主要内容
眉山市	坚持"融入成都"发展战略,建设双城经济圈。勇担成渝地区双城经济圈建设"先行军"使命,坚定不移发展成德眉资同城化,携手壮大主干、做强极核,打造区域协同高水平样板。协同创新体制机制,探索行政区与经济区适度分离,积极创建成眉同城化综合改革试验区,协同建设产业生态圈、构建功能平台、公共服务共享、生态环境联防共治、联动共建科创走廊
资阳市	坚持成资同城化战略支撑,全面融入成渝地区双城经济圈建设。深度对接成都东进、重庆西扩,加快建设"以门户枢纽为核心,以临空经济、公园城市为特色,引领成渝地区中部崛起的同城化率先突破区",融入新发展格局,提升资阳在区域经济发展格局中的分量,助力建设带动全国高质量发展的重要增长极和新的动力源
遂宁市	以深入建设成渝地区双城经济圈为引领,深化拓展"一核三片、四区协同"发展战略,在成渝相向共兴中夯实中部根基、实现中部崛起
乐山市	以融入成渝地区双城经济圈建设为战略引领,以建设世界重要旅游目的地为战略机遇,共建巴蜀文化旅游走廊,推动旅游大市向旅游强市转变
雅安市	充分发挥雅安特色优势,建设成渝地区绿美生态高地、成渝地区大数据产业基地、成都都市圈重要功能协作基地、成渝地区高品质康养宜居地、川藏物资贸易集散地、成渝地区西向门户枢纽
自贡市	对接双核,加强协作。紧密对接成渝国家中心城市国际化进程,加强开放、通道、产业、科技、金融、人才等领域协作。主动承接制造业、区域性专业市场等产业转移和物流基地等功能疏解,对接共享医疗和教育等优质公共服务资源,主动融入科技创新中心及相关平台建设。主动接受双核国际门户枢纽辐射带动,加强与成都青白江铁路港、重庆港等协同发展,打造西部陆海新通道和长江经济带物流枢纽重要节点城市
泸州市	主动融入新发展格局,打造川南渝西融合发展试验区重要腹地,建设成渝地区双城经济圈改革创新示范市和改革开放新高地
内江市	加快建设成渝发展主轴重要节点城市,加快建设成渝特大城市功能配套服务中心,深化与成都、重庆分工协作
南充市	加快建设成渝北翼现代产业发展集聚区,协同共建成渝现代高效特色农业带
宜宾市	建成成渝地区经济副中心,持续深化成宜、渝宜合作,加快建成成宜跨区域合作先行示范市、川南渝西融合发展试验区
达州市	创建万达开川渝统筹发展示范区,主动对接万州、开州国土空间和生产力布局,以建设万达开川渝统筹发展示范区为突破口,融合发展三大主城,做强经济承载和辐射带动功能、创新资源集聚和转化功能、改革集成和开放门户功能、人口吸纳和综合服务功能,联动打造万达开都市圈。加快建设秦巴新区,打破融入万达开川渝统筹发展示范区建设体制性障碍、机制性梗阻和政策性短板,强化三地毗邻地区协同联动发展,共建富有特色的区域发展功能平台和各类产业合作园区,打造省际交界地区高质量发展先行示范区

续表

城市	关于成渝经济圈建设的主要内容
广安市	与重庆一体化发展。加强与重庆都市圈发展规划和重庆市国土空间规划编制对接,将广安纳入重庆都市圈一体规划、一体布局。积极与重庆市合川区、长寿区共建环重庆主城都市区经济协同发展示范区,打造现代产业协同发展示范区、重庆中心城区功能疏解承载区、成渝中部绿色发展先行区

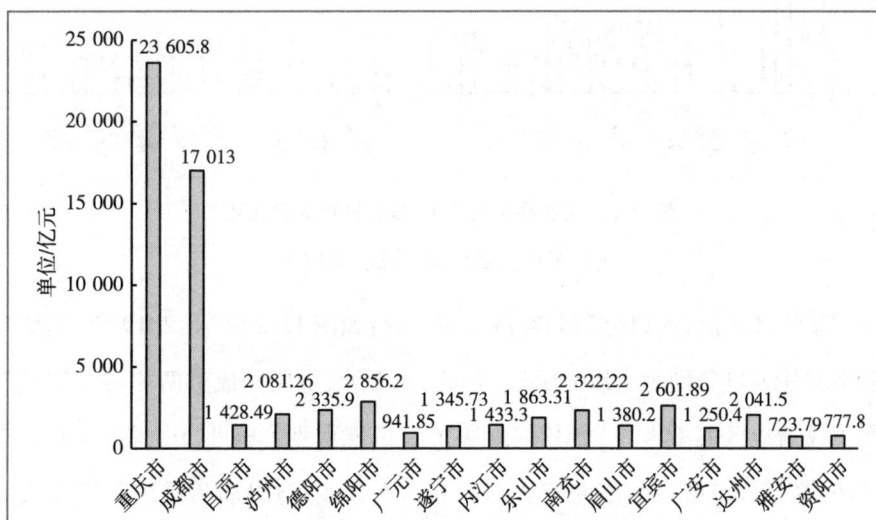

图 11-1　成渝经济区 2019 年各城市地区生产总值比较

数据来源:2020 年各市统计年鉴。

从经济地理角度看,成渝经济圈内,成都和重庆两座城市经济总量占绝对优势,如图 11-1 所示,2019 年,重庆和成都地区生产总值分别达到 23 605.8 亿元和 17 013 亿元,而其他城市地区生产总值都在 3 000 亿元以下,2019 年,绵阳市地区生产总值达到 2 856.2 亿元,是成渝经济区内各地级市中地区生产总值最高的城市。成渝经济区内,经济活动高度集中在重庆和成都两座国家级中心城市,两座城市周边普通城市经济规模偏小,成渝经济区经济空间结构呈现出"两极"特征。

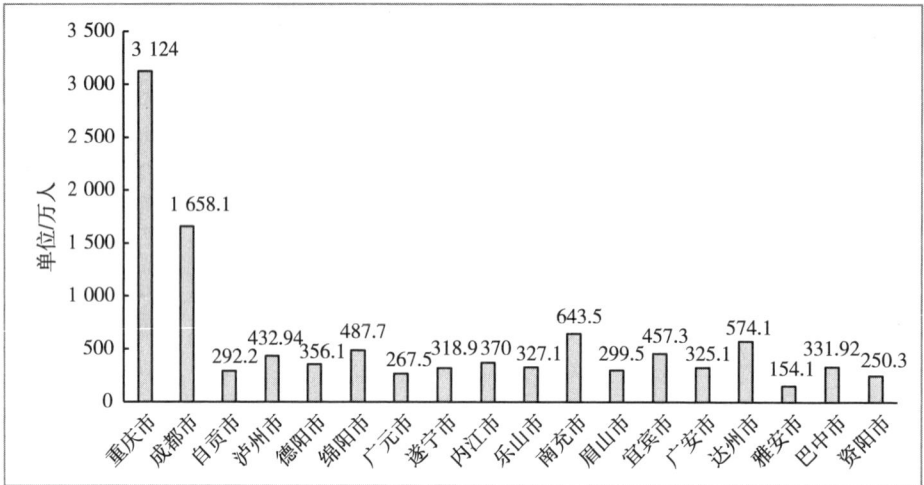

图 11-2　成渝经济区 2019 年各城市人口比较

数据来源：2020 年各市统计年鉴。

成渝经济圈内，人口分布同经济分布一致，如图 11-2 所示，2019 年，重庆和成都市常住人口分别为 3 124 万人、1 658.1 万人，重庆和成都两座特大型城市集聚了成渝地区大量人口，而其他地级市人口规模则远远小于成都。例如，成渝经济圈内，人口最多的南充市人口为 643.5 万人，与成都和重庆千万级人口规模比，差距巨大。成渝经济圈建设，重点不应该是继续做大重庆和成都两个大城市，而应该是发挥重庆和成都两个超大城市的溢出效应，带动周边中小城市，建设制度一体化，加快成渝经济一体化，因此，成渝经济圈建设利好成都和重庆周边中小城市，这些城市将受益于经济一体化。

2. 成都经济发展分析

成都经济潜力巨大，具有独特的西部城市经济魅力，"十四五"期间，成都提出打造"高品质生活宜居地"，通过营造高品质城市生活环境吸引人才，支撑高质量发展。通过优质人居环境，增强对"人"的吸引力，在成都经济发展过程中，把人力资源积累作为核心抓手，在创新阶段突出"人"的核心地位，从而支撑新

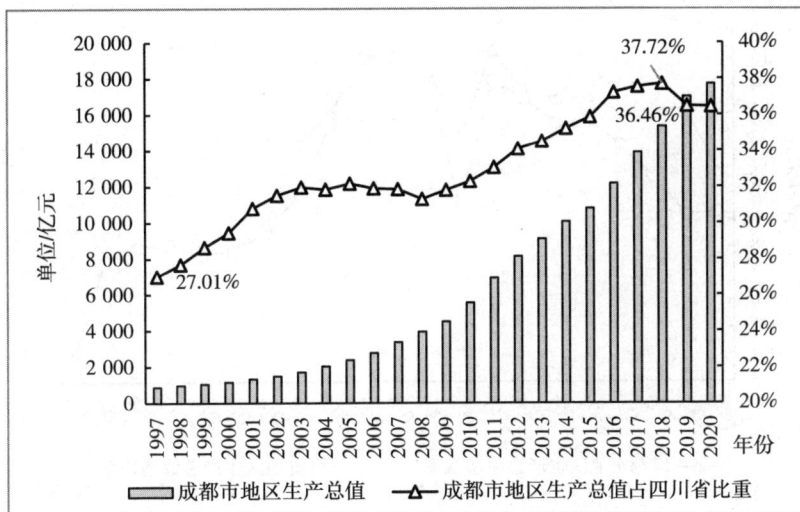

图 11-3　成都市地区生产总值及占四川省地区生产总值比重（1997—2020 年）

数据来源：四川省和成都市历年统计年鉴。

时期产业发展、创新发展。成都作为四川省省会城市，是四川省政治和经济中心，且近年来伴随着成都经济快速增长，成都经济中心地位持续强化，如图 11-3 所示，1997 年重庆成为直辖市以后，成都市地区生产总值占四川省地区生产总值比重不断上升，在 1997 年，成都市地区生产总值占四川省地区生产总值比重为 27.01%，2017 年达到峰值 37.72%，在 2020 年，成都市地区生产总值占四川省地区生产总值高达 36.46%；在四川省内，"一城独大"格局在短期内很难改变，成都天然的政治和地理条件决定了其在四川省的独特地位。

　　成都市地区生产总值占四川省地区生产总值比重快速上升，侧面说明成都市经济活跃，如图 11-4 所示，成都经济增长速度一直高于四川省经济增长速度，成都经济增长潜力巨大，根据区域经济学发展理论，经济活动向大城市集聚，大城市规模经济效应进一步扩大，表现出集聚经济效应，集聚经济效应产生的根源是经济活动集中以后可以共享基础设施等资源，人力资本互相学习和劳动力供需匹配度更高。正是因为集聚经济，大城市资源配置效率高于中小城市。在快速推进城市化历史背景下，中心城市经济增长速度快于省经济增长速度是高

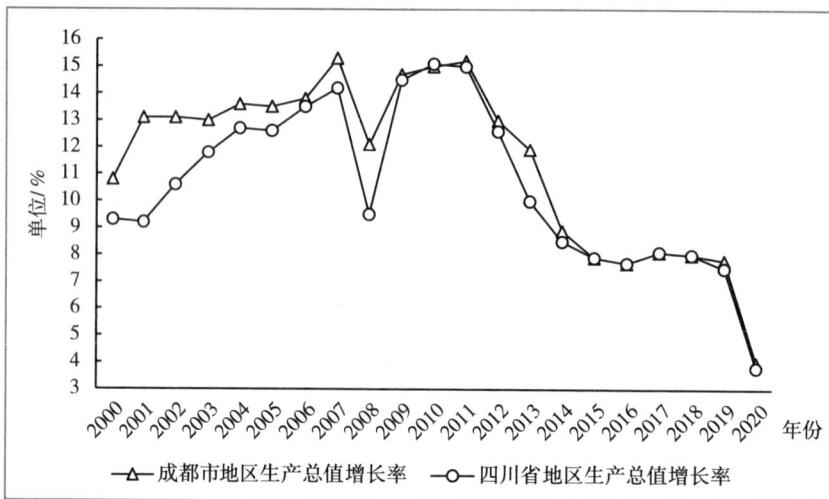

图 11-4 成都市和四川省地区生产总值增速对比(2000—2020 年)

数据来源:四川省和成都市历年统计年鉴。

效率发展经济的必然选择。然而,随着经济发展到一定程度,中心城市规模优势得以发挥,其带来的"大城市病"必须引起重视,大城市向都市圈转型是国际上解决"大城市病"的方法。建设成都都市圈既是解决成都发展"大城市病"的有效途径,也是带动成都周边中小城市发展的有效途径。当前,中央提出成渝经济圈建设是更大难度和更高标准的经济一体化,成渝经济圈建设在成都都市圈和重庆都市圈的基础上协调发展,加快成渝经济一体化进程重点是协调发展成都都市圈和重庆都市圈,促进两个都市圈融合发展和经济一体化。

成都经济快速增长伴随着工业化快速推进,如图 11-5 所示,在 1997 年,成都工业增加值仅为 387.2 亿元,2018 年达到 5 600 亿元,这说明,在过去 20 年,成都工业化进步速度很快。此外,成都在快速推进城市化与工业化的同时,第三产业发展速度很快,图 11-5 显示,总体而言,成都工业增加值占地区生产总值比重是呈下降趋势的,由 1997 年 44.23% 下降至 2018 年 36.50%。成都工业增加值占地区生产总值比重下降是第三产业占地区生产总值上升导致的,进入新时代,成都经济结构更加高级,服务业发展成为成都经济高质量发展的强劲

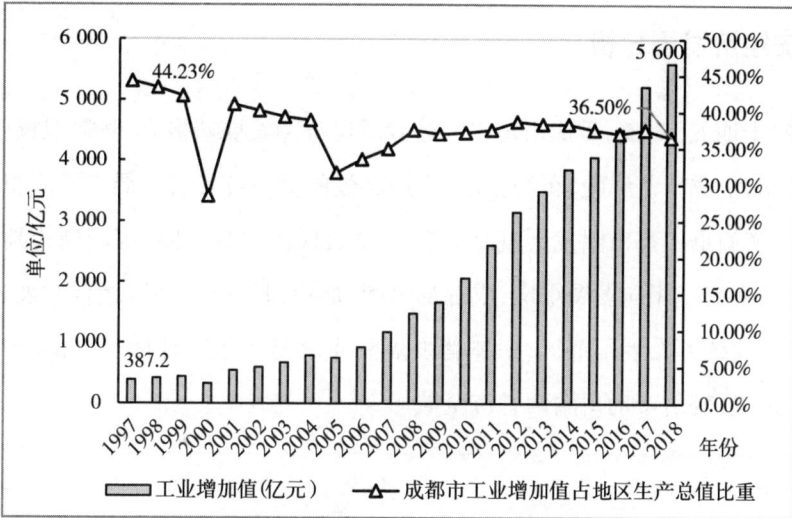

图 11-5　成都市工业增加值及其占地区生产总值比重（1997—2018 年）

数据来源：历年成都市统计年鉴。

动力。

　　成都市积极推进成德眉资同城化、成都平原经济区一体化和五区协同化发展，为成渝经济区建设打下了坚实基础。此外，成都高度发达的服务业为辐射带动周边地区提供坚实支撑，成都 2 300 多年的繁荣商业、休闲文化、安逸生活，孕育了成都文创、旅游、体育、美食、音乐、会展的深厚底蕴。"三城三都"既是现代的也是历史的，更是历史积淀在现代生活中的深刻映射。所谓"三城三都"，即建设世界文创名城、旅游名城、赛事名城和国际美食之都、音乐之都、会展之都。"三城三都"战略提出，成都更加注重发展服务业，以金融业为例，成都提出建设西部金融中心目标。2019 年末，全部金融机构本外币存款余额为 39 828.0 亿元，比上年末增长 5.3%。其中，储蓄存款余额为 15 076.9 亿元，同比增长 13.2%。全部金融机构本外币贷款余额为 36 464.4 亿元，同比增长 11.7%。在西部地区各城市中，成都高居榜首，高度发达的经济体系为成都发展金融业提供坚实基础，随着成渝经济圈深度推进，成都西部金融中心地位将进一步巩固。

3. 重庆经济发展分析

在"十四五"时期,重庆市提出构建双城经济圈发展新格局,坚持双核引领,区域联动,形成特色鲜明、布局合理、集约高效的城市群发展格局。重庆市政府将编制、实施重庆都市圈发展规划,培育、发展现代化都市圈,带动周边地市和区县加快发展。相向发展重庆、成都都市圈,加快川渝毗邻地区融合发展,建设万达开川渝统筹发展示范区,一体化发展渝东北与川东北地区,融合发展渝西与川南地区,辐射带动川渝两省市全域。

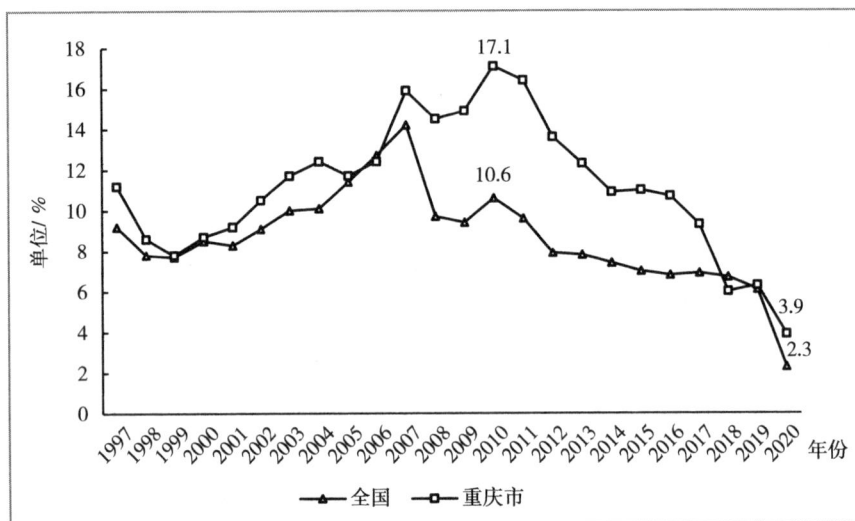

图 11-6　重庆市地区生产总值和全国 GDP 增速比较(1997—2020 年)

数据来源:历年《中国统计年鉴》。

自 1997 年重庆成为直辖市,重庆城市行政级别提高,政治地位与四川省等同,城市行政级别提高加速了重庆经济增长,经济增长速度也一直快于全国平均速度,如图 11-6 所示,特别是在 2010 年,重庆经济增速达到峰值 17.1%,同期,全国平均经济增速为 10.6%。我国经济进入高质量发展阶段,全国经济增速呈下降趋势,重庆市经济增速有所下滑,但总体上,重庆经济增速仍然高于全国平均水平,2020 年,受新冠肺炎疫情影响,重庆地区生产总值增速为 3.9%,

全国 GDP 增速为 2.3%,重庆经济增速表现仍然亮眼。重庆经济增速高于全国平均经济增速,一方面因为重庆经济基础较为薄弱,人均地区生产总值较低,经济发展后劲大;另一方面,不可否认的是,重庆成为直辖市以后,政治经济地位提高,这为重庆发展带来更多资源,各类生产要素加快向重庆集聚,显著促进了重庆地区经济增长。重庆行政级别提高,为促进经济增长带来了有利条件,但重庆和成都分属两个不同行政区,政治联系则被削弱,成渝经济一体化进程受到影响。

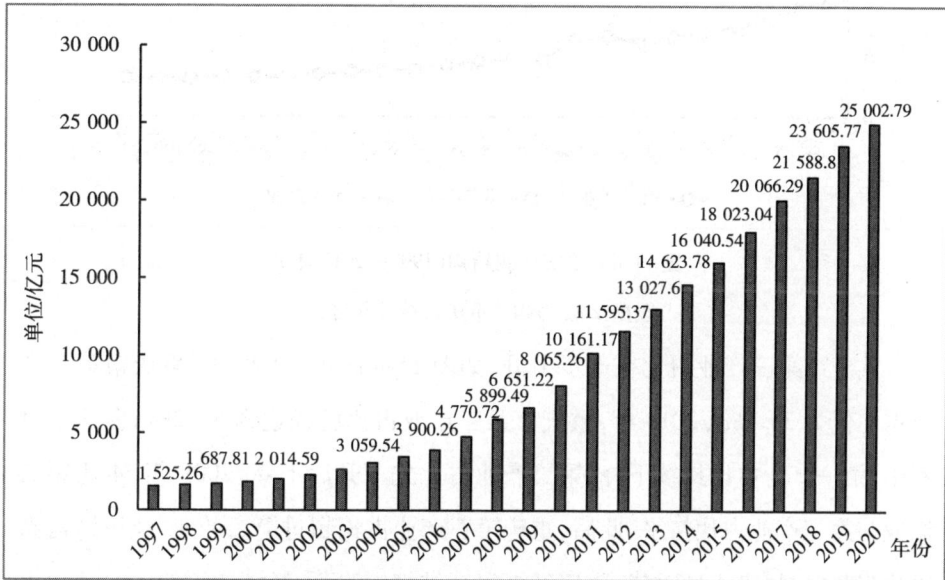

图 11-7 重庆市地区生产总值(1997—2020 年)

数据来源:历年《重庆市统计年鉴》。

1997 年以后,重庆经济规模快速扩大,如图 11-7 所示,1997 年,重庆地区生产总值为 1 525.26 亿元,2020 年,重庆地区生产总值达到了 25 002.79 亿元,经济规模与广州接近,成为全国重要的中心级城市,其经济影响力不断增强。重庆市 2020 年政府工作报告显示,"十三五"期间,重庆经济五年年均增长 7.2%,人均地区生产总值超过 1 万美元,高技术产业和战略性新兴产业对工业经济增长贡献率分别达到 37.9%、55.7%,服务业增加值占地区生产总值比重达到

52.8%。重庆经济步入后工业时代,正在逐步由制造业为主的经济结构向以服务业为主的经济结构转型。

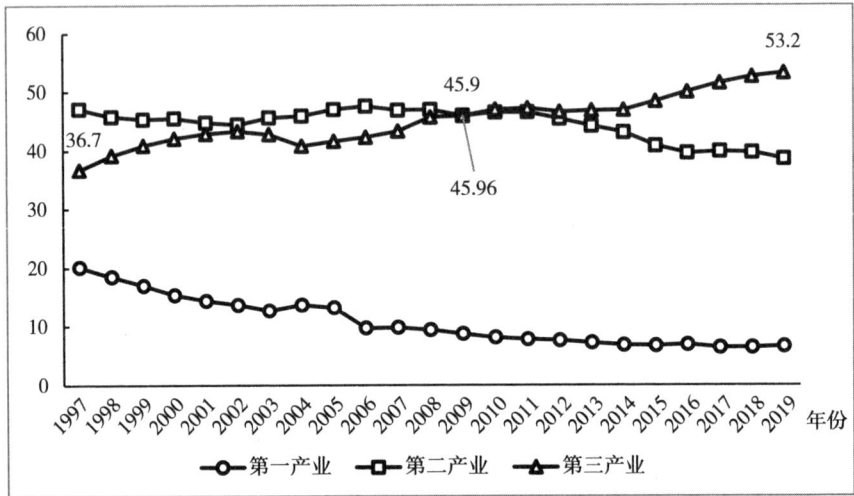

图 11-8　重庆产业结构(1997—2019 年)

数据来源:历年《重庆市统计年鉴》。

重庆市第三产业占比在逐步上升,如图 11-8 所示,1997 年,重庆市第三产业占比仅为 36.7%,2019 年,重庆市第三产业占比已经达到 53.2%;在这个过程中,第一产业占比持续下降,第二产业占比先上升后下降,2009 年,重庆第二产业与第三产业占比持平,此后,重庆第三产业占比超过第二产业,经济结构高级化趋势明显,进入新时代,重庆经济深度供给侧改革,经济增长的主要动力由原来主要依靠制造业驱动逐渐转变为主要由服务业驱动。

从产业结构角度看,重庆是制造业大市,制造业占比较高,重庆汽车、摩托车和电脑等工业产品制造业发达。如图 11-9 所示,1997 年,重庆制造业增加值为 574.18 亿元,占地区生产总值比重为 37.64%,2006 年,制造业占地区生产总值比重达到峰值 40.33%,制造业增加值为 1 573.06 亿元,此后,重庆制造业占地区生产总值比重下降,但是,制造业增加值的规模仍在持续扩大,2019 年,重庆制造业占地区生产总值比重下降至 28.20%,制造业增加值却达到了

6 656.72 亿元,重庆成为全国重要的制造业基地。

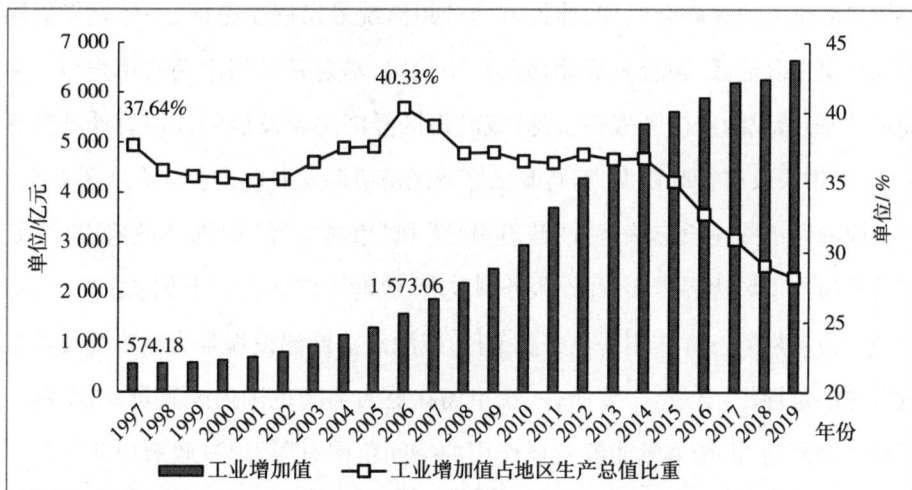

图 11-9　重庆市工业增加值及其占地区生产总值比重(1997—2019 年)

数据来源:历年《重庆市统计年鉴》。

五、成渝经济圈经济实力总体较弱,生产性服务业尤其须加强

当今,世界正处于百年未有之大变局,世界经济政治格局面临深度调整和深刻变化。我国已转向高质量发展阶段,经济长期向好基本面没改变,人民对美好生活充满新期待。成渝经济圈建设已成为国家经济增长的"第四极"为目标,必须加快经济结构调整,夯实自身生产能力和生产组织能力,从区域经济发展"跟随者"转为"引领者"。成渝地区文化相近,地理上邻近,但受政治经济体制限制,两地经济发展协同性较差,存在着同质化竞争,重复性建设较多,在提出成渝经济圈建设以前,两地经济合作较少,存在诸多产业领域竞争关系。成都经济圈建设就是要增强成渝地区经济互补性,增强两地经济发展协调性,避免两地经济发展恶性竞争,并且成都和重庆两个都市圈联动发展,早日实现成

渝地区经济一体化。在"十四五"期间,重庆市提出相向发展重庆、成都都市圈,加快川渝毗邻地区融合发展,建设万达开川渝统筹发展示范区,一体化发展渝东北与川东北地区,融合发展渝西与川南地区,辐射带动川渝两省市全域。由此可见,随着成渝经济圈战略实施,成渝地区经济协调发展的顶层设计已经逐步完善,中央政府行政协调,跨行政区区域经济协调发展模式在成渝地区实践。

成渝经济圈建设应该坚持"政府引导"和"市场主导"原则,"政府引导"是理清政府与市场边界需要,建设服务型政府,政府不应该直接干预经济活动,而应该为市场机制发挥作用提供必要条件,成渝经济圈建设就是为让市场发挥配置资源决定性作用创造必要条件,让市场在更大空间范围内配置资源,受制于行政区划限制,市场力量能够发挥作用的空间范围有限,通过政府协调促进区域经济协调发展思路就是,政府主导较少约束市场力量,把市场机制的作用由几个较小地区变成一个较大区域范围,从而扩大市场配置资源的空间范围,市场配置资源效率一步提升,区域经济高质量发展。

相比于长三角和珠三角地区,成渝地区经济发展较为滞后,成渝地区内的城市之间联系较小,并且成渝经济圈内成都和重庆两座城市经济规模处于绝对优势,其他城市经济规模较小,城市群内部分工有待优化。《国家新型城镇化规划(2014—2020年)》确立城市群为新型城镇化主体形态,并规划建设19个城市,然而,中国城市群尚处于初级阶段,除珠三角和长三角城市群外,城市群内各城市之间联系不够密切,各城市之间产业没有合理分工,城市群一体化发展面临诸多阻碍。成渝城市群由于行政区划,经济联系不够密切,加之地理环境和交通基础条件限制,成渝经济圈内各城市之间尚未形成优势互补的城市产业分工体系,区域经济发展协同性较差,经济高质量发展的提升空间仍然很大。国际上公认的世界级城市群有美国东北部大西洋沿岸城市群、北美五大湖城市群、日本太平洋沿岸城市群、英伦城市群、欧洲西北部城市群等。成熟城市群由若干分工较为明确、经济社会联系紧密的大中小城市紧密连接而成,城市群的空间组织分布均以一个或几个大都市圈为核心展开。

六、成渝经济圈一体化发展的政策建议

1. 成渝城市群一体化发展，突破行政区壁垒，加快成渝地区市场整合

进入中国特色社会主义新时代以来，我国区域经济发展空间结构变化巨大，中心城市和城市群正在成为承载发展要素的主要空间，这对城市间协调发展提出更高要求。成渝地区坚持以发挥优势、彰显特色、协同发展为导向唱好"双城记"，全面提高经济集聚度、区域连接性和整体协同性。当前，四川省和重庆市政府正在"推动成渝地区双城经济圈建设重庆四川党政联席会议"，以建立行政协调方式，减少行政区划分对经济活动的约束和限制，以行政协调带动区域经济协调发展。由于我国是社会主义市场经济体制，地方政府对辖区内所有事务负有责任，国家承认地区经济的合理性，加上财政分权制度，地方政府发展地方经济的动力很强，这为我国自改革开放以来经济高速发展奠定了基础，但一方面，这也使得以行政区划为特征的市场严重分割，不同行政区之间经济联系微弱，区域协调发展面临挑战，因此，中央政府主导的行政协调是当前解决跨行政区经济发展问题的主要手段。

"十四五"期间，区域经济一体化发展是区域经济协调发展的重点，成渝经济区建设须从协调区域经济发展角度加快经济管理体制改革，突破行政区壁垒，让市场在更大空间范围内配置资源。例如，重庆市"十四五"规划建议提出，坚持双核引领，区域联动，形成特色鲜明、布局合理、集约高效的城市群发展格局。重庆市政府编制实施重庆都市圈发展规划，培育发展现代化都市圈，带动周边地市和区县加快发展。四川省"十四五"规划建议提出，强化成都主干带动和极核引领，提升国家中心城市综合能级和国际竞争力。成渝经济圈建设战略提出，成渝地区市场整合是大势所趋，2020年4月，中共中央、国务院出台了

《构建更加完善的要素市场化配置体制机制意见》,这一文件明确指出,要加快土地、户籍、人才、金融、科技、数据等要素价格市场化以及自由流动,结合新型城镇化背景,在要素市场化配置的改革趋势下,以区域经济一体化为核心的都市圈建设与城市群建设是大势所趋。

2. 构建以创新为新动能的高质量发展经济区

首先,成渝经济圈建设要扭转以土地开发为核心发展方式,向以人为本新型城镇化道路迈进。过去,我国经济高速增长,与特殊的房地产制度有重要关系,在经济不发达地区,地方政府财政严重依赖土地出让金收入,并且靠繁荣房地产市场拉动地区经济增长,这种粗放式经济发展模式不可持续,不符合创新、协调、绿色、开放和共享新发展理念。"有土地开发就有产业发展"和"房子盖成就有人买"阶段已经一去不复返了。未来,成渝经济圈要充分关注"人民对美好生活的向往",构建以人为核心的生产生活组织体系,让生产组织、金融政策、土地开发围绕人的创新活动开展。关键要聚焦国际国内"双循环"新结构,结合本地人力资源特点,加快培育适宜成渝的现代产业集群和生产性服务业体系。

其次,成渝经济区应加快抢占新一轮科技革命制高点,新一代信息革命引发的数字经济正在重塑全球经济格局,2020年占我国地区生产总值比重超三成,数字经济深刻改变中国。以大数据、区块链、物联网、人工智能和区块链等技术为核心的新一轮科技革命,使得数据成为新经济时代关键生产要素,大数据技术促使人类生产生活方式全面数字化,劳动力、土地等传统生产要素的重要性相对下降,经济呈现数字化、网络化和智能化特征,数字经济成为世界各国竞争的关键领域。当今,世界正处于以数字为核心的第四次科技革命,我国正处于这一领域领先地位,我国超大规模经济优势为数字经济发展新技术、新产业、新业态、新模式提供了市场基础,把新一代信息技术作为战略性新兴产业培育。2020年,四川省获批建设国家数字经济创新发展试验区,要求四川紧抓成渝地区双城经济圈建设重大机遇,结合四川特色优势,发挥数字经济引领带动作用,加快数字产业集聚发展,转型升级传统产业和培育壮大新兴产业,推动经济社会高质量发展。

再次,成渝经济应注重发展先进制造业和生产性服务业,成都以先进制造业和生产性服务业基地为战略支撑,是现代化未来新城。聚焦高质量发展,强化高端人才集聚、多维信息交互、优质资本运筹、前沿技术转化等核心功能,加快形成全球性大规模集聚高端先进要素的引力场。立足现有产业基础,共同培育和建设五大基地,引导经济区产业分工协作,构建各具特色的产业集群。

3. 注重都市圈对区域经济的带动作用,加快推进新型城镇化

重庆和成都作为两个特大城市,中间缺乏大城市连接过渡。由于成都和重庆地理距离超过300公里,在如此长的空间距离之间,没有类似于成都和重庆这样的大城市,成都和重庆由于空间距离过大而经济联系不够密切,两个城市之间并没有形成优势互补城市群发展模式。与长三角城市群比较来看,上海到南京的距离大于成都到重庆的距离,但上海与南京之间有苏州、无锡这样经济规模超过一万亿元的城市并形成苏锡常经济带,这使得南京与上海经济联系很密切,整个长三角城市群形成各城市发挥比较优势、较为合理的产业分工体系。比较而言,成渝地区经济一体化较为滞后,成渝经济圈迫切在成都和重庆之间发展连接两地的经济带。发展成都和重庆之间经济带,需要发挥成都和重庆圈区域经济增长极作用,带动两个都市圈之间300千米区域经济发展,构造起连接两个都市圈的经济带,使得成渝地区的产业沿着这个经济带合理布局和分工。

以人为本的新型城镇化须遵循创新、协调、绿色、开放、共享发展理念,更加注重解决发展动力不足、发展不平衡、人与自然不和谐、发展缺少内外联动和社会公平正义不够等问题。以人为本新型城镇化是经济高质量发展的空间支撑体系,必须以提高人的生活质量为目标,推行"就地城镇化",在城市"新社区"推行无户籍差别的公民城市。未来城市发展更加注重人与自然和谐,注重城市

生态文明建设。党的十九届五中全会指出，要"强化历史文化保护、塑造城市风貌，加强城镇老旧小区改造和社区建设"，可以预见，"十四五"期间，城市开发与建设将更加注重城市历史文化风貌保护，注重历史文化传承。坚持房子是用来住的而不是用来炒的，严格管控城市房价过快上升抑制城镇化，"十四五"期间，仍然须增加保障性住房供给，完善土地出让收入分配机制，探索、支持、利用集体建设用地，按照规划建设、租赁住房。

4. 加快成渝经济圈建设与长江经济带建设等国家发展战略衔接

成渝地区拥有得天独厚的战略优势，处于国家多个战略叠加地区，是长江经济带、西部陆海大通道和"一带一路"倡议等国家战略重合地区。高标准启动成渝地区经济圈建设是党中央、国务院赋予川渝两地的重大使命，是新时代推进西部大开发形成新格局的重大战略举措。成渝经济圈建设应积极融入长江经济带和"一带一路"倡议，把握中华民族伟大复兴大局和百年未有之变局，在全国找准自己的定位，服务于国家发展大局，成渝地区是西部陆海新通道的战略起点，应积极加快交通基础设施建设，对内开放与对外开放并举，以长江黄金水道为依托，推动成渝地区与沿海地区贸易联系。成渝地区是国家统筹区域协调发展的重要增长极，是国家维护安全稳定的战略后方，在构建"双循环"发展格局中应有所作为，构建"双循环"发展战略使得西部地区战略地位进一步凸显，成渝地区作为西部地区经济规模最大、经济最为发达、经济增长最具活力的地区，理应成为国家经济"第四极"；在构建"双循环"发展新格局时代背景下，成渝经济圈首先打通区域内部循环，然后成为国内经济大循环战略枢纽，支撑起西部地区经济循环的战略支点。

第十二章　新发展理念下的
大运河文化带

党的十九大提出了"新时代"重大命题,到 2050 年,分两步实现现代化中国梦,经济学界对新时代中国经济发展广泛讨论。在十九大报告"贯彻新发展理念,建设现代化经济体系"一章中,习近平总书记提出并重点阐述了"实施区域协调发展战略"。当前,我国主要矛盾是人民日益增长的美好生活需要和不平衡不充分的发展之间的矛盾,即区域发展不平衡、城乡发展不平衡和社会发展不平衡,前两个都靠区域协调发展解决。大运河文化带建设,是解决区域经济发展中不平衡与不充分的重要举措,与京津冀协同发展战略、长江经济带发展战略和"一带一路"倡议具有同等重要的意义。

一、中国区域空间格局与大运河文化带

中国国土幅员辽阔,地理上经纬度跨度大,不同地区地形地貌、气候、资源等差异很大,在发展经济社会时,上述因素影响很大。另外,随着中国对外开放深入和参与国际分工深化,新中国成立以来,我国区域空间格局演变先后经历了四大板块经济份额相对稳定均衡阶段、向东部倾斜调整阶段和目前集聚阶段[1]。区域经济发展是一个动态过程,在不同发展阶段,不同类型区域发展的基础和条件不同,区域空间格局就不可能完全一致,这就形成了当前我国特殊的区域空间格局。

1. 中国区域空间格局基本构成

1935 年,胡焕庸发现爱辉(今黑河)—腾冲一线以东与以西土地与人口数量差距巨大,占中国国土面积 36% 的以东地区拥有全国 96% 的人口,而剩下 4% 的人口生存在以西地区 64% 的国土上,人口密度相差 40 倍。这条线后来被称作"胡焕庸线"。

胡焕庸线是我国经济地理基本划分线,几十年来,中国各方面经历了无数变化,人口规模从当初的 4 亿多变成如今的 14 亿多,经济规模增长了几十倍,国家区域发展规划和移民政策不断改变,然而,这条将中国版图一分为二的"胡焕庸线"两边的人口占比并没有发生大的变化。2010 年,第六次全国人口普查数据显示,东侧人口占我国总人口的 93.7%,70 多年来只减少了 2.3 个百分点。总体来说,我国地理划分基本没发生根本性变化,区域空间格局的基本构成也没发生根本性变化。

2. "四大板块"空间格局

1999 年以来,为了解决"东部膨胀、东北衰退、中部塌陷、西部落后"等区域问题,国家陆续实施覆盖四大板块的区域均衡发展战略,即"西部大开发""东北振兴""中部崛起"和"东部率先发展"等国家级战略,四大板块覆盖了我国全部国土,到"十一五"时期,中国区域发展总体战略正式形成。同时,为了实现更加协调的国土开发,国家提出了主体功能区战略,希冀通过确定主体功能定位来明确区域开发方向,控制开发强度,规范开发秩序,完善开发政策,逐步形成人口、经济、资源环境相协调的空间开发格局。

3. "三大经济带"空间格局

经济带形成与发展是我国区域空间布局模式的最新发展特点,在我国区域空间格局中,重要性越来越大。经济带布局模式是,在一个较大空间范围内,区域经济结构、产业结构、技术结构等交汇[2]。目前,国家战略的三大经济带有环渤海经济带(京津冀为核心)、长江经济带和丝绸之路经济带,这三大经济带均是在一个开放区域空间中由相对发达区域与相对不发达区域结合构成的。在经济带内部,这样一种组成方式可以在一定程度上优化相对落后区域生产力布局,促使区域要素配置积极变化,进而协同发展相邻地区经济。

4.“大运河文化带”空间格局

京杭大运河连接北京、天津、河北、山东、河南、江苏、安徽、浙江 8 省(市),全长为 3 200 多千米,有着 2 200 多年历史,以大运河为纽带,形成贯穿南北的水运动脉。大运河文化带北连“环渤海经济带”,南接“长江经济发展带”,纵贯“一带一路”三大经济带,不仅是可再生的宝贵资源,更是中华民族文化历史的重要载体。大运河文化带优化了中国区域空间结构,在协调东中西、连接南北方上,大运河文化带是最有效果和最能够进入操作层面的空间单元。

二、历史上大运河对沿岸地区经济社会的影响

京杭大运河是我国古代劳动人民创造的一项伟大工程,是历代劳动人民留给我们的宝贵物质和精神财富,在中华民族文明进程中发挥了重要历史作用,对我国沿岸地区经济、社会、文化等领域产生了诸多影响。

1.影响我国地理格局

由于我国地势总体上西高东低,主要河流都是东西走向的,这种自然水系分布严重影响我国南北方向航运交通。古代劳动人民始终不懈地为利用水资源而设法突破自然水系阻隔,人们利用自然河流、湖泊、湿地等,因势利导跨越

了海河、黄河、淮河、长江、钱塘江五大水系,成功贯通了沟通南北、连接政治经济中心与腹地的京杭大运河,京杭大运河对中国南北以及运河沿岸经济文化等方面都产生了深远影响。

2. 影响我国古代经济社会发展

在隋代统一中国后,南北大运河开通,这段运河使得江南、江淮、燕赵等地区能够和其时长安、洛阳、开封等政治经济中心频繁地联系,带来了唐宋的繁荣。元代统一中国后,京杭大运河在农业灌溉、防洪泄洪、南北方农业交流等方面作了巨大贡献。由于运河,1 700 余千米沿岸农产品产量显著提高,在当时,京杭区域甚至全国都因为大运河农业稳定发展。在推动商业发展方面,大运河也作了巨大贡献。运河两岸百业俱兴,沿岸商业店铺数以千万计,从事商业的人口大量增加[3]。

作为一条人工开凿的纵穿南北的大水系,大运河的作用不仅仅是影响沿岸农业、生态及商业,也实现了历史上空前的南北物资大交流,大运河如一根要素运输的大动脉,串起了运河沿岸各区域,使得沿岸各区域间市场联系更加紧密,物资、技术、文化交流更加便捷,极大促进了沿岸甚至全国经济发展。

3. 影响沿岸城镇体系发展

京杭大运河便捷的水运交通和比较发达的腹地经济促进了沿岸地区商业贸易发展,沿运河地区是我国历史上工商业经济发展最早的地区。工商业发展促进了人员和物资集聚,沿运河地区逐渐形成了我国城镇空间发展史上第一条贯穿南北的城镇发展轴线。在明清时期,被称为"四大都市"的楚州(今淮安)、扬州、苏州、杭州无一不建立在大运河沿岸。另外,因大运河畅通而兴起的城市,如北京、天津、德州、徐州、绍兴等,都成为工商业繁荣、客商云集的重要商品集散地。

4. 促进中国南北文化交流

中国地域广大,各区域地理环境、经济状况以及文化习俗差异较大,特别是在当时交通情况极不发达的历史情况下,中国南北无论时间还是空间距离都非常遥远,由于地理上相互隔离,我国文化多元。大运河不仅繁荣了运河沿岸社会经济,还促进了运河沿岸文化交流。大运河流经中国传统文化的发源地齐鲁、中原地区,还经过江淮和江南地区,为传统文化向江淮地区和江南地区传播提供了便利条件,同时促进了运河沿岸各区域文化之间交流以及多元一体的中华文化形成。作为当时历史时期中国南北交通主干,日本、东南亚、欧洲等国家和地区商人、使者以及宗教人士成为中国文化走向世界的传播者。比如,元代时,造访中国的著名旅行家马可·波罗撰写的《马可波罗游记》生动记载了中国京杭大运河及其繁华的场面,极大地方便了当时欧洲等地人了解中国和中国文化。

三、大运河文化带发展潜力巨大

1. 经济实力强,增长潜力大

大运河文化带包含我国东部六省以及中部两省,是全国人口分布最稠密地区,经济总量占全国比重很大,并且发展质量相对较高。根据统计资料显示,2017 年,大运河文化带八省(市)共实现地区生产总值 36.54 万亿元,占我国GDP 的 44.18%,从土地和人口占有量来看,集中性很高。其中,生产总值为4 164.56 万元/平方千米,相当于全国平均值的 4.83 倍,人均生产总值为 7.22万元,相当于全国平均值的 1.21 倍。总体上,大运河文化带经济发达程度远高于全国平均水平,但由于地理位置、资源禀赋和历史发展等原因,大运河文化带内部各省份发展水平差异明显。从人均 GDP 来看,北京最高,为 12.9 万元,安徽最低,为 4.42 万元,最高值是最低值的 2.92 倍。地均生产总值上,北京最高,为 17 105 万元/平方千米,河北最低,为 1 922.75 万元/平方千米,前者是后者的 8.89 倍。区域间经济发展水平差异是区域经济发展的动力之一,一方面,发达地区可以发挥其辐射带动作用,促进落后地区发展;另一方面,发达地区示范作用会激励落后地区。

大运河文化带经济总量和人均经济水平可以比肩我国当前国家战略长江经济带。图 12-1 和图 12-2 分别是大运河文化带、长江经济带以及 GDP 和人均 GDP 对比,近十五年数据显示,两者地区生产总值占全国比重均在 45% 左右。人均 GDP 上,由于长江经济带从上海到云南,纵深至我国西部部分省份,地区间差异更大,人均 GDP 水平低于大运河文化带。另外,我国五大国家级城市群中京津冀城市群和长江三角洲城市群在大运河文化带上,9 个国家中心城市中北京、天津、郑州三个城市在大运河文化带上,大运河文化带经济增长潜力巨大。

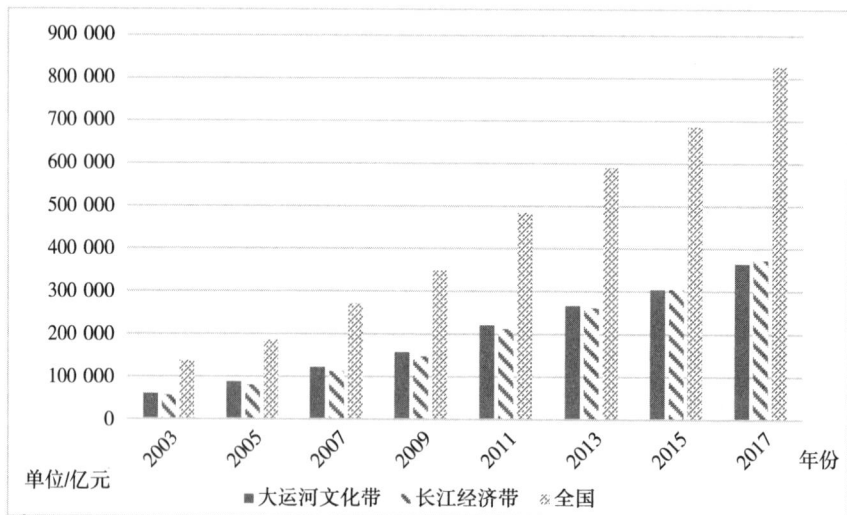

图 12-1　2013—2017 年大运河文化带与长江经济带地区生产总值

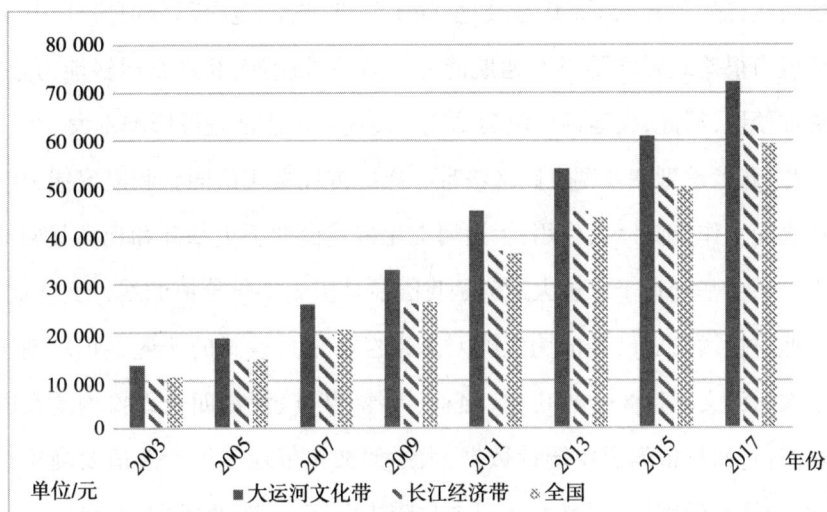

图 12-2　2003—2017 年大运河文化带与长江经济带人均地区生产总值

数据来源：历年中国统计年鉴。

2.文化底蕴深厚

作为世界上里程最长、工程最大的古代运河，京杭大运河承载着沿线极为丰富的文化遗产，是典型的超大型线性文化遗产。建设大运河文化带不是重现大运河历史上的繁荣景象，而是以文化为载体重塑中国区域空间格局。

建设经济带空间布局理念和模式符合我国国土开发和经济布局合理化要求[4]。我国现在形成国家战略的带状经济主要有长江经济带和丝绸之路经济带等。丝绸之路经济带所涵盖的区域最广，是以古丝绸之路为文化象征、依托沿线综合立体交通枢纽及城市群和中心城市、以实现各国互利共赢和亚欧大陆经济一体化为目标的带状经济合作区。长江经济带包含我国 11 个省（市），横贯我国东西，连接长三角城市群、长江中游城市群以及成渝城市群，在我国经济发展中举足轻重。据统计，在 2017 年，长江经济带上 11 个省（市）地区生产总值占全国 GDP 比重超过 45%。和长江经济带中长江作为"黄金水道"不同，京杭大运河从杭州到北京 1 800 余公里,除了江苏、浙江境内部分河段外,其余河段通航能力很差或者均不具有通航能力。另外,目前南北铁路运输能力很强,并且更加便捷,因此,大运河的航运功能对周边城市经济发展影响不大。

但是,若考虑到和丝绸之路经济带一样的古代文化认同感和凝聚能力对不同区域之间合作交流巨大作用,大运河文化带建设的历史基础和现实基础却意义重大。历史基础在于京杭大运河是我国最具历史文化价值的线性文化遗产,文化产业可持续发展已经成为人类对未来经济增长模式的普遍共识。现实基础在于大运河文化带 8 个省份中,北京、天津、江苏、浙江四个省份均是我国经济发达省份,而且根据历年统计数据,大运河文化带地区生产总值要高于长江经济带,经济基础雄厚,而且大运河文化带中河南、山东两省均为人口大省,可以承接发达地区产业转移,促进自身产业结构升级,在发展上潜力巨大。

3. 交通体系发达

基础设施建设特别是交通基础设施在带状经济发展中发挥纽带核心作用[5],经济带指若干城市群通过交通干线连接而形成的带状经济区[6]。大运河文化带作为一种带状经济区,包含我国东部六省和中部两省,是我国交通体系相当发达地区。我国铁路干线中,京九线、京广线、京沪线等纵贯南北,高铁京哈线、京沪线、京港线等均经过大运河文化带。另外,大运河文化带是我国高速公路网最密集地区,通达能力提升极大促进了沿线城市经济发展。

四、大运河文化带对重塑中国区域空间格局的影响

大运河文化带是一条南北走向的经济带,北接京津冀经济圈,南连长江经济带。要立足于国家战略大格局,积极谋划大运河文化带与雄安新区建设、京津冀协同发展、长江经济带发展以及"一带一路"建设等国家战略对接。将大运

河文化带纳入中国区域空间结构优化对于重塑中国区域空间格局影响深远。

1. 大运河文化带的主要突出作用

第一,发挥区域文化资源优势。中国是有着 5 000 多年历史的文明古国,大运河文化传承了 1 500 多年,有无比辉煌的历史。各地区经济发展中,资本、劳动、技术、自然资源等要素优势在各经济区建设中均发挥很大作用,唯文化资源还是深藏的富矿。大运河文化带上 8 个省份资本、劳动、技术等资源要素丰富,汇聚这些资源要素发展区域经济、建设大运河文化带,就是汇聚这些资源的具体举措。

第二,优化空间结构。"空间优化"要求经济与人口在一定空间趋于均衡,使各地区获得大致相同发展机遇。目前,我国空间不平等现象比较严重,在实现空间平等的目标上,我国任重道远。如沿海地区人均生产总值与内陆地区人均生产总值绝对差距从 20 世纪 90 年代末不到 5 000 元扩大到现在 25 000 元以上。虽然大运河通过的省份基本上都是我国东部经济发展较好的省份,但是大运河通过的沿岸地区却属于东部地区比较落后的区域。例如,大运河山东段沿线聊城、菏泽、济宁等地区与山东半岛发展差距同样是东部与西部差距。2017 年,青岛市人均生产总值为 119 357 元,而菏泽市人均生产总值仅为 32 716 元,青岛是菏泽的 3.64 倍,差距很大。通过大运河文化带建设优化区域空间结构,缩小区域间发展差距,是大运河文化带建设的重要作用。

第三,调整产业布局。在经济全球化条件下,注重开放条件下外向发展是优化区域空间格局和促进区域经济发展重要导向。随着国际贸易规模扩大和生产要素国际流动,我国经济与国际经济关系日益加深。区域经济发展受国际经济影响日趋明显,以融入国际经济大循环为目标来发展区域经济。大运河文化带产业发展特点是以文化为资源的旅游产业优先发展。从大运河沿线文化遗产资源、运河功能和区域发展水平等方面系统梳理大运河文化带的基本情况,解决资源环境、生态空间、合作机制等方面问题。在分析大运河文化"保护、传承、利用"面临的机遇和挑战基础上,探索大运河文化带建设对推动优秀传统文化保护传承、促进区域创新融合协调发展的作用,作为运河文旅产业布局的基本原则和依据。

2. 优化区域空间格局

第一,填补区域发展空白。目前,我国环渤海经济带、长江经济带和新丝绸之路经济带(起自陕西)三大经济带,是我国带状经济国家战略,然而,这三大经济带均没有包括河南和山东两个人口大省和经济大省,大运河文化带包含了这两个省份,正好弥补了这个不足。

第二,开创了文化影响区域空间格局新时代。多年来,我们设计的空间格局,都是从人口、经济、自然资源等出发的。习近平总书记提出的关于长江经济带"共抓大保护、不搞大开发"发展理念将生态提到制高点。大运河文化带则将文化作为影响区域发展的核心要素,是继长江经济带之后又一个创新。

3. 中国区域空间格局变化的动力因素

中国区域空间格局为什么会有这样的变化? 总体来说,这是中国改革开放的结果,空间结构变化过程与改革开放过程和各类经济区、经济带建设紧密相连。具体原因有以下几点:首先是中国东部地区面向太平洋和西部地区深入亚欧大陆内陆深处,陆海分布自然地理空间格局基础;其次是国际经济发展大趋势和国际产业大尺度空间转移影响;最后是面向沿海、融入国际、加快发展改革开放战略正确取向。

五、大运河文化带高质量发展的政策建议

目前,我国区域空间格局以胡焕庸线为基础,具体分为"四大板块"和"三大

经济带",大运河文化带建设符合我国国土开发和经济布局合理化要求,将京津冀城市群、山东半岛城市群、中原城市群和长江三角洲城市群更加紧密地联系起来,很好地优化和补充当前我国区域空间格局,对我国区域空间格局演变影响深远。作为与长江经济带经济总量相当的带状经济区,大运河文化带建设和发展在推动我国区域空间格局重塑和经济社会发展等方面潜力较大。如何更好地建设大运河文化带、以大运河文化带建设为契机重塑中国区域空间格局、健康发展中国区域经济,是当前学术界应当热切关注的问题。

1. 以区域协调发展为导向，突出大运河文化带发展的重要意义

大运河文化带建设是新时代党中央、国务院作出的一项重大决策部署,也是立足国家战略大格局、实施区域协调发展的重大举措。大运河文化带与雄安新区建设、京津冀协同发展、长江经济带发展、"一带一路"建设对接,是研究和规划大运河文化带的首要任务。在与雄安新区建设规划对接上,可以将大运河设计作为白洋淀水源出口;对于京津冀协同发展,可以突出大运河在连接北京东部地区、天津、河北廊坊、沧州枢纽作用;对于长江经济带发展,考虑到和大运河文化带在长江三角洲区域重叠情况,应当强调大运河文化带在长三角区域城市发展中的核心作用;对于"一带一路"建设,要注重大运河文化与沿海地区的互动补充作用。

2. 明确大运河文化带发展定位

大运河文化带是第一个以文化为引领推动地区协调发展的区域,基本的发展理念是"保护好、传承好、利用好",明确了大运河文化带建设定位,即生态保护、文化传承、旅游资源利用。要注意,将京杭大运河沿岸区域建设成为新发展轴的想法是不可行的,至少是不准确的。产业发展应当分布在京沪高铁到海岸地带,而运河带着重发展文化与生态,使命是传承千年文脉。

3. 文化共同体建设是有远见的顶层设计

大运河文化带作为"文化共同体"的一种代表,是大运河文化带建设的核心内容,大运河文化带所展现的文化内涵具有十分重要的意义。对于所承载的文化内容,如何弘扬历史文化,是建设大运河文化带的历史性责任。在此基础上,须把大运河文化带拓展为一个沿海地区复合型发展带:注重区域分工,发挥区域优势。具体而言,京沪高铁到海岸地区可以建设服务业与高新技术产业发展带;大运河沿线核心区可以建设文化旅游产业带以及生态修复带。在大运河文化带建设规划上,要合理划分大运河文化带建设的核心区、拓展区和辐射区,营造文化与生活共栖功能空间,实现保护、传承、利用的总体要求。

4. 狠抓落实,以工程形式践行发展理念

一是文化遗产保护。大运河是中华民族的共同遗产,突出文化遗产要素资源保护传承利用的意义和价值,是建设大运河文化带的第一任务。二是生态廊道建设。河道是大运河的主要载体,河道水系治理管护和生态系统保护修复,须科学配置和优化调度水资源,加强岸线保护,加快恢复和提升大运河河道和岸线保护、防洪排涝功能。三是文化旅游。推动文化和旅游融合发展,保护、传承、利用大运河。文化资源优势变为产业发展优势,表现在今天就是文化与旅游的融合。所以,要不断完善基础设施和配套服务,打造精品旅游线路,体现高质量发展要求。

参考文献

[1] 安树伟,孙文迁.都市圈内中小城市功能及其提升策略[J].改革,2019(5):48-59.

[2] 陈欣新.粤港澳大湾区与"一国两制"新探索[J].人民论坛,2019(10):28-30.

[3] 曹靖,张文忠.粤港澳大湾区城市建设用地和经济规模增长格局演变及协同关系[J].经济地理,2020,40(2):52-60.

[4] 陈桥驿.中国运河开发史[M].北京:中华书局,2008.

[5] 豆建民,刘叶.生产性服务业与制造业协同集聚是否能促进经济增长:基于中国285个地级市的面板数据[J].现代财经(天津财经大学学报),2016,36(4):92-102.

[6] 董雪兵.大力发展数字经济:推动西部大开发形成新格局[EB/OL].中国智库网,2020-07-25.

[7] 邓全伦.长江经济带上弦:中国经济新支撑带走进规划[EB/OL].人民网,2013-10-24.

[8] 符天蓝.国际湾区区域协调治理机构及对粤港澳大湾区的启示[J].城市观察,2018,58(6):20-27.

[9] 樊杰,郭锐.面向"十三五"创新区域治理体系的若干重点问题[J].经济地理,2015,35(1):1-6.

[10] 高玲玲,孙海鸣.行政区划调整如何影响区域经济增长:来自中国地级以

上行政区划调整的证据[J].经济体制改革,2015(5):66-71.

[11] 黄群慧,王健.粤港澳大湾区:对接"一带一路"的全球科技创新中心[J].
经济体制改革,2019(1):53-60.

[12] 陆大道.建设经济带是经济发展布局的最佳选择:长江经济带经济发展的
巨大潜力[J].地理科学,2014,34(7):769-772.

[13] 金凤君.基础设施与区域经济发展环境[J].中国人口·资源与环境,
2004,14(4):72-76.

[14] 江曼琦,席强敏.生产性服务业与制造业的产业关联与协同集聚[J].南开
学报(哲学社会科学版),2014(1):153-160.

[15] 胡焕庸.中国人口的分布、区划和展望[J].地理学报,1990(2):139-145.

[16] 孔令刚,蒋晓岚.长三角一体化发展:安徽的使命与作为[J].安徽行政学
院学报,2019(6):75-80.

[17] 金凤君.黄河流域生态保护与高质量发展的协调推进策略[J].改革,2019
(11):33-39.

[18] 李建华.河南黄河流域生态保护和高质量发展存在的问题及对策建议
[J].科技经济导刊,2020(36):124-125.

[19] 孙久文,宋准.双循环背景下都市圈建设的理论与实践探索[J].中山大学
学报(社会科学版),2021,61(3):179-188.

[20] 王国霞,蔡建明.都市区空间范围的划分方法[J].经济地理,2008,28(2):
191-195.

[21] 国家发展改革委有关负责人就《中共中央国务院关于新时代推进西部大
开发形成新格局的指导意见》答记者问[J].财经界,2020(10):1-2.

[22] 孙久文.从高速度的经济增长到高质量、平衡的区域发展[J].区域经济评
论,2018(1):1-4.

[23] 范恒山.形成西部大开发新格局要抓好四个关键环节[J].中国国情国力,
2020(8):1.

［24］孙久文,夏文清.区域差距与亟待解决的问题[J].改革,2011(6):48-53.

［25］孙久文,蒋治.沿边地区对外开放70年的回顾与展望[J].经济地理,2019,39(11):1-8.

［26］马强,徐循初."精明增长"策略与我国的城市空间扩展[J].城市规划汇刊,2004(3):16-22.

［27］唐相龙."精明增长"研究综述[J].城市问题,2009(8):98-102.

［28］王朝晖."精明累进"的概念及其讨论[J].国外城市规划,2000(3):33-35.

［29］吴康,孙东琪.城市收缩的研究进展与展望[J].经济地理,2017,37(11):59-67.

［30］徐博.收缩城市与精明发展:收缩型中小城市政府治理与市场效率的内在逻辑匹配及改革创新空间[J].经济学家,2019(12):34-45.

［31］孙久文,苏玺鉴,闫昊生.新时代东北振兴的产业政策研究[J].经济纵横,2019(9):19-28.

［32］徐博,庞德良.增长与衰退:国际城市收缩问题研究及对中国的启示[J].经济学家,2014(4):5-13.

［33］高舒琦.收缩城市研究综述[J].城市规划学刊,2015(3):44-49.

［34］梁鹤年.精明增长[J].城市规划,2005,29(10):320-331.

［35］刘志玲,李江风,龚健.城市空间扩展与"精明增长"中国化[J].城市问题,2006(5):17-20.

［36］王维,陈云,王晓,等.长江经济带区域发展差异时空格局研究[J].长江流域资源与环境,2017,26(10):1489-1497.

［37］吴传清,董旭.长江经济带全要素生产率的区域差异分析[J].学习与实践,2014(4):13-20.

［38］孔凡斌,李华旭.基于主成分分析的长江经济带沿江地区产业竞争力评价[J].企业经济,2017,36(2):115-123.

［39］吴常艳,黄贤金,陈博文,等.长江经济带经济联系空间格局及其经济一体化趋势［J］.经济地理,2017,37(7):71-78.

［40］李华旭,孔凡斌,陈胜东.长江经济带沿江地区绿色发展水平评价及其影响因素分析:基于沿江 11 省(市)2010—2014 年的相关统计数据［J］.湖北社会科学,2017(8):68-76.

［41］吴传清.建设长江经济带的国家意志和战略重点［J］.区域经济评论,2014(4):45-47.

［42］张亮,孙乐强.21 世纪国外马克思主义思潮的发展趋势及其效应评估［J］.马克思主义与现实,2019(6):107-114.

［43］盛来运,郑鑫,周平,等.我国经济发展南北差距扩大的原因分析［J］.管理世界,2018,34(9):16-24.

［44］孙久文,张静.长江经济带发展的时空演变与发展建议［J］.政治经济学评论,2019,10(1):151-171.

［45］程钰,尹建中,王建事.黄河三角洲地区自然资本动态演变与影响因素研究［J］.中国人口·资源与环境,2019,29(4):127-136.

［46］毛汉英,赵千钧,高群.生态环境约束下的黄河三角洲资源开发的思路与模式［J］.自然资源学报,2003,18(4):459-466.

［47］王开泳,张鹏岩,丁旭生.黄河流域旅游经济的时空分异与 R/S 分析［J］.地理科学,2014,34(3):295-301.

［48］周晓艳,郝慧迪,叶信岳,等.黄河流域区域经济差异的时空动态分析［J］.人文地理,2016,31(5):119-125.

［49］杨小凯,张永生.新兴古典经济学与超边际分析［M］.修订版.北京:社会科学文献出版社,2003.

［50］迈克尔·波特.国家竞争优势［M］.李明轩,邱如美,译.北京:华夏出版社,2002.

［51］陈建军,黄洁.长三角一体化发展示范区:国际经验、发展模式与实现路径

[J].学术月刊,2019,51(10):46-53.

[52] 高培勇.理解、把握和推动经济高质量发展[J].经济学动态,2019(8):3-9.

[53] 洪银兴,吴俊.长三角区域的多中心化趋势和一体化的新路径[J].学术月刊,2012,(5):94-100.

[54] 黄征学,肖金成,李博雅.长三角区域市场一体化发展的路径选择[J].改革,2018(12):83-91.

[55] 解艳波,陆建康.长三角地区一体化发展思路研究[J].江苏社会科学,2010(2):249-256.

[56] 金碚.关于"高质量发展"的经济学研究[J].中国工业经济,2018(4):5-18.

[57] 李国平.着力打造长三角多中心网络化空间结构[J].学术前沿,2019(4):20-26.

[58] 李兰冰,刘秉镰."十四五"时期中国区域经济发展的重大问题展望[J].管理世界,2020,36(5):36-51.

[59] 李猛.新时代中国特色自由贸易港建设中的政策创新[J].经济学家,2018(6):38-47.

[60] 李迎生,吕朝华.社会主要矛盾转变与社会政策创新发展[J].国家行政学院学报,2018(1):67-73.

[61] 林斐.安徽加入长三角经济一体化区域分工差异化研究[J].江淮论坛,2019(5):78-84.

[62] 刘志彪,陈柳.长三角区域一体化发展的示范价值与动力机制[J].改革,2018(12):65-71.

[63] 吕连生.泛长三角的形成与安徽城市群的东向发展[J].江淮论坛,2009(1):22-26.

[64] 吕守军,代政.新时代高质量发展的理论意蕴及实现路径[J].经济纵横,

2019(3):16-22.

[65] 马建堂,赵昌文.更加自觉地用新发展格局理论指导新发展阶段经济工作[J].管理世界,2020,36(11):1-6.

[66] 孙久文.改革开放以来我国区域经济发展战略演变与趋势[M].北京:经济科学出版社,2018.

[67] 孙久文.中国区域经济发展战略与区域合作研究[M].北京:经济科学出版社,2020.

[68] 孙久文,蒋治.中国沿海地区高质量发展的路径[J].地理学报,2021,76(2):277-294.

[69] 孙久文,苏玺鉴.新时代区域高质量发展的理论创新和实践探索[J].经济纵横,2020(2):6-14.

[70] 刘再兴.中国工业布局学[M].北京:中国人民大学出版社,1981.

[71] 孙久文,年猛.中国国土开发空间格局的演变研究[J].南京社会科学,2011(11):8-14.

[72] 孙久文,李恒森.我国区域经济演进轨迹及其总体趋势[J].改革,2017(7):18-29.

[73] 江红英.邓小平区域非均衡发展战略的产生及实践[J].西南交通大学学报(社会科学版),2004,5(3):5-9.

[74] 孙久文,孙翔宇.培育经济带:重塑当代中国区域发展战略[J].河北学刊,2017,37(2):114-120.

[75] 孙晓华,郭旭,王昀.产业转移、要素集聚与地区经济发展[J].管理世界,2018,34(5):47-62.

[76] 唐亚林.都带融合发展战略:新时代长江三角洲区域一体化的战略选择[J].南京社会科学,2019(5):85-94.

[77] 王晓玲.国际经验视角下的中国特色自由贸易港建设路径研究[J].经济学家,2019(3):60-70.

[78] 王一鸣.百年大变局、高质量发展与构建新发展格局[J].管理世界,2020,36(12):1-13.

[79] 王振."十四五"时期长三角一体化的趋势与突破路径:基于建设现代化国家战略背景的思考[J].江海学刊,2020(2):82-88.

[80] 叶南客,黄南.长三角城市群的国际竞争力及其未来方略[J].改革,2017(3):53-64.

[81] 张军扩,侯永志,刘培林,等.高质量发展的目标要求和战略路径[J].管理世界,2019,35(7):1-7.

[82] 张学良,杨羊.新阶段长三角一体化发展须处理好几类关系[J].学术月刊,2019,51(10):39-45.

[83] 刘锦,田银生.粤港澳大湾区背景下的珠三角城市群产业—人口—空间交互影响机理[J].地理科学进展,2018,37(12):1653-1662.

[84] 刘胜,申明浩.城市群融合发展能成为吸引外资进入的新动能吗:来自粤港澳大湾区的经验证据[J].国际经贸探索,2018,34(12):4-16.

[85] 卢佩莹,王波.从区域一体化看融合交通:以粤港澳大湾区和港深广高铁线为例[J].地理科学进展,2018,37(12):1623-1632.

[86] 鲁金萍,孙久文,刘玉.京津冀城市群经济联系动态变化研究:基于城市流的视角[J].经济问题探索,2014(12):99-104.

[87] 毛艳华.粤港澳大湾区协调发展的体制机制创新研究[J].南方经济,2018(12):129-139.

[88] 彭芳梅.粤港澳大湾区及周边城市经济空间联系与空间结构:基于改进引力模型与社会网络分析的实证分析[J].经济地理,2017,37(12):57-64.

[89] 荣健欣.新时代粤港澳大湾区的开放使命[J].中山大学学报(社会科学版),2019,59(2):159-167.

[90] 邵朝对,苏丹妮,包群.中国式分权下撤县设区的增长绩效评估[J].世界经济,2018,41(10):101-125.

[91] 孙久文.京津冀协同发展的目标、任务与实施路径[J].经济社会体制比较,2016(3):5-9.

[92] 孙久文,张静.长江经济带发展的时空演变与发展建议[J].政治经济学评论,2019,10(1):151-171.

[93] 田秋生.新时代广东经济发展:挑战、机遇与战略[J].广东社会科学,2019(1):16-25.

[94] 王方方,李香桃.粤港澳大湾区城市群空间结构演化机制及协同发展:基于高铁网络数据[J].城市问题,2020(1):43-52.

[95] 杨瑞龙.四十年我国市场化进程的经济学分析:兼论中国模式与中国经济学的构建[J].经济理论与经济管理,2018(11):38-45.

[96] 张昱,眭文娟,谌俊坤.世界典型湾区的经济表征与发展模式研究[J].国际经贸探索,2018,34(10):45-57.

[97] 赵晓斌,强卫,黄伟豪,等.粤港澳大湾区发展的理论框架与发展战略探究[J].地理科学进展,2018,37(12):1597-1608.

[98] 钟韵,胡晓华.粤港澳大湾区的构建与制度创新:理论基础与实施机制[J].经济学家,2017(12):50-57.

[99] 秦鹏,刘焕.成渝地区双城经济圈协同发展的理论逻辑与路径探索:基于功能主义理论的视角[J].重庆大学学报(社会科学版),2021,27(2):44-54.

[100] 张建升,冉建宇.成渝经济区与三大经济区区域差距比较[J].经济体制改革,2011(4):56-59.

[101] 孙久文,张翱,周正祥.城市轨道交通促进城市化进程研究[J].中国软科学,2020(6):96-111.

[102] 康钰,何丹.分与合:历史视角下的成渝地区发展演变[J].现代城市研究,2015,(7):45-51.

[103] 孙久文,胡安俊.雁阵模式与中国区域空间格局演变[J].开发研究,2011

(6):1-4.

[104] 孙久文.重塑中国经济地理的方向与途径研究[J].南京社会科学,2016(6):18-24.

[105] 习近平.在黄河流域生态保护和高质量发展座谈会上的讲话[J].水利建设与管理,2019,39(11):1-3,6.

[106] DURANTON G, PUGA D. Micro-foundations of urban agglomeration economies [J]. Handbook of Regional and Urban Economics,2004,4:2063-2117.

[107] HENNING M, Time should tell (more): evolutionary economic geography and the challenge of history[J]. Regional Studies,2019,53(4):602-613.

[108] WIECHMAN T. Errors Expected-Aligning Urban Strategy with Demographic Uncertainty in Shrinking Cities[J]. International Planning Studies,2008,13(4):431-446.

[109] MARTINEZ-FERNANDEZ C, et al. The Shrinking Mining City: Urban Dynamics and Contested Territory [J]. International Journal of Urban and Regional Research, 2012,36(2):245-260.

[110] ZHAO X L, YIN H T. Industrial relocation and energy consumption: Evidence from China[J]. Energy Policy,2011,39 (5):2944-2956.

后　记

　　《中国区域空间发展模式研究》主要从我国区域经济结构与空间格局上,总体性阐释中国区域经济发展演变与面向现代化的未来方向。

　　改革开放40多年来,我国区域经济快速发展并不断成熟。区域经济研究从理论到实践都发生了深刻变化。在撰写本书的过程中,我们团队吸收了近年来国内外已有研究成果,集中阐述了区域发展中的重大问题。

　　本书由孙久文主编,张翱为副主编。张静、苏玺鉴、易淑昶、张倩、张皓、蒋治、李承璋等几位博士参加了书稿撰写。最后,张翱博士修订和校对全书。

　　需要说明的是,凡在本书中直接引用的成果,书中均进行了页下注;在每章最后列出了书中借鉴内容参考文献;若因疏漏而未加注释的,在此表示由衷的歉意。

　　在波澜壮阔的中国区域经济发展中,重大问题研究十分关键。虽然著述匆匆,但我们力求紧跟区域发展实际,全面展示这一宏伟画卷的面貌。希望本书能够对从事区域经济研究的同仁和学习区域经济学的学生有所帮助。

孙久文

2021 年 6 月 23 日于北京问渠书屋